광복 70주년
뤼순의 안중근 의사 유해발굴 간양록

광복 70주년 뤼순의 안중근 의사 유해발굴 간양록

2015년 8월 10일 1판 1쇄 발행 / 2015년 8월 15일 1판 1쇄 발행

지은이 김월배 김종서 / 펴낸이 임은주
펴낸곳 도서출판 청동거울 / 출판등록 1998년 5월 14일 제406-2011-000051호
주소 (10881) 경기도 파주시 문발로 115 (파주출판도시) 세종출판벤처타운 103호
전화 031) 955-1816(관리부) 031) 955-1817(편집부) / 팩스 031) 955-1819
전자우편 cheong1998@hanmail.net / 네이버블로그 청동거울출판사

책임편집 김은선 / 북디자인 책공방
출력칼라리스 / 인쇄 세진피앤피 | 제책 경원문화사

ISBN 978-89-5749-175-1 (93910)

이 도서의 국립중앙도서관 출판시도서목록(CIP)은 서지정보유통지원시스템 홈페이지
(http://seoji.nl.go.kr)와 국가자료공동목록시스템(http://www.nl.go.kr/kolisnet)에서
이용하실 수 있습니다. (CIP제어번호: CIP2015021697)

광복 70주년

뤼순의 안중근 의사 유해발굴 간양록

光复70周年安重根义士遗骸旅顺发掘看羊錄

김월배·김종서 지음

청동거울

> 66 내가 죽은 뒤에 나의 뼈를 하얼빈 공원 곁에 묻어 두었다가
> 우리 국권이 회복되거든 고국으로 반장해 다오.
> 나는 천국에 가서도 또한 마땅히 우리나라의 회복을 위해 힘쓸 것이다.
> 너희들은 돌아가서 동포들에게 각각 모두 나라의 책임을 지고
> 국민된 의무를 다하며 마음을 같이하고
> 힘을 합하여 공로를 세우고 업을 이르도록 일러다오.
> 대한독립의 소리가 천국에 들려오면
> 나는 마땅히 춤추며 만세를 부를 것이다. 99
>
> 1910년 3월 10일 동생 안정근과 안공근에게 남긴 안중근 의사의 마지막 유언

우리 민족 정기의 대표적 독립운동가이며 평화주의자이신 안중근 의사께서는 105년 전, 동양평화론을 통해 애국·애족·애천사상을 제창하시며 31세의 나이로 "우리 국권이 회복되거든 고국으로 반장해 달라"는 유언을 남기시고 중국 뤼순 감옥에서 의연히 순국하셨습니다.

광복 70주년을 맞이한 올해, 안중근 의사를 기리며 일제에 의해 숨겨진 안중근 의사의 유해를 찾아 모시는 일은 후세를 살고 있는 우리 국민 모두의 책무임은 물론, 자유와 평화를 계승 발전시켜 나가는 대한민국의 과업이라 할 것입니다.

누군가 나에게 소원이 무엇이냐고 묻는다면 나는 주저 없이 "안중근 의사 유해를 찾아 고국으로 환국하는 것"이라고 말할 것입니다.

이러한 시기에 안중근 의사 숭모회 안중근연구소 김월배 연구위원은 중국 뤼순에서 그동안의 안중근 의사 유해발굴사업 과정과 뤼순 감옥 단독으로 안중근 의사 유해발굴을 시도한 내용, 안중근 의사 유해 매장지에 대한 신문 보도와 사료 분석, 안중근 의사 수감 당시의 일본인, 뤼순 감옥 중국 측 근무자나 수감자 증언, 그리고 1970년대 뤼순 감옥 주변 거주자들의 증언 등이 수록된 유해발굴 관련 도서를 발간하게 된 것은 사료적 가치가 매우 크다고 생각합니다.

한 나라의 국격(國格)은 어떻게 높일 수 있을까요? 그것은 국민 개개인에게 자부심과 긍지를 갖도록 하는 것이라 봅니다. 나라를 위한 희생을 국가가 기억하고 있다는 확신을 국민들에게 주기 위해서라도 안중근 의사의 유해와 관련한 자료를 발굴해 내는 것이 국가적 소명인 것입니다.

또한 국난의 위기 속에서 가족 전체가 살신성인하신 안중근 의사 가문의 유해에 대해서도 조속한 사료 발굴과 함께 유해를 찾기 위한 연구도 함께 진행돼야 할 것입니다.

이에 광복 70주년에 즈음하여 안중근 의사의 유해발굴 관련 도서 발간을 기쁘게 생각하며, 이를 계기로 대한민국이 나라를 위해 희생·헌신하신 분들을 영원히 기억하고 끝까지 지키고 책임질 줄 아는 선진국가로 거듭나길 바랍니다.

2015년 8월 15일

안중근 의사 숭모회 이사장
안웅모

김월배 교수가 안중근 의사에 대한 또 하나 좋은 작품을 출판하게 되어서 대단히 기쁩니다. 진심으로 축하드립니다.

백 년 전에 안중근 의사가 중국 하얼빈 기차역에서 일본 제국주의 침략 정책을 주도한 일본 전 수상 이토 히로부미에게 복수의 탄알을 쏘아 날렸습니다. 이는 백의민족이 강권을 두려워하지 않고 망국노가 되고 싶지 않은 품성을 보였습니다. 그후에 안중근 의사가 목숨을 바친 애국정신은 한중 양국 국민에게 민족독립과 자유해방을 추구하는 데 많은 격려가 되었습니다. 백 년 이래 특히 최근 반세기 이래 한중 양국 사람들은 안중근 의사의 유해발굴을 위해서 많은 연구를 했습니다. 그렇지만 아직까지 돌파적인 발전이 없어서 너무 아쉬웠습니다.

저와 김월배 교수는 "안중근 하얼빈의 의거 100주년 학술 포럼"에서 인연을 맺었습니다. 그후 김 교수는 안중근 의사의 유해발굴과 안중근 의사 연구를 추진하기 위해서 하얼빈에서의 교육 사업을 위해 중국 뤼순으로 오셨습니다. 다롄외국어대학에서 수업을 하시면서 사회조사와 관련된 유적 탐구를 계속하였습니다. 혼자 조국과 가족을 멀리 떠나와 외로움을 겪으면서 어려운 환경에서도 초심을 잃어버리지 않고 안중근 의사 연구 영역에서 중요한 발견과 돌파적인 발전을 했습니다. 저는 안중근 연구에 열심인 김 교수의 정신에 감동을 많이 받았습니다. 이런 정신은 김 교수의 부단한 연구 원동력이고 사람들에게 좋은 작품을 제공하는 힘입니다. 저는 김월배 교수의 이런 정신을 높이 존중하여, 뤼순일아감옥구지박물관의 특별요청연구원직을 요청하였습니다. 김 교수는 흔쾌히 수락을 하였습니다. 저에게는 대단한 영광이었습니다. 우리는 공동으로 안중근 연구의 목표하에 영원히 기억될 수 있는 가치 있는 시간을 보냈습니다.

　안중근 의사는 한반도의 민족영웅뿐만 아니라 온 세계에서 노예와 압착과 착취를 당하는 민족과 사람들에게 독립과 해방을 추구하는 훌륭한 모범이 되었습니다. 안중근 의사가 뤼순 감옥에서 이룩하신 평화 사상은 인류가 조화롭게 발전하는 정신을 양성하는 데에 등대가 되었습니다. 사람들에게 안중근 의사가 민족을 위해 목숨을 바쳐 헌신한 봉사정신은 편견을 벌이는 모든 사람들에게 스스로 발전하는 힘이 됩니다. 안중근 의사 연구에 대한 관심과 결심이 서 있는 모든 학자들은 다 함께 손잡고 안중근 의사의 정신을 널리 알립시다. 평화사상의 꽃을 온 세계에서 피우게 만듭시다. 이 책이 김월배 교수의 안중근 의사 연구를 더 굳건하게 하고, 더 많은 결실로 이어져 좋은 작품을 창작하시기 바랍니다.

2015년 7월 7일

다롄시 근대사연구소 연구원
전 뤼순러일감옥구지박물관 부관장

王珍仁

惊喜的见到金月培教授又一部有关研究安重根的力作、也是佳作的出版。我要由衷地向他表示祝贺。

一百余年前，安重根在中国哈尔滨火车站向日本帝国主义推行侵略扩张的罪魁祸首伊藤博文射出复仇的子弹，彰显出白衣民族不畏强权，不愿做亡国奴的浩然正气。此后的时间里，他的勇于献身的精神，时刻在鼓舞着中、韩两国的人民为争取民族的独立，人民的自由解放而英勇奋斗。百年以来，尤其是近半个世纪以来，中韩两国人民为了寻找安重根义士的遗骸作了大量艰苦的研究工作。然而非常的遗憾，至今尚未能见到有突破性的进展。

我与金月培教授相识于"安重根哈尔滨义举100周年学术研讨会"上，后来又看到其为寻觅安重根遗骸，推进对安重根的研究，毅然辞去在哈尔滨的教学工作而来到中国旅顺的慷慨的行动。在这里他一边在大连外国语大学从事教学工作，一边进行社会调查和相关遗迹的考察。孤独的一个人远离祖国，远离自己亲人，环境的艰苦不改自己的初衷，废寝忘食，孜孜不倦，在安重根研究的领域中有了重大的发现和突出的进展。我深深的为他的这种刻苦奋斗的精神所折服。这也是他能够不断地在研究中向我们奉献出一部又一部巨著的动力和源泉。正是在他的行动的激励下，让我对他产生敬佩之余，诚恳的邀请他做旅顺日俄监狱旧址博物馆的特邀研究员。非常荣幸，金教授欣然的给予接受。让我们彼此在共同对安重根研究的目标下，度过了一段值得永远记忆的岁月。

安重根并不仅仅是韩半岛的民族英雄，他是世界上一切受奴役和压榨的民族和人民为追求自己的独立和解放而英勇奋斗的旗帜和榜样。他在旅顺狱中所形成的和平思想是指引人类和谐发展的灯塔。一切不怀有任何偏见的人们，都应该把安重根为民族不惜自己生命的献身精神，化为自己前进的动力。让一切关注和有志于对安重根进行研究的学者同仁联起手来，把安重根的精神发扬光大；让其和平思想之花，开遍在世界的每一个角落。

祝金月培教授在对安重根研究的道路上走的更加的坚定，奉献出更多的佳作。

大连市近代史研究所研究员
原旅顺日俄监狱旧址博物馆副馆长
二〇一五年七月七日

王珍仁

안중근 의사는 대한 독립운동의 상징이다. 젊은 인생을 바쳐 조국 독립을 회복하고 인류의 보편적 가치인 동양평화를 이룩하고자 살신성인한 순국선열이며 한국인의 살아 있는 자존심이다.

국권을 회복한 지 70년 지난 지금에도 "국권이 회복되면 고국으로 반장해다오"라고 당부하셨던 안중근 의사의 유언을 지켜 드리지 못했다. 안중근 의사를 기리면서 일제에 빼앗기다시피 한 안중근 의사의 유해를 찾아 모시는 일은 대한민국의 정체성을 각인하는 일이자, 자유와 평화를 누리고 사는 우리 모두에게 부과된 거룩한 사명이라 할 것이다. 안중근 의사는 죽어서도 조국의 국권 회복에 대한 바람과 국민에 대한 의무를 당부했다. 이는 국민으로서의 보편적 가치 실현이 응축된 처절한 절규였던 것이었다.

본 저술은 나의 아들 김종서 군을 공저자로 해서 아들의 글도 함께 싣는다. 나의 아들은 아주 특별하게 안중근 의사와 밀접한 관련을 갖고 하얼빈과 뤼순에서 5년을 살았다. 어린 나이지만 종서가 보고 느낀 안중근 의사의 삶과 사상은 놀랍도록 깊고 크다. 나는 나의 아들 종서와 함께 안중근 의사의 유해를 더 이상 방치할 수 없다는 크나 큰 절박함을 느끼며 하루빨리 안중근 의사의 유해를 찾아 고국에 모시는 일을 최고의 가치로 여기고 있다. 안중근 의사의 유해발굴은 늦어도 너무 늦었다.

대한민국 국민이면 누구든 안중근 의사의 후손된 도리를 해야 하는 것이다. 안중근 의사의 유해를 찾는 일은 안중근 의사의 유언과 김구 선생의 염원을 들어 드리는 것이다. 나라를 위해 목숨을 바친 애국정신은, 시간이 흘러도, 세월이 흐르고 정권이 바뀌어도 불변사항이며, 나라를 위한 희생 뒤에는 반드시 국가가 있다는 확신을 국민들에게 심어주어야 한다. 오늘을 사는 국민과 젊은이들에게 안중근 의사처럼 나라를 위해 목숨까지 내놓는 헌신적인 애국심을 요구한다면 이는 시대착오라고 치부할지 모르겠다.

그러나 우리가 역사를 배우는 이유 중의 하나가 자신이 속한 사회와 국가에 대한 확고한 정체성을 인식하는 데 있다고 할 때, 안중근 의사가 우리에게 보여준 조국애와 민족의식 및 국가 사랑의 헌신적인 삶은 후손된 우리가 안 의사를 경모하고 하루빨리 안 의사의 유언을 받들어 유해를 찾아 대한민국의 품으로 모셔 와야 한다.

이 책은 내가 중국에서 10년 동안 안중근 의사의 유해에 관하여 연구하고 추적한 현장의 세세한 기록이다. 단순한 기록이 아니라 안중근 의사의 유언을 광복 70주년이 된 오늘까지 실현시켜드리지 못한 죄송스러움을 기록한 간양록(看羊錄)이다.

내가 안중근 의사의 유해 찾기에 집착하는 이유는, 일제의 부당했던 안중근 의사 재판으로 안 의사의 유해가 어떻게 처리되었는가를 우리 국민들에게 사실대로 알리기 위해서다. 나는 안중근 의사의 유해발굴 사업과, 안중근 의사의 생애와 독립정신과 동양평화사상의 선양 사업을 지속적으로 하고자 하는 데 목표를 두고 있다.

현재까지 내가 확보한 안중근 의사의 유해에 대한 모든 자료와, 중국 내에서 진행되었던 발굴 사업의 성과와, 앞으로 있을 안 의사 유해발굴 사업에 참고가 될 만한 모든 정보를 이 책에 총정리하였다.

이 책에는 과거에 진행된 중국과 한국 내 안중근 의사 유해 찾기에 대한 정리, 뤼순 감옥에서 단독으로 안중근 의사 유해발굴을 시도한 내용, 안중근 의사 유해 매장지에 대한 사료, 신문 보도와 사료 분석과 안중근 의사 수감 당시의 일본 측 관계자, 중국 측 근무자나 수감자, 1970년대 뤼순 감옥 주변의 거주자들의 증언까지 총 망라했으며, 내가 안중근 의사 유해발굴을 위하여 뤼순에서 10년간 발로 뛴 현장의 유해발굴 일지도 첨부했다.

　나의 바람은 우리 당대에 안중근 의사의 유해를 찾지 못하면, 우리의 후대가 오늘보다 더 발전된 과학장비와 사료를 동원하여 안중근 의사 유해를 찾아야 하고, 그때라도 이 책에 실린 자료와 참고사항들이 십분 활용되기를 희망한다.

　또 이 책에 나의 아들인 김종서 군의 글도 함께 실어 공저자의 역할을 해준 데 대해 아버지로서 뿌듯하다.

　항상 존경하는 안중근 의사 숭모회 안응모 이사장의 격려에 감사를 드린다. 특히 안중근 홍보대사인 문영숙 작가는 광복 70주년이면서 안중근 의사 순국 105년이 지나도록 유해를 찾지 못하는 나의 안타까운 마음과 동질감을 느끼며, 하루라도 빨리 안중근 의사의 유해를 찾기 위해 뭉뚱그린 방대한 분량의 내 초고를 다듬고 일목요연하게 분류하여 체계적인 기획과 편집으로 빠른 시일 안에 책다운 책으로 나올수 있게 출판사를 선정해주고 마지막 퇴고의 수고로움을 아끼지 않았다. 문영숙 작가 같은 분이 진정으로 안중근 의사를 사랑하고 행동하는 분이라는 생각을 하며 특별히 감사를 드린다.

　짧은 기간에도 불구하고 노고를 아끼지 않은 청동거울 편집 관계자 여러분께도 감사하며, 다롄외국어대학의 동료이면서 고민과 여정을 같이 해준 홍정모 선생께도 감사를 드린다. 마지막으로 집안의 기둥 역할을 해준 아내 김미애님에게 지면으로 감사함을 표하며, 발간의 기쁨을 돌린다. 특히 뤼순감옥구지박물관의 자료를 많이 활용하였는바, 지면을 통해 감사 드리면서 본서에 미흡한 부분은 모두 저자의 부족으로 돌린다. 그리고 독자들과 전문가의 지적을 겸허히 받아들이려 하는 바이다.

광복 70주년 2015년 8월 15일
김월배

안중근 의사 영정 사진

사진으로 보는 안중근 의사 유해발굴

안중근 의사의 유언과 하얼빈 공원, 뤼순 감옥 공공묘지, 효창운동장에 조성된 안중근 의사의 가묘.

▲효창운동장 안중
근 의사 가묘
◀1918년도 뤼순 지
도

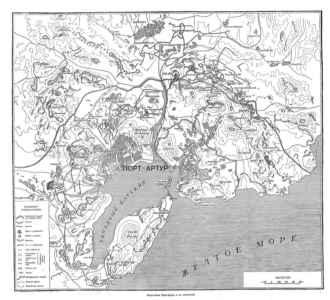

◀러시아 조차 시기 뤼순 지도
▼뤼순 감옥 현재 전경

▲뤼순 감옥 현재 (08년
아파트 건설)
◀《만주신보》(안 의사
매장지 보도)
▶소노끼 보고서 (안 의
사 사형 전말)

殺人被告人安重根ニ対スル死刑ハ二十六日

午前十時監獄署内死刑場ニ於テ執行セラレタリ

午前十時溝淵検察官、栗原典獄及小官等刑場検視室ニ着席シ

同時ニ安ノ引出シタルヲ以テ典獄ハ死刑執行ノ旨ヲ告ケ

且其ノ遺言ノ有無ヲ問ヒシニ安ハ死刑ノ執行ヲ受ルニ対シ安心ノ他

何等遺言スヘキ何物モ有セサルモ若シ許サルルナラハ

微衷ヲ述ヘント欲シ彼我ノ別ナク合心協力

先ニ東洋ノ平和ヲ期図セラレンコト

誠意ニ出テ本日臨檻ノ各官ニ於テモ幸ニ余ノ微意ヲ

日本官憲各位ニ傳ヘ希クハ東洋ノ平和ノ四圍ラント

一戸蔵ノ唱フル三唱ヲ為サント請ヒシモ典獄ハ

之ヲ遮リ立会タル曲豫八時二十分白布ヲ以テ

新フシテ其目ヲ蔽ヒ特ニ新ラシキ白布ト

曲豫ヲシテ白木ト白布トヲ以テ

施シ二人看守ニ扶ケラレテ絞首台ニ上リ

其目ヲ蔽シ安ヲシテ絞首台ニ上リ

十時十五分縊刑ノ執行ヲ

毫モ死ニ際シ従容トシテ死刑ニ就キタリ

遂ニ十五分ヲ経テ全クル絶命シタルヲ以テ

一同退席セリ

561

外務省ー

十時二十分死体ハ特ニ絞首台ヨリ

洞轄ノ新棺ニ之ヲ納メ白布ヲ蔽ヒ

教誨堂ニ運ヒシカ之ニ先チ安ノ

兄定根、姜道先、其ノ共犯名ノ

面会ヲ請ヒ出テシヲ以テ

時其監獄署ノ墓地ニ埋葬セラレタ

名ヲ引出シ出テ尚ヲ之ニ先チ此日

安ノ其ヲ監獄官吏ヲシテ

色色ノ幸諄シ服役中ニ於テ死ニ臨ミ遠ク

其言語自若トシテ聊カモ

色色ノ幸諄シ服役中ニ於テ

尚白キ上着ト白キ洋服ト

油色ノ服折ヲ納メ

聖書ヲ納メ

此旨言ヲ遺ス

一一ノ給与シ取ニハ服役シタル名ノ

相憐ハ施與ノ名誉ノ一節ニ止マル全

其ノ給与ハ取ニハ服役シタル名ノ

右ノ報告候也

統監府通訳生

園木末喜

統監府通訳生

園木末喜

右ノ報告候也

562

外務省ー

뤼순 감옥 공공묘지 일부 발굴 모습 (1971년)
◀유골통 1
▼유골통 2

1971 年类挖出土的尸骨桶
The mortuary tubs unearthed in 1971

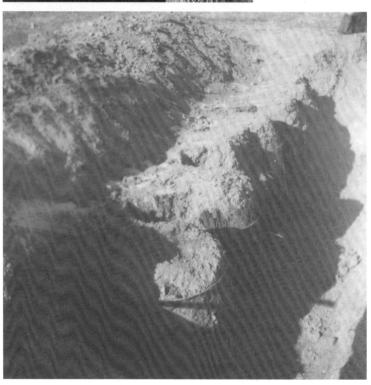

装在木桶内的尸体
CORPSES IN WOOD BARREL

1971년 발굴 당시 시신의 모습과
시신이 품에 안고 있던 유리병

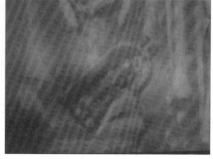

▲▲뤼순 감옥 공공묘지 모습 (1950~60년대 추정)
▲뤼순 감옥 공공묘지 모습 (1980년대)

▲▲뤼순 감옥 공공묘지 모습 (1990년대)
▲뤼순 감옥 공공묘지 근경 (1990년대 여름)
▶뤼순 감옥 공공묘지 표지석 (현재 가을)

▲1986년 북한 유해발굴단 뤼순 감옥 공공묘지 조사
▼뤼순 감옥 앞에서 단체 사진을 찍는 북한 유해발굴단

▲▲이와이 미시꼬 사진 (흑백, 08년 한국 안중근 의사 유해발굴 단서 계기)
▲이와이 미시꼬 사진 (칼라, 1911년 당시 사진과 08년 사진 모습 합성)

[사진 10] 추정 묘역 조사지역 세부구획도

구획	위 치	조사면적	비 고
A구역	· 조사지역 북서쪽으로 치우친 지점 · 능선 북서사면 하단부에 해당 · 현장사무실 뒤쪽부분 · 최근 축사(豚舍) 건물이 위치함	1,464.16m²	전반적으로 지형 크게 훼손된 상태
B구역	· 조사지역의 중앙부에 위치 · 능선 서사면 하단부에 해당 · 군부대 담장밖 동쪽부분	2,247.12m²	· 서쪽으로 치우쳐 일부 원지층 잔존 · 수혈 구덩이 14기 확인
C구역	· 조사지역 남쪽부분으로 치우친 지점 · 능선 남사면 하단부에 해당 · 골짜기와 인접한 지점으로 비교적 급한 경사를 이룸.	1,241.02m²	· 개간과 경작, 채토 등으로 지형 훼손 · 감옥 증축용 벽돌제작 흙 파낸 흔적 확인 · 일제강 기타 확인
계		4,952.32m²	

▲08년 한국 안중근 의사 유해발굴 시도 후 들어선 Hill-ONE 아파트

◀▲08년 한국 안중근 의사 유해발굴 당시 모습(뤼순 감옥 북쪽)

◀08년 한국 안중근 의사 유해발굴 내용 설명 부분

▶08년 한국 안중근 의사 유해발굴 보고서 표제

2013/05/23

▲08년 뤼순 감옥 단독 안중근 의사 유해발굴 산림경사면
◀08년 뤼순 감옥 단독 안중근 의사 유해발굴 모습

제1장_사진으로 보는 안중근 의사 유해발굴 33

◀1943년 실종된 미해군 조종사
▼2010년 미군 뤼순 감옥 공공묘지 발굴 요
원들

2010년 미군 뤼순 감옥 공공묘지 지표 투과 레
이더 발굴 모습

2010년 미군 뤼순 감옥 공공묘지 발굴 미국팀과 중국팀의 단체 사진 촬영

기독교 묘지에서 바라본 뤼순 감옥 공공묘지 오른쪽 산

▲08년 한국 안중근 의사 유해발굴 현
장에서 바라본 현재 등펑교회 모습
◀기독교 묘지

제2장

안중근 의사, 민족의 영웅, 시대의 별

1909년 10월 26일 오전 9시, 이토 히로부미가 탄 기차가 하얼빈 역에 도착했다. 이토 히로부미는 자기를 마중하러 온 러시아 재무대신 코코프체프와 약 30분 회담을 갖고 하얼빈 주재 일본 총영사 가와까미(川上俊彦)와 러시아 재정대신과 함께 기차에서 내렸다. 이토 히로부미는 플랫폼에서 의장대를 사열하고 마중나온 사람들과 악수를 했다. 이토 히로부미가 일본 사람 쪽으로 향할 때 왼쪽 러시아 군대 가장 오른쪽에 짙은 회색 반코트를 입고 헌팅캡을 쓴 안중근은 이토 히로부미와 불과 5미터 떨어진 곳에서 브라우닝 7연발 권총으로 이토 히로부미에게 3발의 총탄을 명중시켰다. 수행하던 궁내부 비서와 고야마 의사가 이토를 열차로 옮겨서 응급처치를 했으나, 이토는 오전 10시경 절명했다.

당시 일본 추밀원 의장인 이토 히로부미와 러시아 재정대신 코코프체프의 회담 목적은, 대한제국과 만주에 대한 지배력을 강화시키기 위한 각각의 필요성에 따른 일본의 요청을 암묵적으로 품고 있었다.

이러한 상황에서 안중근 의사의 하얼빈 의거는 이토 히로부미 개인을 처단한 것이 아니라, 일본 제국주의 상징인 이토를 처단한 것이었다. 안중근 의사의 하얼빈 의거는 일제의 간도 침탈의 목적을 무력화시켜 결국 간도 침탈의 시기를 늦추는 효과를 가져왔다. 그렇기 때문에 제국주의 열강의 침략에 대해 온몸으로 저항한 반침략 평화의 사자로 안중근 의사의 하얼빈 의거를 평가해야 한다.

당시 중국의 신문 《민우일보(民吁日報)》는 논평에서 안중근 의거를 "100만 대군의 혁명에 버금가는 것으로 세계의 군주정치 및 인도 철학에 관한 학설을 일변시킬 위대한 사건"이라고 하였다.

안중근 의사는 의거 후 러시아 헌병에게 순순히 응하고 하얼빈 역 헌병 분소에서 임시 조사를 받고 1909년 10월 26일 밤 하얼빈의 일본 영사관에 넘겨져 심문을 받았다. 11월 1일 오전 11시경 관동 도독부 대위 이치사카에 겐지(日來賢治)는 안중근 등 일행 9명을 압송하여 하얼빈을 떠나 장춘에서 하루 숙박을 하고, 뤼순 역에 도착했다.

1909년 11월 3일 뤼순 감옥에 도착한 안중근 의사와 8명은 각각 정치범 독방에 수감되었다. 일본은 처음 뤼순 감옥에 도착한 안중근 의사에 대해서는 적대적 행위가 없었던 것 같다. 안중근 의사는 자서전 『안응칠 역사』에서 다음과 같이 뤼순 감옥 생활을 묘사하고 있다.

"나날이 점차 가까워지면서 전옥, 경수계장과 그 아래의 관리들이 특별히 나를 후대하니, 나는 감동하지 않을 수 없었다. 가끔은 마음속으로 의아스럽게 여기기도 하였다. 이것이 현실인가. 아니면 꿈인가? 같은 일본인인데 어찌 이처럼 크게 다른가? 한국에 와 있는 일본인은 어찌 그리도 억세고 모질며, 뤼순에 와 있는 일본인은 무슨 까닭에 이처럼 인후한 것인가? 한국과 뤼순에 종류가 다른 일본인이 와서 그런 것 인가?"

뤼순 감옥에서는 안중근 의사를 '정치범 대우'로 결정하여, 좋은 대우를 제공해 주었다. 안중근이 감옥에서 쓴 『안응칠 역사』에서, "감옥장인 구리하라(栗原)와 간수장 나까무라(中村)가 저를 보살펴 주고 우대해 주었다. 매주 한 번씩 샤워를 하라 했고, 매일(오전, 오후 각 한 번) 저를 감방에서 사무실로 데리고 가 저에게 많은 고급 담배와 서양 과자를 주었다. 그리고 차를 잘 마시라고 하고 밥을 잘 챙겨 먹으라고 했다. 아침, 점심, 그리고 저녁은 전부 상등 쌀밥이었다. 또한 속옷과 이불 4벌을 준비해 주었다. 매일 몇 번씩 오렌지, 사과, 배 등 과일을 보내 주었다. 그밖에는 소노끼(圓木) 덕분에 매일 우유 한 병을 받는 우대를 누릴 수 있다. 미조부치(沟渊) 검사는 저에게 닭과 담배 등을 사 주었다……."라고 하였듯이 뤼순 감옥은 안 의사에게 호의적이었다.

특히, 미조부치 검찰관은 1909년 10월 30일, 제 1회 심문에서 안중근이 말한 '이토 히로부미 죄상 15개조'를 듣고 나서 안중근 의사를 '동양의 의사'라고 하기도 하였다. 그러나 이 상황은 오래 가지 못했다.

당시 관동도독부 고등법원에서는 안중근 의사 의거의 정당성을 인정하고 무기징역 판결을 고려하고 있었다. 이러한 사실을 알게 된 일본 외무성은 12월 2일에 "안중근을 극형에 처하라"고 비밀명령을 내림과 동시에 뤼순 고등법원 원장 히라이시를 동경에 소환하여 명령 집행을 확인하게 하였다. 그후부터 미조부치 검찰관의 태도는 흉악해졌다.

그때의 정황이 『안응칠 역사』에 고스란히 나타나 있다.

"그후 어느 날 검찰관이 와서 심문할 때의 일이었다. 그의 말과 모습이 이전과 크게 달라져서 누르거나 억지를 부리는 말도 있었고, 능멸하는 태도도 있었다. 나는 검찰관의 사상이 이처럼 갑자기 변하였으니 이는 본심은 아닐 것이다. 바깥바람이 크게 불어 닥쳤나 보다. 도심은 희미하고 인심은 위태롭다는 문구가 진실로 헛된 말이 아니구나 하고 생각했다. 그리고 분연히 답하였다. "일본이 비록 1,000만 문의 대포를 갖추었다 해도, 안응칠 목숨 하나

죽일 권력 이외 다른 권력은 없다. 사람이 이 세상에 태어나 한 번 죽으면 그만인데, 무엇을 근심하겠는가? 나는 다시 대답하지 않을 것이니 마음대로 하라."

강압적으로 돌변한 미조부치 검찰관의 태도에 안중근은 분명히 곡절이 있다고 판단하고 있었다는 것을 알 수 있다.

일본은 안중근 의사가 이토를 처단한 목적을 개인적인 원한으로 몰아서 사형을 하려 했다. 이는 일본 외무성의 사법부에 대한 간섭이었다. 구라치(倉知)[1] 외무성 정무국장이 일본 도쿄를 출발하여 11월 5일 뤼순에 도착했다. 이후 그는 안중근 재판과 사형을 진두지휘하는 총책 역할을 하였다.

이는 과거 1891년 5월 러시아 니콜라이 황태자가 시베리아 철도 기공식에 참석하러 가던 중 일제 현역 경찰관 쓰다(津田三藏)에 의해 오오쓰에서 피격 당한, 이른바 "오오쓰사건(大津 事件)"의 사례를 되풀이하지 않으려는 일본 외무성의 술책이었다. 당시 이 사건으로 곤경에 처한 귀족원 의장이자 궁중 사법관이었던 이토가 사법대신에게 쓰다를 사형에 처하도록 지시하였다. 일본 정부도 적극적으로 나서서 사형을 선고하도록 나가사키 지방재판소의 판사들에게 압력을 가하였다. 그러나 대법원은 파렴치범이 아니라 '정치적 확신범'이라는 이유로 무기형을 선고하였다. 그 이유는 행정부의 요구를 수용하면 사법부의 독립성을 훼손하게 될 것이고, 또한 내외국인을 불문하고 법 앞에 평등하기 때문이라는 주장이었다. 일본 외무성은 안중근도 정치범으로 취급하여 일본 국내에서 재판을 한다면 외무성의 의도대로 안중근에게 사형을 구형할 수 없을 것이라 판단한 것이다. 관동도독부 고등법원의

---

[1] 안중근 의거시 일본 외교의 가장 중요한 실무책임자이며, 한국병합안을 6개월 전에 기초한 장본인.

재판은 이심제에 의해서 이루어진다는 점을 이용해 뤼순관동도독부 고등법원에서 재판을 받게 했다.

안중근 의사에 대한 조사는 미조부치 검찰관이 10월 30일부터 11월 26일까지 약 한달 동안 7차례 진행했고, 그 뒤를 이어 통감부의 사카이 경시가 11월 26일부터 12월 11일까지 보름 동안 11차례 걸쳐 진행했다. 검찰관은 12월 20일 이후 4차례 더 조사를 진행한 후, 안중근 의사에게 살인죄를 적용하여 1910년 2월 1일 공판 청구를 하였다. 반면 사카이 경시는 검찰이 기소한 후에도 계속 조사를 벌여 재판이 열리는 바로 전날인 2월 6일까지 3차례나 더 조사를 벌였다. 안중근 의사는 3개월 사이에 검찰 조사 11차례, 경찰 조사 14차례, 총 25차례의 조사를 받았다.

일본 측에서는 대외적으로 문명국으로서 면모를 과시해야 했지만, 동시에 일본의 뜻에 맞는 재판 결과를 얻어야 했다. 사법부의 독립을 실질적으로 보장해 준다면 두 가지 모순된 결과를 모두 얻을 수가 없었다. 따라서 겉으로는 공정한 재판을 보장하는 척하면서 실질적으로는 재판 과정과 결과에 개입해 의도한 목적을 이루고자 했다.

즉 관동도독부 고등법원장 히라이시를 동경으로 부르고, 그가 뤼순으로 돌아온 1월 27일 이후에는 일본 정부에 의해 변경된 방침이 적용되었던 것이다. 그 결과는 안중근 의사가 예상한 바처럼 재판이 "곡판"이 될 수밖에 없었다.

불리한 상황에서도 안중근 의사는 일제의 한국 침략을 합리화하려는 미조부치(溝淵孝雄) 관동도독부 검찰관, 조선통감부에서 파견한 사카이 경시(境警視), 이를 진두지휘하는 일본 외무성 관리 구라치(窘知鐵吉) 국장, 관동도독부 지방법원장 마나베(眞鍋十藏) 재판장의 심판 구형, 상고를 포기한 관동도독부 고등법원 히라이시(平石義人) 법원장, 일본인인 국선 변호인까지 이 모든 사람을 상대로 불공정한 재판에 맞서는 사법 투쟁을 벌임으로써, 하얼빈 거사의 정당성을 주장하였다.

일제는 5개월에 걸쳐 진행한 심문과 불과 1주일 만의 형식적인 재판을 통해 안중근 의사에게 사형선고를 내렸다. 이 기간 동안 안중근 의사가 일제의 사법기관에 맞서 벌인 독립 투쟁을 〈안중근 의사 관동도독부 공판 투쟁〉이라고 한다.

안중근 의사의 재판을 지켜본 영국 《The Graphic》의 찰스 모리머는 1910년 4월 16일자 「일본식의 유명한 재판사건」이라는 제목의 기사에서 다음과 같이 묘사하였다.

"그는 이미 순교자가 될 준비가 되어 있었다. 준비 정도가 아니고 기꺼이 아니 열렬히 귀중한 자신의 삶을 포기하고 싶어했다. 그는 마침내 영웅의 왕관을 손에 들고는 늠름하게 법정을 떠났다."

이렇게 세계의 언론은 안중근 의사의 당당한 모습을 기사화하였다.

안중근 의사는 『안응칠 역사』에서, "내게 무슨 죄가 있느냐? 내가 무슨 죄를 범했느냐?"라고 썼다. 안 의사는 천번만번 생각하다가 문득 크게 깨달은 뒤에 손뼉을 치면서 크게 웃으며 말하되, "나는 과연 큰 죄인이다. 다른 죄가 아니라, 내가 어질고 약한 한국 국민된 죄로다." 안중근은 자기의 "죄"가 일본 제국주의 통치 아래서 나약한 한국 국민이 된 "죄"라고 결론을 내렸다. 이는 '국력이 약하면 언제든지 국민은 죄인이 되는 것이다'라는 논리를 후대들에게 말씀하고 계신 것이다. 안중근 의사는 사형언도를 받은 다음 마지막으로 『동양평화론』을 쓰기로 했다. 이것이 일본인을 회개하게 하는 유일한 방법이라 생각한 것이다. 감옥장의 주선으로 2월 17일 관동도독부 고등법원장인 히라이시를 만나 자신의 『동양평화론』에 대한 구상을 3시간 동안 설명하였다. 후에 고등법원장의 면담 기록은 〈청취서(聽取書)〉라는 표제로 안중근 의사의 동양평화론의 구체적 실천 방안이 되었다.

안중근 의사를 면회 온 동생 정근과 공근을 통해 어머니께 불효한 아들을 용서해 달라고 전했고, 어머니의 마지막 가르침을 요청하였다. 안중근 의사의 어머니 조마리아 여사는 안중근에게 아래와 같이 말했다.

"네가 만약 어미보다 먼저 죽는 것을 불효라 생각한다면, 어미는 웃음거리가 될 것이다. 너의 죽음은 너 한 사람의 것이 아니라, 조선인 전체의 공분을 짊어지고 있는 것이다. 네가 살고 싶어 항소를 한다면, 그것은 일제에 목숨을 구걸하는 것이다. 네가 나라를 위해 이에 이른 즉 딴 마음 먹지 말고 죽어라."

안중근 의사는 모친의 가르침대로 항고를 포기했다.

한국의 《대한매일신보》는 「그 어머니에 그 아들이다」라는 제목으로 보도하며, 일본 헌병까지도 크게 놀라면서 "안중근의 어머니는 한국에서 보기드문 인물이다"라고 했다는 소식을 전했다. 안중근 의사가 영생할 수 있었던 것은 어머니의 가르침 덕분이었다.

안중근 의사는 고등법원장인 히라이시에게 3월 25일 예수 승천일에 자신의 사형 집행을 하도록 요청했다. 안중근 의사는 카톨릭 신자로서 자신의 삶에 종교적 의미를 부여했다. 그러나 실제 사형집행일은 안중근 의사가 희망한 날이 아니라, 다음날인 3월 26일로 결정되었다. 3월 25일은 순종 황제의 탄신일인 건원절로서 일본 제국주의가 안중근 의사를 25일 날 사형에 처하면 대한제국 국민들의 거센 반발을 우려한 때문이었다. 또 3월 27일은 부활절이었다. 일본으로서는 25일과 27일이 사형을 집행하기에 적합하지 않았던 것이다.

안중근 의사의 사형은 3월 26일 집행되었다. 1910년 3월26일 오전 10시 4분, 안중근 의사는 어머니가 보내준 흰색 명주두루마기와 검은

안중근 사형 집행 보고서

색 바지에 신발을 신고 사형대로 올라갔다. 3분 동안 조용히 기도를 끝내고, 간수에게 동양평화를 위해 함께 만세를 부르자고 청했지만 받아들여지지 않았다. 안중근 의사는 마지막까지 의연하게 죽음을 맞았다. 겨우 32세인 안중근은 이 세상에서 단지 32년밖에 살지 않았지만, 그의 정신과 사상은 후세에 전해져 영원히 존재하고 있다. 뤼순 감옥의 제국주의 충견(犬)들은 영웅 안중근 의사의 동양평화를 위한 가열찬 외침을 막기는커녕 오히려 감화되어 미조부치 검찰관, 소노끼 스데요시 통역, 치바도시치 헌병, 사까이 경시, 아오끼 검찰관 등은 안중근 의사의 유묵을 고이 간직하며 안중근 의사를 기렸다.

올해 2015년 10월 26일은 안중근 의사가 하얼빈에서 의거하신 지 106주년인 날이다. 안중근 의사를 기리면서 일제에 빼앗기다시피 한 안중근 의사의 유해를 찾아 모시는 일은 국권을 회복한 나라로서 정체성을 각인하고, 국권이 유린되었던 우리에게 부과된 거룩한 사명이라 할 것이다.

더구나 올해 2015년은 안중근 의사와 윤봉길 의사 두 분이 염원하던 대한제국의 광복이 70주년을 맞이하는 해다. 100여 년 전의 동아시아의 갈등은 현재에도 끝나지 않고 그때와 너무도 유사하게 갈등과 반목의 대결로 빠져 들고 있다. 동양 평화를 갈구하신 영웅 안중근 의사의 유언이 실현되어 중국, 일본, 러시아, 한국, 북한의 공동 협력으로 안중근 의사의 유해가 반장이 된다면 동양평화의 초석을 다지는 계기가 될 것이다. 이 일이 성사된다면 미래를 내다본 안중근 의사의 혜안이 더욱더 빛날 것이고, 영웅의 원대한 뜻을 이루게 된다면 이 얼마나 바람직한 일이겠는가. 그러나 2015년 조국광복 70주년은 안중근 의사님의 유언이 뜻대로 이루어지기는커녕, 한국과 일본 간의 갈등과 반목이 더욱 커지고 있다.

최근에 일본 내 위정자들 사이에서 안중근 의사에 대한 폄하와 왜곡이 극에 달하고 있다. 일본은 안중근 의사를 테러리스트와 범죄자라고 칭하며 자신들의 입을 스스로 더럽히고 있다. 국가의 존망이 백척간두에 달려 있을 때 안중근 의사의 영웅적 의거는 대한제국의 침략정책을 강행해 온 원흉 이토 히로부미에 대한 감정적인 복수가 아니라 일제 수뇌부에 대해 자주 독립을 갈망하는 한민족 전체의 의사 표시였다. 민족의 용기와 담력을 세계 만방에 알려 한민족이 독립의 자격이 있음을 스스로 알린 장엄한 증거였다. 안중근 의사의 의거는 한국 독립운동사를 통해 민족의 활로를 개척하는 정신적 지주가 되었다. 특히 뤼순고등법원에서 안 의사는 이토 히로부미를 죽인 것은 대한의군 의병장으로서 전쟁을 수행한 것이라고 당당하게 천명했다.

이러한 사실적인 근거와 정황을 무시한 채 작금의 일본 수뇌부의 언행과 시각이 얼마나 감정적이고 편협적인지를 우리 국민은 제대로 파악하고 대처해야 한다. 최근 일본 위정자들의 안중근 의사에 대한 언행과 역사 수정주의에 근거한 평가를 보면 안중근 의사에 대한 이해가 상당히 부족함을 알 수 있다. 그렇기 때문에 현재 안 의사 의거에 대한 정의가 새롭게 정립될 필요가 있다. 아울러 최근 우리 국민들 중에도 안중근 의사의 하얼빈 의거와, 윤봉길 의사[2]의 홍커우공원 의거를 혼동하는 사례도 왕왕 소개되고 있어 역사를 제대로 인식하지 못한 채 국민된 도리를 저버리는 경우를 볼 수 있다.

지금으로부터 105년 전 인류의 보편적 가치와 행복을 추구하고자 했던 안중근 의사의 〈동양평화사상〉은 벨기에 브뤼셀에 본부를 두고 유로화를 주조하며 공동으로 나토(NATO) 방위군을 운영하는 오늘날의 유럽연합(EU)과 매우 유사하며, 아시아태평양경제협력체(APEC)과도 일맥상통한다. 2014년에는 중국 북경 옌치후(雁栖湖)에서 아시아태평양경제협력체(APEC) 정상회의가 개최되었다. 이처럼 안 의사의 사상은 오늘날 활발히 논의되고 있는 〈동아시아 공동체론〉에 많은 시사점을 주고 있다. 안중근 의사의 『동양평화론』은 독일 철학자 칸트의 '영구평화론' 사상에 비견되고 있다.

우리는 100여 년 전 시대를 앞서간 위대한 사상가 안중근 의사의 위상을 『동양평화론』을 통해 바로 알 수 있다. 안중근 의사는 독립운동가, 의병으로서 영웅적인 삶과 종교인으로서의 삶을 살아왔다. 또한 안중근 의사가 남기신 〈동양평화사상〉의 천명은 검찰관의 심문 과정, 안병찬 변호사와의 면회, 사형 집행 과정, 안응칠 소회, 유묵, 그리고 미완성 『동양평화론』과 관동도독부 고등법원장 시라이시와의 면담 등 다양한 형태로 이루어졌다. 이는 평화주의자이자, 사상가로서 안중근 의사의 또 다른 면을 보여준다. 인류의 보편적 가치인 자유와 행복을 파괴하는 일본 제국주의에 맞서 평화를 실현하기 위한 의연한 투쟁을 하신 것이다. 안중근 의사의 평화주의 정신은 일본, 중국, 한국 모두를 염두에 두고 계신 것이었다. 인류의 보편적 가치인 평화를 지향하는 동아시아 공동체는 안중근 의사의 평화주의 사상에 귀를 기울여야 한

---

2 尹奉吉, 1908년 6월 21일~1932년 12월 19일, 농촌계몽운동을 하고 상하이(上海) 홍커우 공원(虹口公園)에서 개최된 일본의 전승축하기념식에 참석한 일본군 시라가와 대장 및 수뇌부를 폭살(爆殺)함.

다. 뤼순의 지정학적 위치의 중요성에 의거 뤼순에 동양평화협의체의 창설을 제안하셨다. 현재 일본의 역사 화해를 위한 행동이 바로 안중근 의사의 동양평화협의체 설립에 대한 답을 내놓아야 되는 것이다. 이것이 평화를 사랑하고 염원하는 책임 있는 국가로서 미래를 견지해 나갈 수 있을 것이다. 동양평화협의체는 멀리 있는 것이 아니다. 평화주의자 안중근 의사의 유언을 실천해 드리는 공동의 노력을 동아시아가 협력하는 과정에서 자연스럽게 실천될 것이다. 아직도 안중근 의사의 유해가 뤼순의 관동도독부 감옥서라 지정된 사료에 의거된 어딘가에 계시기 때문인 것이다.

안중근 의사는 『동양평화론』 서문 말미에서 "동양평화를 위한 의전을 하얼빈에서 개전하고, 담판을 위한 자리를 뤼순구에서 정했으며, 이에 동양평화 문제에 관한 의견을 제출하는 바이니 여러분은 눈으로 깊이 살필 지어다"라고 하시면서 『동양평화론』 서문을 마감하셨다. 이를 보면 안중근 의사는 이미 하얼빈에서 일본 제국주의의 상징적 인물을 제거하고, 재판을 통하여 자신의 생각을 법적으로 투쟁하고자 하였다는 사실이 명백하게 드러난다. 그런데 최근 테러리스트라고 하는 견해를 가진 사람들은 안중근 의사가 하얼빈에서 이토 히로부미를 격살한 단면만을 본 단견이다.

안중근 의사를 범죄자로 보는 시각 또한 뤼순 관동도독부 지방법원에서 행한 일본의 전략적이고 전격적인 재판이 일주일 만에 6회에 걸쳐 군사작전을 감행하듯 속전속결로 일본인 변호사와 일본인 판사, 일본인 검찰, 일본인 청중들로 미리 짜여져 마치 드라마처럼 이루어진 공판을 보고 주장하는 아주 짧은 견해에 불과한 것이다.

안중근 의거는 크게 세 가지로 보아야 한다. 첫째는 하얼빈 의거 투쟁, 둘째는 관동도독부 공판 투쟁, 셋째는 『동양평화론』 집필 투쟁까지 종합적으로 이해할 때 올바른 평가가 가능한 것이다.

안중근 의사의 동양평화에 대한 구체적인 담론은 미완성의 『동양평화론』과 관동도독부 고등법원장 히라이시 우지토(平石義人)와의 면담이 있다. 안중근 의사의 『동양평화론』은 한중일(한국, 중국, 일본) 3국이 각기 독립을 유지하면서 서로 힘을 합쳐 근대문명국가를 건설하자는 의미를 집대성한 명문장으로서, 평화주의자이자 사상가인 안중근 의사의 진면목을 구체적인 실천 방안으로 제안하신 것이다.

안중근 의사는 『동양평화론』 전감에서 "동양평화를 위한 의전(義戰)을 하얼빈에서 개전하고, 담판하는 자리를 뤼순구로 정했으며, 이어 동양평화문제에 관한 의견을 제출하는 바이다"라고 말씀하셨다. 아울러 동양평화에 대한 담판을 뤼순구에서 만국공법으로 당당하게 일본 제국주의에 맞서서 재판을 하려 하였으나, 일본의 의도된 왜곡 살인, 사법 살인에 의하여 좌절되고 말았다. 그러자 안중근 의사는 『동양평화론』을 집필하여 투쟁을 계속하기로 한다. 『동양평화론』의 집필 상황에 대해서는 구리하라(栗原貞吉) 전옥이 사카이 요시아키(堺喜明) 경시에게 보낸 1910년 3월 18일자 서간에서 알 수 있다.

안중근 의사는 하얼빈 의거의 뜻과 동양평화에 대한 사상과 경륜을 기록과 저술로 남겨 사후에 전하려고 하셨다. 침울한 감방에서 144일 동안 계획된 왜곡 재판에서도 하얼빈 의거의 전말을 떳떳하게 밝히는 『안응칠 역사』를 저술하였다. 또한 자신의 사상이 응축된 인류의 보편적 가치를 실현하고자 『동양평화론』을 작성하다 히라이시 법원장의 약속 미이행으로 미완성 상태로 순국하셨다.

안 의사는 뤼순 감옥에서 『안응칠 역사』에 이어 이 저술을 집필하기 시작하였으나 「서(序)」와 「전감 일(前鑑 一)」 일부분만 쓰고, 나머지 「현상 이(現狀 二)」, 「복선 삼(伏線 三)」, 「문답 사(問答 四)」는 목차만 제시하고 미완성되었다. 이는 히라이시 고등법원장이 『동양평화론』이 완성될 때까지 수개월이라도 사형집행 일자를 연기해 주겠다고 약속했으므로, 안중근은 공소권 청구를 포기하였다. 그러나 일제는 약속을 지키지 않고, 안중근이 ①서 ②전감을 쓴 직후 1910년 3월 26일 사형을 집행해 『동양평화론』은 미완성으로 남고 말았다. 서문과 전감에 대한 설명만으로는 『동양평화론』의 전체 내용을 이해하기는 매우 어렵다. 그러나 안중근 의사가 1910년 2월 17일 관동도독부 히라이시 고등법원장과 면담한 기록인 〈청취서(聽取書)〉의 내용 중에는 안중근 의사가 쓰고자 했던 『동양평화론』 부분에 대한 기록이 일부 남아 있다. **동양의 중심지인 뤼순(旅順)을 영세중립지대로 정하고 상설위원회를 만들어 분쟁을 미연에 방지하고, 한중일 3개국이 일정한 재정을 출자하여 공동 은행을 설립하고 공동 화폐를 발행하여 어려운 나라를 서로 돕고, 동북아 공동 안보체제 구축과 국제평화군을 창설할 것과 로마 교황청도 이곳에 대표를 파견하여 국제적 승인과 영향력을 갖게 하자는 것** 등이었다. 이에 〈청취서〉에 소개된 내용은 다음과 같다.

"일본이 오늘날까지의 정책을 고치겠다고 세계에 발표하는 것은 일본으로서는 다소 치욕이 되는 점도 있을 것이나 이는 불가피한 일이다. 재정 확보에 대해 말하자면 뤼순에 동양평화회의를 조직하여 회원을 모집하고 회원 한 명당 1원씩 모금해서 공동기금을 만든다. 새로운 정책은 뤼순을 개방한 일본, 청국 그리고 한국이 공동으로 관리하는 군항으로 만들어 세 나라에서 대표를 파견해 평화회의를 조직한 뒤 이를 공표하는 것이다. 이것은 일본이 야심이 없다는 것을 보이는 일이다. 뤼순은 일단 청국에 돌려주고 그것을 평화의 근거지로 삼는 것이 가장 현명한 방법이라고 생각한다. 패권을 잡으려면 비상한 수단이 필요하다는 것은 바로 이 점을 말하는 것이다. 뤼순의 반환은 일본의 고통이 되기는 하지만 결과에 있어서는 오히려 이익을 주는 일이되 세계 각국이 그 영단에 놀라고 일본을 칭찬하고 신뢰하게 되어 일본, 청국, 한국이 영원한 평화와 행복을 얻기에 이를 것이다. 회비로 1원씩 모금하는 것이다.

일본, 청국 그리고 한국의 인민 수억이 이에 가입하는 것은 의심할 여지가 없다. 은행을 설립하고 각국이 공용하는 화폐를 발행하면 신용이 생기므로 금융은 자연히 원만해질 것이다. 그리고 중요한 곳에 평화회의 지부를 두고 은행의 지점도 병설하면 일본의 금융은 원만해지고 재정은 완전해질 것이다. 뤼순의 유지를 위해서는 일본은 군함 5, 6척만 계류해 두면 된다. 이로써 뤼순을 돌려주기는 했지만 일본을 지키는 데는 걱정이 없다는 것을 다른 나라에 보여주는 것과 다름이 없다."

"동양의 평화는 지켜지나 일본을 노리는 열강에 대응하기 위해서는 무장을 하지 않을 수 없다. 이 문제에 대해서는 일본, 청국 그리고 한국의 3국에서 각각 대표를 파견하여 다루게 한다. 세 나라의 건장한 청년들로 군단을 편성하고 이들에게는 2개국 이상의 어학을 배우게 하여 우방 또는 형제의 관념이 높아지도록 지도한다. 이런 일본의 태도를 세계에 보여주면 세계는 이에 감복하고 일본을 존경하고 경의를 표하게 될 것이다. 이같이 하면 비록 일본에 대해 야심이 있는 나라가 있다고 해도 그 기회를 얻기 힘들게 되며 일본은 수출도 많이 늘어나게 되고 재정도 풍부해져서 태산과 같은 안정을 얻게 될 것이다. 청과 한국 두 나라도 함께 그 행복을 누리고 세계에 모범을 보여 줄 수 있게 된다. 그리고 청과 한국 두 나라는 일본의 지도 아래 상공업의 발전을 도모하게 될 것이다. 따라서 패권이라는 말부터 의미가 없어지고 만주철도 문제로 파생되고 있는 분쟁 같은 것은 꿈에도 나타날 수 없게 된다. 이렇게 함으로써 인도, 태국, 베트남 등 아시아 각국이 스스로 이 회의에 가맹하게 되어 일본은 싸움 없이도 동양의 주인공이 되는 것이다."

〈청취서〉에서 안중근 의사는 『동양평화론』에 대한 새로운 방책은 바로 일본이 세계 각국의 신용을 얻는 일이고, 일본이 해야 할 급선무는 현재의 재정을 정리하는 것이라 하였다. 또한 평화회의를 정착시키는 방법을 강구하며, 세계 각국이 일본의 약점을 노리고 있으니 이에 대비하기 위하여, 세계 각국의 지지를 얻는 일이라고 하였다.

안중근 의사는 일본을 바로잡음으로써 동양의 평화를 유지할 수 있다고 보았다. 일본이 대외정책을 시정하지 않는 한 동양의 평화와 한국의 독립은 요원할 것으로 여긴 것이다. 그러나 일본은 안중근 의사의 해법을 따르지 않고 1910년 한국의 강점, 1931년 만주사변에 의한 중국 동북지역 지배, 1937년 중일전쟁 발발 확대, 1941년 태평양 전쟁으로 전세계의 평화를 위협하다가 1945년 8월 세계의 보복을 받고 원자탄에 의하여 전쟁에 패망하고 말았다. 안중근 의사의 혜안과 예견이 놀라울 뿐이다. 이런 〈청취서〉가 안중근 의사의 항고 포기 용도로만 사용되고 용도 폐기되었다는 것은 너무나 안타까운 일이다. 관동도독부 고등법원장 히라이시와 면담을 마친 후 안중근 의사는 이 자리에서 "천치가 뒤집혀짐이여, 지사가 개탄하도다. 큰집이 장차 기울어짐이여, 한 가지 나무로 지탱하기 어렵다"라는 시문을 히라이시에게 써주었다.

제3장

뤼순은 근대사의 교과서

1. 뤼순구는 중국 반부 근대사(中國 半部 近代史)의 현장

안중근 의사의 공판은 뤼순에 있는 관동도독부 지방법원에서 이루어졌다. 현재 관동도독부 법원 건물은 뤼순 시내 병원으로 사용하던 것을 뤼순순국기념재단에서 2001년 3월 25일에 중점문물보호단위로 지정을 받아 2003년 8월부터 복원 전시하여 2006년 5월 1일에 개관 전시하였다. 이는 한국 국민의 성금으로 이루어진 안중근 의사 공판의 역사적 현장이 되었다

청일전쟁에서 승리한 일본은 제2군의 오오야마 이와오(大山岩, 1842~1916) 대장의 지휘로, 1894년 11월 21일부터 24일까지 4일 동안 뤼순구에서 대략 2만 명을 학살했다. 이를 뤼순대학살(旅順大虐殺)이라 한다.

1894년 12월 20일자 미국 《더월드(THE WORLD)》 기자 제임스 크릴먼(James Creelman)의 보도에 의하면 당시 영국 선원 제임스 앨런(James Allan)은 뤼순에 체류하다 사살당할 위기를 겪으며 영국으로 귀국해서 뤼순대학살을 기록하였다고 한다.

뤼순대학살 만충묘

또한 일본의 종군기자인 고우슈스케(甲秀輔)는 1894년 12월 7일《도쿄아사히신문(東京朝日新聞)》에 통일본군 보병 구보다나카조(窪田中長)의 종군일기 내용을 보도했다. 청일전쟁시기에 일본군이 뤼순구를 침략하는 과정에서 1937년 12월 13일 남경대학살(南京大虐殺)보다 훨씬 이전인 42년 전에 일어난 학살의 현장이 바로 뤼순구이다.

뤼순 버스 터미널에서 삼리교(三里桥) 쪽으로 3분 정도 걸어가면 뤼순의 슬픈 역사 현장 뤼순만충묘기념관(旅順萬忠墓記念館)이 있다. 기념관 정문에 뤼순구(旅順口)를 대표하는 의미가 있는데 〈시신이 산처럼 쌓여 있는 도시(一座尸積如山的城)〉, 〈피로 물들어진 도시(一座鮮血的城)〉, 〈듣는 것만으로 매우 무서운 도시(一座听闻的城)〉, 〈전쟁으로 죽을 때까지 견뎌 낸 도시(一座死抗战的城)〉라고 뤼순구를 소개하고 있다.

1840년부터 1949년까지의 중국 근대사 기간 중 뤼순구는 바로 중국 반부 근대사의 현장이었다. 뤼순구는 북경과 천진으로 통하는 해상관문인 경진문호(북경과 천진)의 중요한 요충지였다. 1840년 6월 영국이 중국 남방 주강(珠江)을 봉쇄하고 1840년 8월 영국 군함 블론드(Blonde)

호, 모데체(Modeste)호, 에날드(Enard)호가 지금의 장흥도(長興島)에 침입하였고, 동년 9월 17일 두 척의 영국 군함이 뤼순 노철산(老鐵山), 다롄만 소평도(小平島)에 상륙하여 약탈을 기도했다.

1894년 8월 1일부터 청일전쟁이 발발하여, 1895년 4월 17일 일본의 승리로 귀결되었고, 청일간의 시모노세키조약(馬關條約)으로 마무리하였다. 시모노세키조약 제1조에는 중국은 조선이 완전무결한 자주 독립국임을 확인하여 무릇 조선의 독립 자주체제를 훼손하는 일체의 것, 예를 들면 조선이 중국에 납부하는 공헌, 전례 등은 이 이후에 모두 폐지하는 것으로 한다라고 적시하고, 조선의 독립을 중국에서 보장받는 것처럼 함으로써 일본의 한반도 침략을 향한 제국주의 첫 걸음이 뤼순구에서 청일전쟁으로 마무리되었던 것이다.

1905년은 1898년 시작된 러시아의 뤼다 조차지가 7년을 경과하고 있었고, 1904년에 발발한 러일전쟁도 2년째 접어들고 있었다. 그런데 그해(1905년) 일본이 뤼순의 203고지를 점령함으로써 러일전쟁은 일본의 승리로 끝났다. 그후, 1905년 8월 10일 미국의 뉴햄프셔주 포츠머스에서 러일강화조약 포츠머스조약(Treaty of Portsmouth)이 체결되었다. 이 조약 제1조가 대한제국에 대한 일본의 지배권 인정이며, 2조에서 뤼순 다롄의 조차권과 장춘 이남의 철도 부설권을 일본에게 할양하는 것이었다. 이로써 일본은 바야흐로 대한제국과 만주 침략의 기반을 마련하였다.

뤼순구는 1905년부터 1945년까지 일본 제국주의 침략 40년 동안 일본이 다스리다가, 1945년 8월 22일 해방되었다. 얄타 협정에 따라 1945년부터 1955년까지 소련군이 뤼순의 해군기지를 중국과 공동 사용하고 방위 책임과 요동반도 지배권을 소련이 가지게 되었다.

1955년 소련이 뤼순구에서 철수함으로써 중국 근대사의 110년 중 60년의 근대사가 뤼순구를 배경으로 하였기 때문에 중국 근대사에서 반부근대사가 뤼순을 배경으로 하고 있는 것이다. 러일전쟁은 일본과 러시아가 한국 지배와 동아시아의 주도권 장악을 둘러싸고 벌인 전쟁임을 인식할 수 있다.

뤼순은 시장개척이라는 서구 제국주의 강체 침탈 전쟁지, 동양 내 대한제국에 대한 주도권 다툼과 만주 침략의 교두보 확보를 위해 일본 야욕의 근거지, 러시아의 황러시아 계획[1]의 일환으로 러시아의 부동항을 확보하기 위한 남하정책의 희생지, 일본이 중국 전역 침략과 대동아 공영권 실현을 위한 본거지, 소련의 대리 경영지 등으로 항상 근대사의 중심에 있었다.

안중근 의사는 이를 정확하게 간파하여 『동양평화론』본문에서 러시아의 뤼순 지배에 대하여 다음과 같이 인식하고 있었다.

"이 때의 러시아 행동을 기억해야 한다. 당일에 동양함대(東洋艦隊)가 조직되고 프랑스, 독일 양국이 연합하여 요코하마(橫濱) 해상에서 크게 항의를 제출하니 랴오둥 반도(半島)가 청국에 돌려지고 배상금은 감액되었다. 그 외면적인 행동을 보면 가히 천하의 공법(公法)이고 정의라 할 수 있으나, 그 내용을 들여다보면 호랑이와 이리의 심술보다 더 사납다. 불과 수년 동안에 러시아는 민첩하고 교활한 수단으로 뤼순을 조차(租借)한 후에, 군항(軍港)을 확장하고 철도를 부설하였다. 이런 일의 근본을 생각해 보면 러시아 사람이 수십년 이래로 펑티엔 이남(奉天以南) 다렌(大連), 뤼순, 뉴쥬앙(牛莊) 등지에 부동항(不凍港) 한 곳을 억지로라도 가지고 싶은 욕심이 불 같고 밀물 같았기 때문이다. 그러나 청국이 한번 영(英)·불(佛) 양국의 텐진(天津) 침략을 받은 이후로 관동(關東)의 각 진영에 신식 병마(兵馬)를 많이 설비했기 때문에 감히 손을 쓸 마음을 먹지 못하고 단지 끊임없이 침만 흘리면서 오랫동안 때가 오

---

1 황러시아 정책: 19세기 러시아 차르 니콜라이 2세가 중, 러 변경의 k2봉에서 곧게 블라디보스톡에 이르는 선 이북의 땅을 러시아에 편입시키려 한 계획.

관동도독부 구지 (현재)

기를 기다리고 있었다. 이 때에 이르러 셈이 들어맞은 것이다."

이 글엔 놀라운 안중근 의사의 혜안이 담겨 있다. 일본의 조선과 중국침략의 출발점이 뤼순이었고, 러시아의 남하정책의 목적이 조선과 만주로서 연결되어 태평양으로 나가는 부동항의 종착지 뤼순구가 중국 반부 근대사(中國半部近代史)의 현장이었던 것이다. 이 과정의 상당부분을 안중근 의사는 성장과정에서 목격하고 뤼순의 중요성을 간파해서『동양평화론』을 저술하실 당시 동양평화협의체를 뤼순에 두어야 하는 중요성을 꿰뚫고 있었다.

안중근 의사는『동양평화론』서문에서 "동양 평화를 위한 의전(義戰)을 하얼빈에서 개전하고, 담판(談判)하는 자리를 뤼순구(旅順口)로 정했으며, 이어 동양평화 문제에 관한 의견을 제출하는 바이다. 여러분의 눈으로 깊이 살펴보아 주기 바란다."라고 말씀하셨다.

관동도독부, 뤼순 감옥 공공묘지, 관동도독부 구지 법원, 뤼순 박물관, 뤼순 만충묘 기념관, 203러시아 전승고지, 소련군열사 능원, 동지

관산 포대, 관동헌병 사령부, 세계평화 공원, 황금산 해수욕장, 러일전쟁 회견소, 백옥산 탑, 군항화원, 중소우의 승리기념탑 등 역사적 콘텐츠가 고스란히 남아 노천역사박물관(露天歷史博物館) 도시로서 뤼순의 산 정상에는 각종 포대와 수많은 사람들이 죽어간 무덤들이 즐비하게 남아 있다.

2. 뤼순의 지형

뤼순은 요동반도의 끝으로 황해와 발해가 만나는 경계지역에 위치해 있다. 뤼순을 끼고 다롄에서 황해지역과 뤼순에서 잉코우 방향으로 발해가 접해 있다.

뤼순은 중국의 해군항구로 해산물이 풍부하고 백사장을 끼고 있어 수영을 즐기는 사람들도 많다. 치신지의 오후 시장과 93로의 아침 시장에는 해산물로 넘쳐 난다. 다롄에서 뤼순으로 가는 남쪽도로를 따라

백옥산에서 바라본 뤼순항구 전경 (현재)

▶▲황발해 분계선 료동반도 최남단 (현재)
▶백옥산에서 본 뤼순 전경 사진 (1890)

가다 보면 다롄외국어대학이 나오고 터널을 통과하면 곧바로 산이 보인다. 이 산이 백옥산(白玉山)이다. 원래 이름은 서궁산(西官山)이었다.

1880년 이홍장(李鴻章)이 광서황제의 부친인 순친왕(醇亲王)과 시찰을 왔을 때 뤼순에 황금산이 있으니 반드시 백옥산도 있어야 한다. 즉, 뤼순유황금산(旅順有黃金山), 야응유백옥산(也应有白玉山)이라 하여 서궁산의 이름을 현재의 백옥산으로 바꾸었다. 옥을 귀히 여기는 중국적인 발상이다. 백옥산은 다롄의 8대 명소 중의 하나로 수많은 관광객과 뤼순 시민들의 휴식처로 사랑을 받고 있다. 백옥산 정상에 올라서면 뤼순항 구가 한눈에 보인다.

백옥산탑 (현재)

뤼순 항구는 세계 10대 미항으로 호리병 모양의 항구는 지리적 조건을 갖춘 천연요새로 러일전쟁의 격전지였다. 좌측에는 황금산이 있고 우측에는 서지관산, 노철산이 있다. 백옥산의 정상에는 뤼순의 상징적 건물인 백옥산탑(白玉山塔)이 러일전쟁의 상처를 보여주고 있다.

백옥산탑의 원래 이름은 표충탑(表忠塔)이다. 러일전쟁이 끝나고 1907년 6월 20일 일본의 연합함대사령관 토고헤이하찌로(东乡平八郎, 1848.1~1934.5)와 육군

제3군단군장 노기마레스케(乃木希典, 1849.12~1912.9)가 일본의 승리를 기념하기 위하여, 건립한 기념물로 1909년 11월 12일 완공하였고, 11월 28일 낙성식을 거행하였다. 높이는 66.8미터로 1985년에 뤼순구 정부는 백옥산탑으로 이름을 정정하였다.

백옥산에는 일본인이 건립한 수많은 군사 요새가 있고, 이홍장 시기의 임시 탄약 보관창고도 남아 있다. 표충탑을 건립하기 전 1905년 11월 일본은 백옥산 정상에 일본의 신사를 건립하였다. 일명 백옥신사 납골사(白玉神社納骨祠)로서, 뤼순 공격 당시 전사한 일본군 22,723명의 유골을 안치하였다. 지금은 백옥신사의 납골사 표지석이 뤼순 감옥의 창고에 보관되어 있으며, 신사현장은 뤼순병기기념관으로 활용되고 있다. 백옥탑은 뤼순의 대표적 상징물로 현재도 일본인 관광객들의 발길이 끊이지 않는데 일본인들이 자주 찾는 곳은 동지관산포대와 203고지, 백옥산탑과 뤼순박물관, 관동사령부이다. 일본 관광객들은 중국에서 일본 제국주의 시절 부끄러운 야만의 역사를 느끼고 있다.

백옥산을 중심으로 뤼순 항구를 바라보면 뤼순의 중심시가지는 정확하게 왼쪽에는 구시가지, 오른쪽에는 신시가지로 나뉜다.

백옥산 터널을 통과하면 신시가지가 나오는데 해방교를 지나면 중소우의 승리 기념탑이 있고, 태양고(太阳沟)를 중심으로 뤼순 박물관, 관동사령부, 관동헌병 사령부, 관동도독부 옛터, 뤼순공과대학, 숙친왕부, 안자산포대, 203고지, 관동 사령부 중심으로 일본의 고관대작들의 주거지와 기생집 등 일본 제국주의 만주 침략의 핵심 역할을 수행하는 통치기구가 있었다.

현재 신시가지에는 일제 식민시기의 통치기구가 박물관으로 운영되고 있으며, 뱀 박물관, 뤼순 벚꽃축제, 숙친왕부, 라진옥집 구터, 노철산으로 가는 길을 지나 뤼순의 경제 개발구가 있다. 뤼순 경제 개발구에는 중국의 제조업체와 어패류 가공업체 등이 입주해 있으며, 요녕경

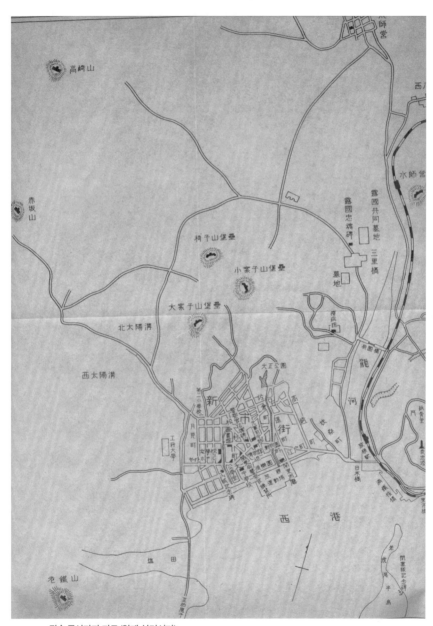

뤼순 구시가지 지도 (일제 식민시기)

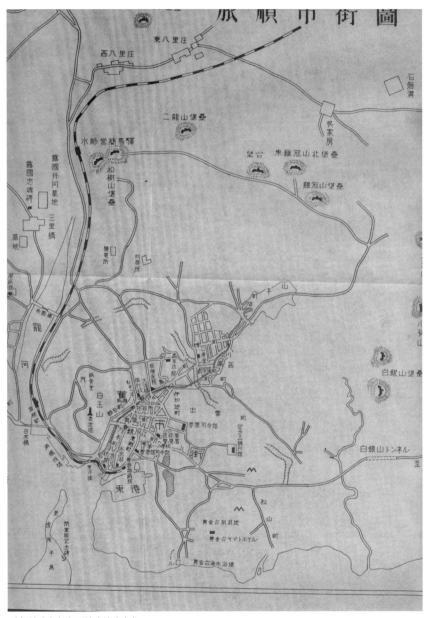

뤼순 신시가지 지도 (일제 식민시기)

제무역대학 뤼순분교, 다렌교통대학 소프트학원 등이 있고, 황해와 발해가 만나는 황발해 분계선이 인접해 있다.

백옥산의 왼쪽 구시가지에는 당시 관동도독부 법원, 뤼순 감옥, 뤼순민정서, 뤼순요새사령부, 만충묘, 뤼순의과대학, 뤼순 공학, 뤼순부녀의원 등이 있었다. 현재 치신가에는 일제 식민지 시기의 위안부 막사로 추정되는 기생집 골목이다. 현재는 일본 침략 당시의 건물들이 박물관 기능을 하고 있고, 뤼순의 신마터 백화점을 중심으로 뤼순의 대표적인 상권 역할을 하고 있다. 뤼순의 대표적인 상권으로 은행, 요식업, 뤼순 공공기관, 군부대, 신개시장, 초중고 교육기관이 입주하고 있다. 또한 뤼순의 장거리 버스 터미널이 있어 다렌과 심양을 오고 가는 중심 역할을 한다.

백옥산의 뒤편으로는 롱허(龙河)와 수사영(水师营)이 있는데 롱허는 강이 있어 뤼순의 모친의 강(旅顺口的母亲河)이라 불리며 수사영으로 운반하는 배가 오고 가던 곳이다.

롱허에는 삼리교(세 다리가 만나는 다리)가 있어 뤼순 중심 구시가와 신시가지 수사영으로 연결하는 중요한 교통요충지 역할을 하고 있고, 현재 롱허와 삼리교에는 롱허가원(아파트), 삼명취화원 호텔, 소련군 열사능원, 뤼순창관동 영화촬영기지가 있다. 롱허에서 북쪽으로 가면 수사영이 있다. 수사영은 청나라 시기의 수군의 주둔지로서 수군 병영이 있던 곳이다(清水师 驻扎地). 열십자 형태의 관청으로 아문(衙门)으로 불리었다. 강희 15년에 수사영에 수병 50명이 주둔하였다. 현재의 뤼순이 있기 전 가장 먼저 발달하였던 곳이 수사영인데 러일전쟁 종결 회담 회견소가 있고, 현재 뤼순구청이 이전하여 새로운 뤼순구의 신도시가 건설되면서 예전의 수사영도 관청 기능을 회복하고 있다.

『청사고(清史稿)』에 의하면, '뤼순은 동북삼성 해안 입구로서 금주에서 이르는 중요한 병목의 지점으로서 요동반도를 보호하고 북경과 천진을 보호하는 중요한 지역으로 수군을 설치하였다'라고 되어 있다.

清史稿:东三省沿海各口岸，以金州，旅顺口为尤要。成语说，守口如瓶。意在
防止祸从口出。旅顺口既是海口，也是国门，守住了它，外可护辽东半岛，内可
卫京师门户

3. 뤼순과 한국과의 관계

뤼순구는 요동반도 최남단으로 산동반도를 향해 삼면이 바다로 둘러 싸여 있으며 다렌에서 45킬로미터, 다렌공항에서 30킬로미터 떨어져 있다. 1902년에 뤼순 기차역이 건립되어 교통이 발달되어 있다.

뤼순구의 철산가에 4~5천 년 전의 신석기 시대의 유적지가 있다. 한국과 뤼순의 역사적인 관계도 밀접하게 관련되어 있다.

뤼순역 (현재)

기원전 109~기원전 108년까지 한나라 시기에 장군산(지금의 노철산)에 뱃길이 있어서 산동반도에서 배를 타고 요동과 한반도로 가는 항로가 있었다. 713년에 발해와 당나라의 교류 흔적인 홍노정비석(鴻臚井碑)이 황금산에 있었는데 1910년 4월에 일본의 해군중장 도미오까 사다야수(富岗定恭, 당시 뤼순진수부사령장관)이 일본으로 가져가서, 러일전쟁 전리품으로 일본 황궁에 상납했다. 1912년에 일본 러일전쟁 기념 수장품으로 지정되어 현재는 일본 황궁 건안부(建安府)에 있다. 현재는 뤼순에 2개의 우물터만 남아 있는데 군부대 안에 있어 일반인 관람이 불가하다.

철산가의 우자촌(于家村)의 산언덕에 있는 목양성(牧羊城)에서 세형동검 2점이 발견되었는데 한대 시기로 추정된다.

1950년대 말 북한이 중국과 합동으로 우자촌 인근에 고분 발굴을

목양성 유적지 (현재)

했는데 조선인 묘로 추정된다고 전해진다. 404년 고구려 광개토대왕 시기에 고구려가 연나라 국토를 점령하여 2~3백 년 요동반도를 통치하였고, 다롄에는 비사성이 있어서 산동반도에서 중국으로 오는 요충지로서 다롄의 대흑산 비사성은 천연요새 역할을 하였다.

1885년 중국 광서(光緒 11년)에 청나라 대신 오대징(吳大徵)에 의해 뤼순에서 봉황성(현재 단동 인근)을 경유하여 조선의 한성과 전화선을 가설하였다. 이는 청나라가 외국과 가설한 최초 전화선이었다. 또한 뤼순과 위해와 인천을 잇는 항로가 개설되었다.

뤼순의 삼리교(三里橋)에는 중국 최대 외국인 열사 묘지 소련열사능원이 있다. 여기에는 1,323개의 묘소가 있는데 대부분 뤼다조차지역 시기와 러일전쟁 시기에 죽은 소련군이 매장되어 있다. 특히 1950년에 발발한 6·25 한국전쟁에 소련군 공군 조종사로 참전한 소련군 영관급과 가족이 약 285명 이상이 매장되어 있다.

다롄과 뤼순지역의 중국 국민도 6·25전쟁에 참전을 하였다. 1955년 이후 소련이 뤼순에서 철수한 후 뤼순구 지역은 중국의 중요한 군사항구 기능을 하였기 때문에 외국인에게는 개방하지 않았다.

1996년 7월 1일, 일부 시내 중심만 개방하다가, 2009년 11월 21일 중국 국무원, 중국 중앙군사위원회 비준에 의거해서 전면 대외 개방을 하였다. 군사지역인 군부대는 현재 외국인 진입을 금하고 있다. 뤼순구의 전면 개방 후에는 뤼순감옥구지박물관이 1971년 7월 개관한 이후부터 1998까지 중국인을 가장하여 상당수의 한국인이 참관하였고, 현재는 안중근 의사가 수감된 감방 관람 이후 매년 2만 명이 넘는 한국인들이 뤼순 감옥과 관동도독부 지방법원, 뤼순 박물관, 203고지 등을 찾고 있다.

또한 뤼순 경제 개발구 성립 이후에는 뤼순에도 일부 한국 기업이 진출하여 운영하고 있다. 특히 1992년 뤼순 경제 개발구가 성립하였고, 2012년부터 뤼순 염장(盐场) 지역에 대학교가 설립 이전되면서 수많은 한국 유학생들이 유학을 하고 있다. 한국 유학생이 가장 많은 다롄외국어대학(大连外国语大学)을 비롯하여, 대외경제무역학원(宁对外经贸学院), 다롄의과대학(大连医科大学), 다롄교통대학, 소프트웨어학원(大连交通大学软件信息学院) 등이 있다.

관동청요람에 보면 1923년부터 뤼순에 사는 조선인 숫자가 나오는데 꾸준히 증가한 것으로 집계되었다.

뤼순 시내 황허로에는 안중근 의사의 동생 안정근과 안공근, 변호를 맡기로 했던 안병찬이 묵은 곳으로 추정되는 보풍객잔이 있었다고 전해지는데, 현재 구체적인 장소는 확인할 수 없다. 또한 뤼순의 롱허 삼리교(三里桥)에는 뤼순 일본 식민 당시의 화장터(火葬場)가 현재 보존되어 있다. 지금은 원보두부 공장의 불을 공급하는 역할을 하고 있다. 이 화장터에서 1932년 이회영과 1936년 신채호 등이 화장된 것으로 보여진다(판모종 주장).

4. 안중근 의사가 수감된 뤼순 감옥

뤼순 감옥의 현재 공식 명칭은 뤼순일아감옥구지박물관이다. 현재 뤼순구 원보방(旅顺口区元宝房)에 있으며, 상향가(向阳街) 139에 위치하고 있다. 현재 뤼순 시민들은 뤼순 감옥을 "따위'(大獄)라고 부르기도 한다.

일본은 청일전쟁이 끝나자 중국을 강제로 압박하여 〈시모노세키조약〉을 맺고 중국 뤼순, 다롄항의 주권을 빼앗았다. 그러나 청일전쟁이 끝난 1895년에 러시아가 중국을 보호하겠다고 독일, 프랑스와 연합(삼국간섭)하여 일본을 압박하여 중국 요동반도(辽东半岛)에서 일본군을 쫓아냈다. 그후, 러시아가 중국을 도와주는 데에 큰 공을 세웠다 해서

1897년12월에 함대를 보내고 뤼순을 독점했다. 러시아는 이듬해 3월 27일에 중국을 강박하여 〈뤼다조차지조약(旅大租地条约)〉을 맺어 뤼순, 다롄을 조차지로 만들어서 식민통치를 시작했다.

1899년 뤼순에 관동주(关东州)를 설립하고 체계적인 식민통치 행정 기관을 개설하고 뤼순에 위수감옥을 설립하였는데 현재의 창장로 해군기지 수영장이다. 이 감옥이 규모가 작은 탓에 러시아 관동주 총독 알렉세에프(阿列克谢耶夫)가 차르 니콜라이2세(尼古拉二世)의 동의를 받고 1902년부터 뤼순 원보방(元宝房)의 농경지에 더 큰 감옥을 건조했다. 1904년 2월, 러일전쟁 때문에 감옥은 원래대로 건립하지 못하고, 85칸의 감방으로 건립되었는데, 이것이 뤼순 감옥의 시초다. 러일전쟁 시기 뤼순 감옥은 러시아 군대의 야전병원과 기마병 주둔지로 활용하였다.

1905년 러일전쟁이 끝나자 뤼순은 다시 일본의 손에 넘어갔다. 일본은 다시 정치, 군사, 경제, 문화, 교육 등 관동주의 식민통치를 강화시켰다. 1906년 9월 관동도독부의 민정부내 감옥서를 설립하며 원보방(元宝房) 러시아 감옥을 확장하기 시작했다.

우선 뤼순 감옥 공공묘지의 면적과 배치를 보자. 1907년 10월 20일부터 정식으로 쓰기 시작하였다. 뤼순 감옥의 동쪽 약 1킬로미터에 황야 3무를 묘지로 썼다. 1907년 11월 뤼순 감옥은 관동도독부감옥서(关东都督府监狱署)라는 명칭으로 신체검사실, 암실, 공장, 의무실을 설치하였고, 일부 확장했다.

1920년 8월, 관동청 감옥(关东厅监狱)으로 명칭을 변경하고, 벽돌공장, 야채 밭, 임야지역, 간수훈련지역 등을 설립하였다. 1926년 10월 관동청형무소(关东厅刑务所), 1934년 12월에는 관동형무소(关东刑务所)로 개명하면서 1907년부터 사형실을 세탁실로 활용하고, 감옥 동북쪽에 사형장을 새로 건립하였다. 1939년 1월, 뤼순형무소(旅顺刑务所)로 고쳐

1945년 8월 22일 소련의 감옥 해체시까지 이어졌다.

　1945년부터 1955년 소련의 뤼순 관리 시기까지 소련에서 관리하다
가 소련이 뤼순에서 철수한 후 1956년부터 1971년까지 뤼순 경찰국
에서 관리하여 뤼순공안국 간부숙소와 뤼순구치소로 쓰였고, 일부는
인근 인민공사 생산대의 숙소로 활용하였다. 1966년 일부는 제국주의
죄증 전람관으로 활용되다가, 1970년 뤼사시 혁명위원회(旅大市革命委员
会)의 뤼순 감옥 전면 개방 결정으로 1971년 7월 정식으로 전체를 개
관하여 뤼순계급 교육전람관으로 사용하였다.

　당시 초대 관장은 주상령(周祥令, 현재 뤼순 신개가 거주, 81세)이다. 1983
년 6월에는 뤼순제국주의침화유적보관소(旅顺帝国主义侵华遗迹保管所)로
명칭을 변경하여 관람기능과 함께 다롄과 뤼순지역의 러일전쟁 및 일
본 식민지 시기의 유물 들을 집중 수집 보관하였다.

　1983년 12월부터는 다롄시 정부의 관리로 이관되었다. 1992년 8월
에는 뤼순일아감옥구지진열관(旅顺日俄监狱旧址陈列馆)으로 이름을 변경
하고 본격적인 박물관 기능을 수행하기 시작하였다. 1988년 1월 13일
전국 중점 문물 보호기관으로 선정되었다

　2003년 5월에는 뤼순일아구지박물관(旅顺日俄监狱旧址博物馆)으로 이
름을 변경하였고, 동시에 다롄시 근대사연구소(大连市近代史国研究所)를
설치하여 다롄시내 근대사 연구를 전담하는 연구기관으로 현재에 이
르고 있다.

　역대 관장은 1971년 7월부터 1996년까지 주상령(周祥令, 뤼순 감옥 최장
수 관장으로 1986년 북한 안중근 의사 유해 발굴 당시 역할, 1971년 뤼순 감옥 공공묘지
발굴 당시 역할), 1997년부터 2001년까지는 조중화(赵中华, 현재 관동도독부 법
원 박물관 관장 역임), 2003년부터 2005년까지는 곽부순(郭富纯, 뤼순박물관 관
장으로 퇴직, 재직 시기 동안 뤼순 감옥의 자료 정리와 근대역사 정리가 다수 이루어짐),
2005년부터 2012년 까지 화문귀(华文贵, 현재 퇴직, 2008년 안중근 의사 유해 발

굴 당시 관장), 2012년부터 2014년 7월까지는 강엽(姜燁, 현재 다롄 현대 박물관 관장), 2014년 8월부터 현재는 장지성(张志成) 관장이 이어오고 있다.

장지성 관장은 길림대학 고고학과를 졸업한 비교적 젊은 신진 고고 발굴학자로서 다롄시 문물연구소 부소장(大连市文物考古研究所副所长)을 역임하였다. 장지성 관장은 유해발굴의 경험이 가장 많은 관장으로서, 안중근 유해발굴에 대한 기대가 크다고 할 수 있다.

뤼순 감옥은 최대 2,000명까지 수감할 수 있었다. 감옥에 피복, 실짜기, 베짜기, 세탁, 군화, 복사, 계기, 강철, 목공 등 15개 공장을 건설하여, 수감자들이 수많은 군사용품과 일상용품을 만들었다. 감옥의 벽은 빨간색 벽돌로 만들었는데 높이가 4미터이고 총 길이가 725미터인 장벽으로 경계가 매우 엄격하였다. 감옥 벽 안의 면적 2만 6천 평방미터이다. 감옥 벽 밖의 형용지(刑用地)로 사용된 넓은 땅에 기와공장, 목재 창고, 과수원, 채소밭, 그리고 간수 주택을 만들었다.

뤼순 감옥 총 면적은 22.6만 평방미터인데 당시 동아시아에서 제일 큰 감옥이었다. 뤼순 감옥 실록에 의하면, 형무소용지(8,351평), 관사용지(25,953평), 경작지(19,295평), 각종 토지(6,424평), 임업장(360평), 기타(6,784평) 총 67,131.3평이라고 기재하고 있다. 감옥내 청사(사무실, 237평), 주택(650평), 법원구류장소(25평), 공장(1,164평), 관사(2,132평), 사형장(21평) 기타(740평), 취사 목욕탕(80평), 훈련장(69평) 기타 지방병사(139평), 창고(264평)이다. 현재 뤼순 감옥의 서쪽 부분의 해군통신부대 인근이 당시의 뤼순 감옥 간수 숙소였으며, 뤼순 감옥 뒤에는 그 당시의 우물과 기와를 보관하는 창고가 2001년에 다롄시 문물관리위원회 보호목록으로 지정을 받았다.

뤼순 감옥의 삼각형 구조에서 동감방 3층과 중앙감방 2층은 독방으로 되어 있다. 동감방 3층은 정치범 수용 장소로 현재는 나무계단이 낡아서 일반인들의 관람을 금하고 있다.

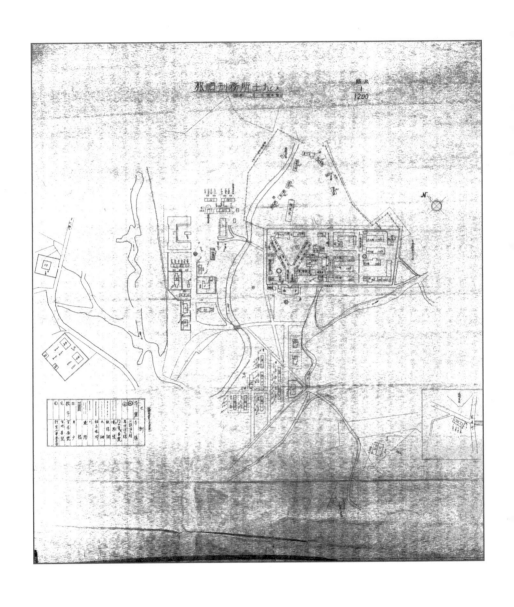

뤼순 감옥 도면과 외부 도면 (1937년도)

감방 벽에는 죄수가 쓴 것으로 보이는 글씨가 있는데 "인내하는 것은 제일이고, 양보하는 것은 중요하다. 인내와 양보를 수양해야 한다 (忍为上, 让为贵。忍让乃养)"와 출감 날짜만 기다리면서 벽에 달력처럼 날짜를 계산한 낙서도 남아 있다.

뤼순 감옥 수감 및 사형 관련 기록은 아래 도표와 같다. 1934년 관동청 요람에 의하면, 다롄지소를 제외한 뤼순 감옥의 누적 상태 수감자 현황은 다음과 같다.

관동도독부 감옥서 연도별 총수감자 수와 총 사형수 수

연도	총 수감자	총 사형수	중국인	한국인	일본인
1906년	155명	17명	96명		59명
1907년	243명	26명			
1908년	263명	23명			
1909년	303명	1명			
1910년	326명	9명		1명(안중근)	
1011년	338명				
1912년	351명	1명			
1913년	318명				
1914년	317명	1명			
1915년	298명				
1916년	393명	2명			
1917년	370명				
1918년	402명	2명			
1919년	501명				
1920년	605명				
1921년	639명	1명			
1922년	665명				
1923년	771명				
1924년	751명	3명			
1925년	827명	1명			

1926년	930명	4명			
1927년	938명	5명			
1928년	1,120명	3명			
1929년	1,120명	3명			
1930년	1,015명	4명			
1931년	922명	3명			
1932년	922명	7명			
1933년	983명	9명			
1934년	1,024명	6명			
1935년	1,049명	18명			
1936년	1,053명	2명	390명	216명	447명
1944년	4,000여 명				
1945년 8월 27일 소련접수 후 1,300여 명을 석방					

1907년부터 활용한 사형장은 건축물 중심지에 위치하는데 장소가 부적합하고, 설비가 미비하고, 건축물이 너무 오래되어 낡아서 1933년 7월 25일부터 8월 8일까지 면적이 35평에 달하는 복층형 사형장을 새로 건설했다. 1907년부터 1933년까지 사용한 사형장에서 안중근 의사가 사형 당하였다.

뤼순의 상수도 관리공사에서 1911년, 1914년의 도면에 사형장이 표기되어 있어 뤼순 감옥에서도 초기 사형장을 안중근 의사 순국지로 명명하였고, 초기 사형장은 1934년 이후 세탁공장으로 활용되었다. 현재의 모습과 다른 것은 천장 지붕의 모습이었다(왕진인 진술).

당시 그 옆의 제지공장에 대한민국 광복회가 중심이 되어 안중근 의사 순국기념장소를 만들어 뤼순 감옥을 찾는 한국 관람객 및 안중근 의사의 의거를 되새기는 소중한 장소 역할을 하고 있다.

뤼순 감옥에는 현재 동쪽 감방과 중앙 감방, 그리고 서부 감방 형태의 삼각형 형태로 독일인이 설계한 방사형 구조로 되어 있다. 감옥 건

안중근 의사 사형장 모습 (현재)

물에서 회색 벽돌로 된 부분은 러시아 시기에 건축된 부분이고, 붉은
색 벽돌은 일본에 의하여 증축된 것이다.

1934년의 관동청 요람에 기록된 뤼순 감옥의 사형자 현황은 아래
표와 같다. 이 표에서 1910년 조선인은 안중근 의사이다.

년도별 사형수 표(외는 외국인)

연도	내지(일본인)	조선인	중국인	합계
1906			16(여자 1)	16(여자1)
1907			25(여자1)	25(여자1)
1908	3		19(여자1)	22(여자1)
1909			1	1
1910	1	1 (안중근)	7	9
1911				

1912			1	1
1913				
1914			1	1
1915			1	1
1916	1		1	2
1917				
1918				
1919				
1920				
1921			1	1
1922				
1923			2	2
1924	1			1
1925				
1926				
1927	3		2	5
1928	1		2	3
1929	1	1	3	5
1930		1	3	4
1931	1		1(여자)	2(여자1)
1932	1	2	4	7
1933		1	7(여자1)	8
1934			6	6
1935	2	4	7(외4,여자1)	13(외4,여자1)
1936	1	1		2

　　뤼순 감옥은 주로 고등법원과 지방법원에서 징역을 언도받은 사람들을 수감했다. 그 중에 두 법원에서 심사하고 있는 "형사피고인"도 있고 법원과 만주총사관에게서 징역 3개월을 받은 사람도 있다. 수감된 사람들이 대부분 중국인이지만 일본인, 조선인, 유태인, 이집트인, 러시아인, 미국인 등도 있었다.

당시 뤼순 감옥에 근무했던 중국인 양보해(楊輔海)의 진술에 의하면, 1941년 "다롄시극동군사비밀부정보팀"은 일본 당국에게 파괴될 때 그와 함께 수감된 사람 12명 중에 두 명이 외국 사람인데 하나는 이집트인이고, 다른 하나는 국적은 모르지만 유대인으로 확인되었다고 한다.

1945년 8월 15일, 일본의 무조건 항복 후 마지막 형무소장인 타고지로의 부당한 명령으로 자료를 모두 소각하는 바람에, 일본이 뤼순 감옥을 통치한 38년 동안 얼마의 사람을 수감하고 살해했는지를 확인할 수가 없다.

1968년 뤼순 감옥에서 근무했던 마본원(馬本源)에 의해서 1945년 8월 15일 일본이 항복할 때, 뤼순 감옥에서 2,000명의 사람들이 수감되어 있었고, 그 중에 중국인 1,000명, 일본인 700여 명, 조선인 300명과 판결을 받지 않은 사람들 30여 명이 있었다고 전해진다.

1942년부터 1945년 8월까지 항일병사와 애국자 총 700여 명이 뤼순 감옥 교수형장(絞刑場)에서 교수형을 받고 죽었다. 1945년 8월 16일, 일본이 항복한 바로 다음날에 뤼순 감옥에서 중국공산당원 유봉천(劉逢川) 등 5명과, 한국의 한인애국단 유상근 의사가 비밀리에 살해당했다.

1945년 제2차 세계대전이 끝날 무렵인 8월 9일, 소련군이 일본에게 선전 포고를 하게 된다.

8월 9일 모택동(毛澤东)이 〈일본에게 마지막 전투〉란 선언을 했다(중국자료). 8월 15일 일본이 항복을 했고, 같은 날 오전에 뤼순형무소 소장 타고지로(田子仁郞)는 부하들에게 문서를 소각하라는 명령을 내렸다.

8월 22일 소련군 낙하산병이 뤼순 토성자(土城子)공항에 착륙하였고 뤼순을 점령하여 관리하기 시작하는 동시에, 사관 3명을 보내 뤼순형무소를 인수하여 수감된 사람 1,300명을 풀어 주었다. 뤼순 감옥 수감자들이 감옥에서 풀려 나오는 장면을 담은 비디오가 현재 다롄 당안관에 보관되어 있다. 뤼순 감옥은 그때까지 비명소리가 그칠 날이 없었다고 한다.

현재의 뤼순 감옥은 안중근 의사를 비롯해 신채호 선생을 소개하는 국제전사관이 별도로 전시되어 있으며, 뤼다 시기의 물증 전시관과, 임시전시관이 있어서 기획전시를 하고 있다. 안중근 의사의 전시도 여

뤼순 감옥 안중근 수감방 설치 경위 비밀 (2013년 8월 23일)

뤼순 감옥에는 안중근 의사가 수감된 감방이 있다. 다른 수감자 보다 더 크고 넓어 관대한 대접을 받았다는 안응칠 자서전의 내용을 반영하고 있다.

안중근 의사 감방에 대해 중요한 정보가 있는데 주애민이 뤼순 감옥 초대관장이었던 자신의 아버지 주상영에게 직접 물어서 2013년 8월 23일 뤼순 감옥 전시진열부 사무실에서 필자인 나에게 직접 전해 준 내용이 있는데 아래와 같다.

①뤼순 감옥에 한국 문화재단총재가 1999년 3월 방문하였고, 그 시기에 안중근 의사 감방을 설치할 예산을 한국 뤼순순국선열재단에서 확보하여 설치가 가능하였다.

②현재의 감방은 관람객들이 보기 편한 장소를 고려하였다.

③임홍도(任弘道)에게서 직접 들은 내용을 가지고 안중근 감방을 확정하였다. 임홍도는 뤼순박물관에 근무한 직원으로서, 1945년 8월 22일 소련군이 뤼순 감옥을 해체시킬 때, 뤼순 감옥을 인수할 당시 근무했던 사람이다. 임홍도에 의하면 안중근 의사 감방을 현재 장소라고 한 것은 문서에 기재된 것이 아니고, 당시 근무했던 일본인과 중국인 간수들에게 전해들은 것이다. 이것을 근거로 안중근 의사 감방을 확정했다는 것이다.

러 차례에 걸쳐 별도 전시를 해오고 있다.

현재 뤼순 감옥의 직원은 56명이나 정직원은 25명 정도이다. 부서는 관장 아래 부관장(현 공석), 사무실관리, 진열연구부, 징집보관부, 선전교육부, 안전보위부, 다롄 중화공업회구지박물관(다롄 소재)의 6개 부서가 있다. 진열연구부에서는 전시 및 다롄근대사 연구 관련 간행물을 발간하고 있어 가장 핵심적인 부서 중의 하나이다.

현재 뤼순 감옥에 있는 안중근 의사의 감방은 동쪽 감방에서 지하 암실로 가는 외부 지역이다. 독방으로 간수부장이 있는 방 바로 옆인데 안중근 의사 감방에 대해서는 많은 이견이 있다. 이에 대한 견해는 상당수 알고 있지만 또 다른 논쟁을 가져 올 수 있어 본 책에서는 언급을 아끼려고 한다. 안중근 의사의 감방은 사형 언도 전과 사형 언도 후 감방이 나뉘어 있다고 한다. 다만 현재 안중근 의사의 감방 위치 선정은 주상영 관장 시기에 이루어졌고, 1945년 9월 18일 뤼순 감옥을 인수하러 간 당시 임홍도(任弘道, 다롄 출신, 당시 19세)의 진술에 의하면, 당시 암실 창 밖에 안중근 의사의 감방이 있었다는 진술에 근거하여 현재의 위치에 안중근 의사 감방을 재현하였다는 것이다.

제4장

안중근 의사의 유해

1. 안중근 의사 유해 매장지

안중근 의사는 순국한 후 한 시간 정도의 거리에 매장되었다는 것이 공식적으로 알려진 사실이다. 그러나 아래 내용은 내용의 신빙성을 추정할 수 없는 전설임을 미리 밝혀 둔다. 나는 안중근 의사가 묻힌 곳에 대한 전설적인 이야기를 들었다. 뤼순중학교 일본어 교사였던 단충귀(撣忠魁, 작고, 살았다면 100세 이상)의 기록을 판모중에게 전해준 이야기로 단충귀는 일제 식민시기에 다롄 조선은행에 근무하였고, 뤼순 해방 후 국민당 노선에 참가하여 시베리아 수용소에서 노역을 하고 1950년대 말 뤼순으로 돌아와서, 공장의 회계원으로 근무했다.

그후 1957년 문화대혁명 때 뤼순 감옥의 원보방 생산대 노동개조로 복역을 하였다. 문화대혁명이 끝나고, 뤼순중학교에 일본어 선생으로 근무하던 1980년도 후반 단충귀 선생은 뤼순지역에 사는 주변인들에 대한 사회조사를 하면서 안중근 의사와 관련된 조사를 했다. 단충귀의 조사에 의하면, 안중근 의사라고 추정되는 묘지가 아래와 같았다.

①수사영 반룽산(蟠龙山)에 다롄의 민족 자본가인 주문부(周文富)와 주문귀 (周文贵) 兄弟의 묘 주변이라는 설

②구시가 황금산 주변에서 중국인과 다른 묘지가 있다는 설

③뤼순 감옥 정문의 중국 군부대 안에 안중근 의사의 무덤이 있다는 설

④현재 구시가의 머주교(磨珠礁)

⑤뤼순소사 1955년 안중근 논문에서는 백옥산(白玉山) 동쪽 아래

⑥뤼순 감옥 정문의 아파트인 염곡란산(雁谷岚山)의 정자에 무덤이 5~6개 존재하는 곳

상기 6개의 구술을 전부 신뢰할 수는 없다. 당시의 사회조사 내용을 열람하지는 못했지만, 백사장에서 바늘을 찾는 심정으로 이 기록도 소중한 자료라고 생각된다.

1910년 3월 26일 오전 10시 15분에 안중근 의사는 순국하셨다. 순국 집행 당시 안중근 의사의 유해를 동생에게 돌려주지 않았음을 기록한 사료들이 발견되었다. 변호사 미즈노가 사형 당시 기록한 글과, 관동도독부 사형집행 보고서, 안사형 집행전말서,《만주일일신문》등 다수의 신문, 매천야록의 기록, 두 동생의 유해 인도에 대한 처리 보고서 등이다.

이 사료를 중심으로 안중근 의사의 순국 당시 모습, 순국 후 매장과정과 매장지 그리고 유해를 인도하지 않은 이유를 확실히 알 수 있다. 이로써 안중근 의사의 매장지는 뤼순, 즉 관동도독부 감옥서라는 것은 확실하다.

①안중근 의사 순국 당시의 모습을 알 수 있는 일본 국선 변호사 미즈코 기치타로의 글이 있다. 안중근을 변호한 변호사 미즈코 기치타로 (水野吉太郎)가 안 의사의 사형 당시를 기록한 글이 수록된 문예지『남국야화』가 일본 고치 현립 도서관에서 발견되었다.

1948년 11월 5일 발행된 『남국야화』에서 기치타로 변호사는 "나는 안중근을 생각하면 언제나 눈물을 머금게 된다. 사형 집행일에 순백의 조선복을 입고 간수에 끌려 집행장에 나타났을 때는 줄 이은 집행관도 그의 거룩한 모습에 머리를 떨구어 훌쩍여 울었다"고 말했다. 안중근 의사 순국 당시에 일본인들도 존경심을 표했다는 것을 한눈에 알 수 있다.

②안중근 의사 사형 직전 이미 안중근 의사 매장을 뤼순으로 지정하여 보고하였다. 1910년 3월 22일 오전 11시 30분에 관동도독부 민정장관이 조선통감부 앞으로 〈안 사형 집행에 관한 건〉이라는 문건에 이미 안중근 의사의 사형 집행일 변경 이유를 관동도독부에 신청하여 이미 3월 26일에 사형하고 뤼순에 매장한다는 전보 114호가 있다.

③관동도독부 사형집행 보고서에서 안중근 의사의 매장지역을 뤼순으로 정했다는 사실이다. 2010년 3월 22일 국가보훈처에서는 일본 외교사료관에 소장되어 있던 관동도독부(關東都督府)의 사형집행 보고서(1910.3.26.) 원형 영인 2매를 발견하여 공개하였다.

보고자는 관동도독부민정장관대리(關東都督府民政長官代理) 사또 토모구마(佐藤)이고, 수보자는 2명으로 고무라 쥬타로(小村壽太郞) 외무대신(外務大臣)과, 이시이 기쿠지로(石井菊

안중근 의사가 순국한 뤼순 감옥을 관할하던 일제 행정기관인 관동도독부가 1910년 3월26일 일본 외무차관에게 보낸, 안 의사 사형집행 보고서. "안중근 본일 사형집행 유해 뤼순에 매장"이라고 적혀 있다. (자료: 국가보훈처)

안중근의사 유해 뤼순 매장 예정 보고서

발송일	明治四十三年三月二十二日 午前——時三○分 發 (1910-03-22)
발송자	長官
수신자	統監

(364) [안 死刑 집행에 관한 件]

來電第——四號

明治四十三年三月二十二日 午前——時三○分 發

長官

統監

安의 사형은 오는 25일 집행할 예정이라는 취지의 전보에 접했는바, 당일은 한국 황제의 탄생일에 해당되어 한국 인심에 惡感이 주어질 우려가 있어 都督府에 신청한 결과, 同府로부터 3월 26일에 사형을 집행하되 유해는 旅順에 매장할 예정이라는 뜻의 답전이 있었음.

次郞) 외무차관(外務次官)이었다. 보고 내용은 두 건이었다. 한 건에는 "안중근 본일 사형집행", 또 다른 한 건에는 "안중근 금일 사형집행, 뤼순 매장"이라는 내용이었다.

④당시 조선통감부의 통역 촉탁(通譯囑託) 소노끼 스데요시(園木末嘉)가 보고한 〈安重根 死刑 집행 상황〉에서 안중근 의사 유해에 대한 단서가 보인다. 이미 관동도독부의 명령 집행이 1910년 3월 22일 도착했고, 3월 25일에 집행할 예정이었다. 그러나 순종의 생일 25일 건원절을 고려하여 26일 집행하였다. 여기에서 이미 안중근 의사의 유해는 유족에게 인도하지 않고 감옥서 묘지에 매장할 것으로 내정했다고 보고하고 있다. 또한 〈安重根 死刑 집행 상황〉에 보면 더욱 자세하게 순국의 상황과 순국 후 안중근 의사 유해에 대한 정확한 매장 시간과 매장지역이 명기되어 있다.

다음은 〈안중근 사형 집행 상황〉이다.

소노끼, 〈안중근 사형 집행 상황〉 전문

[문서제목] 安重根 死刑 집행 상황

[발송자] 通譯囑託 統監府 通譯生 園木末嘉

    살인 피고인 安重根에 대한 사형은 26일 오전 10시 監獄署 내 형장에서 집행되었습니다. 그 요령은 아래와 같습니다.

    오전 10시에 溝淵 檢察官, 栗原 典獄과 小官 등이 형장 검시실에 착석과 동시에 安을 끌어내어 사형 집행의 취지를 고지하고 유언의 유무를 물었는데, 安은 달리 유언해야 할 그 무엇도 가지고 있지 않지만 원래 자신의 흉행이야말로 오로지 동양의 평화를 도모하고자 하는 성의에서 나온 일이므로, 바라건대 오늘 참석하는 일본 관헌 각위도 행여 나의 微衷을 양지하시어 彼我의 구별 없이 합심 협력해 동양의 평화를 기도하기를 간절히 바랄 뿐이라고 말하고, 또 지금 '동양평화 만세'를 삼창하고 싶으니 특별히 허락해달라고 주장했으나 典獄은 그 일만은 해서는 안 된다는 뜻을 타이르고 간수로 하여금 즉시 백지와 백색 천으로 눈을 가리게 하고 특별히 기도는 허가해 주었으므로 安은 약 2분 남짓의 黙禱를 올리고, 이윽고 두 사람의 간수에게 억지로 끌려가면서 계단으로부터 교수대에 올라 조용하게 형의 집행을 받은 시간이 10시를 지나고 정확히 4분에서 15분에 이르자 監獄醫는 외상을 검시해 절명한 취지를 보고하기에 이르렀으므로 이에 드디어 집행을 끝내고 일동은 퇴장했습니다.

    10시 20분 安의 시체는 특별히 監獄署에서 만든 寢棺에 이를 거두고 흰색 천을 덮어서 교회당으로 운구되었는데, 이윽고 그 공범인 禹德順·曺道先·劉東夏 3명을 끌어내어 특별히 예배를 하게 하고 오후 1시에 監獄署의 묘지에 이를 매장했습니다.

    이날 安의 복장은 어젯밤 고향에서 온 비단 朝鮮服(상의는 白無地의 것이고 바지는 흑색의 것)을 입고 품속에는 聖畵를 넣고 있었는데, 그 태도는 매우 침착해 색깔이나 언어에 이르기까지 평소와 조금의 차이도 없이 慫慂自若하게 떳떳하고 깨끗하게 그 죽음에 임했습니다.

    이보다 앞서 두 아우는 오늘 사형집행의 취지를 전해 듣고 그 시체를 사정해 얻어 내어 곧 귀국하기 위해 여장을 갖추고 監獄署에 출두할 준비 중이라는 보고에 접했으므로 급히 수배를 해 그들의 외출을 금하고 형의 집행 후에 이르러 소환한 다음 典獄으로부터 피고의 시체는 監獄法 제74조 및 정부의 명에 의해 교부하지 않는다는 취지를 언도하고 특별히 시체에 대한 예배는 허가한다는 뜻을 諭告한 데 대해 두 아우는 몹시 분격하면서 사형의 목적은 그 죄인의 생명을 끊음으로써 끝나는 것이므로 그 시체는 당연히 교부해야 하는 것인데 監獄法 제74조에 이른바 언제든지 교부할 수 있다고 한 것은, 즉 교부하라는 뜻이므로 단지 '得(할 수 있다)'이라는 한 글자는 하단의 法文 합장 후 운운의 경우에 대처하기 위한 여지를 남겨 두는 데 불과하므로 정부의 명이나 관헌의 권한에 위임한 것이 아니라고 하면서 더욱 더 분격하고 분노까지 더하게 되므로 그렇지 않다는 취지로 극력 懇諭해 쓸데없이 수백만 말을 말해 봤자 헛일이며 그 효과가 없었을 뿐더러 도리어 세인의 동정을 잃는 소행이므로 차라리 유순하게 시신에 예배나 올리고 속히 귀국하는 것이 나을 것이라는 뜻을 훈계해도 두 아우는 큰소리를 지르고 미친 듯이 울부짖으면서 시체를 교부하지 않는 한 예배도 필요 없다. 國事에 殉死한 형에 사형의 극형을 가했는데 게다가 그 시신조차 교부하지 않겠다고 하는 너희들의 참혹한 소치는 죽더라도 잊지 않겠다며 우리 관헌을 罵詈纏榜하며 끝내는 어느 날엔가 반드시 이에 앙갚음할 때가 있을 것이라는 따위의 한 마디 말에서 불온한 언동으로 나와 아무리 퇴장을 명한다 할지라도 울부짖으며 쓰러진 채 막무가내로 움직이지 않으므로 하는 수 없이 경찰의 힘을 빌려 실외로 끌어내어 다시 백방으로 간곡히 타이른 결과 간신히 약간 정상상태로 돌아왔기 때문에 그대로 정거장으로 호송해 두 명의 형사 경호 하에 오후 5시발 大連行 열차로 귀국시켰던 것입니다.

　禹·安이 수감 중에 기고한 遺稿의 同 傳記만은 이미 탈고했으나 『東洋平和論』은 총론 및 각론의 한 구절에 그치고 전부의 탈고를 보기에는 이르지 못했습니다.
　위를 보고합니다.

通譯囑託 統監府 通譯生 園木末嘉印

　⑤최근의 다른 매장지를 주장하는 학자들이 있기에 안중근 의사 매장지에 대한 관동도독부 감옥서 공공묘지임을 확실히 하기 위하여 당시 신문기사 9건을 추가로 밝히는 바이다.
　1910년 3월 27일《오사카 마이니치 신문》에《뤼순전보》26일 발을 인용한 "유해는 오후 1시 공동묘지에 매장"이란 기사가 있다. 1910년 3월 27일《오사카 마이니치 신문》에 의하면 "안중근의 시체는 감옥묘지에 특별히 침관에 넣어 매장", 1910년 3월 27일《모지신보》"유골은 감옥전 공동묘지에 매장"(《뤼순전보》 26일 발 인용), "안중근의 시체는 감옥묘지에 특히 관에 넣는 특별 대우를 받고 매장"(《대련전보》 26일 발), 1910년 3월 28일《도쿄일일신문》"유해는 뤼순 감옥묘지에 매장"(《대련전보》), 1910년 3월 29일《만주신보》"사체는 오후에 감옥공동묘지에 매장". "안중근의 사체를 오후 감옥공동묘지에 묻었다"(26일 뤼순지국 발), 1910년 3월 27일《만주일일신문》에 의하면 "안중근 사체는 오후 1시 감옥공동묘지에 묻었다", 그리고, 《신한국보》의 1910년 4월 19일자(大韓隆熙四年 四月 十九日, 火曜日) 신문에 의하면, 안씨 장지라는 기사 제목으로 "안중근 씨의 유체는 고국으로 귀장함을 불허하는 고로 뤼순 감옥공동장지에 매장 하였다더라."라고 보도하였다. 그 중 대표적인 신문인 1910년 3월 29일자《만주신보(滿洲新報)》"안(安重根)의 사형집행(26일 旅順支局 發)"내용을 보면 다음과 같다.

흉행 후, 150일에 상당하는 지금 3월 26일에 흉한 안중근(安重根)의 사형은 당 뤼순 감옥에서 집행되었다. 지금 그 모양을 적어나가자면 전날 밤 고향으로부터 입혀진 새롭게 조달한 상복(상위는 하얀 무지의 조선소매, 바지는 검은색 마)을 착용한 안중근(安重根)은 오전 10시 모두 4명의 간수에게 호송되어 옥실에서 교수대의 옆에 있는 대기실로 끌려가서 드디어 미조부치(溝淵) 검찰관, 구리하라(栗原) 전옥, 소노키(園木) 통역, 기시다(岸田) 서기 등이 교수대 전면의 자리에 착석하니, 안중근(安重根)은 대기실로부터 불려 곧 구리하라(栗原) 전옥이 몹시 위엄 있는 음조로 안중근(安重根)에 대하여 올해 2월 14일 뤼순지방 법원장의 판결문을 읽고서 확정된 사형을 집행하는 글을 건네줬다. 소노키(園木) 통역은 이를 통역하여 형무소장은 안중근(安重根)에 대하여 뭐라고 남길 유언이라도 있으면 말해보라고 공지를 내리니 안중근(安重根)은 딱히 유언이라 할 것은 없으나 자신은 동양평화의 희생으로서 오늘날과 같이 된 것이다. 바랄 점은 자신의 충정을 알아주고 아무쪼록 이 후의 한국과 협력 동심하여 동양평화의 유지에 열심히 매진하기를 바란다고 말하며 마지막으로 몇 분간이 기도를 허가 받아 마지막으로 2명의 간수에 지지받아 교수대에 올라가 같은 날 10시 4분 드디어 사형이 집행되어 같은 날 15분, 즉 11분 후 완전히 숨을 거두었다. 이 날은 우연히도 아침부터 봄비가 조금씩 내렸으며 그의 영혼이 천국으로 들어가기 위해서는 참 좋은 날이었다. 이로서 공범자였던 우덕순(禹德淳), 조도선(曹道先), 유동하(柳東夏)의 3명을 안중근(安重根)의 최후에 조례시키고 시체는 오후 감옥공동묘지에 매장되었다.

26일자《다렌전보(大連電報)》에서는 "안중근 취형(就刑)"이라는 제목의 기사가 있다. 안중근(安重根)의 사형은 26일 오전 10시 4분 집행되어 집행 전 형무소장은 유언의 유무를 물으니 딱히 할 말은 없으며 자기가 죽은 후 일한 양국이 하나가 되어 동양의 평화를 계속 지속했으면 좋겠다고 바라며 최후의 기도를 바치고 형을 집행하게 되었다. 안색은 아무래도 파래 보였으나 흐트러진 모습은 보이지 않았다. 두 남동생들은 시체를 돌려받길 요청했으나 허락되지 않아 그날 밤 고국으로 귀국할 수밖에 없었다.

⑥황현(1855~1910)의 『매천야록(梅泉野錄)』에서 안중근 의사의 매장지를 알 수 있다. 대한제국 시기의 대표적 선비 황현은 안중근 의사가 순국한 후 1910년 9월 10일 나라잃은 슬픔을 곱씹으며, 절명시를 남기고 자결했다. 황현의 『매천야록(梅泉野錄)』[1]의 6권 강희(隆熙) 4년 편에 보면 안중근 의거에 대하여 다음과 같이 기록하고 있다.

---

1 1894년(갑오년)부터 1910년(경술년)까지의 역사를 일자별로 기록한 역사서.

安重根 家人欲依重根遺言, 歸葬哈爾濱, 倭人不許, 使葬于旅順監獄內葬地, 盖重根臨死, 託以國權未復之前, 勿返故山, 可殯于哈爾濱, 以志遺慟云, 京師人買重根畵像, 旬日得千金, 倭人 禁之, 重根遺詩二句曰, 丈夫雖死心如鐵, 義士臨危氣似雲.

안중근의 가인(家人)이, 중근의 유언에 의하여 하얼빈에서 귀장(歸葬)시키려 하였으나 왜인이 불허하여 뤼순 감옥 내 장지에 장사하였다. 중근이 죽음에 이르러 국권이 회복되기 전에는 고국으로 옮겨 장사하지 말라 부탁하였으므로 하얼빈에 묻었는데, 남긴 뜻으로 서럽게 울었다고 한다. 서울 사람이 중근의 화상(畵像)을 매입해서 (열흘에) 천금을 얻었으나 왜인이 그것을 금하였다. 중근의 유시 두 구절이 "장부는 비록 죽을지라도 마음은 철과 같고, 의사는 위태함에 이르러도 기운은 구름과 같다."고 하였다. (역자: 김정곤, 난석재 예사랑 카페)

황현은 안중근 의사 유언과 유해 매장에 대하여 명백히 밝히고 있다. 안중근 의사 유해 관련 매장지가 정확히 소개되고 있는데 뤼순 감옥내 장지(葬地)라는 것이다. 안중근 의사 서거 후 사람들은 안중근의 사진을 구입하려 했다는 기록도 있다. "일본인들이 안중근의 사진을 팔아서 많은 자금을 모았다. 서울 사람들은 안중근의 화상을 사서 10여 일간에 천금을 벌었다."

국내외적으로 벌어진 안중근 의사의 사진 구입 열기가 수그러들지 않자, 일본은 이것이 독립운동으로 번질까 염려하여 안중근 사진 판매를 금지시켰다라고 기록하고 있다.

많은 기록을 보면 안중근 의사의 유해가 뤼순과 관동도독부 감옥서 공공묘지가 아닌 다른 곳에 묻혔다는 주장은 소모적인 논쟁일 뿐이다. 안중근 의사의 유해가 묻힌 자리까지 입증할 순 없지만, 1910년 3월

26일 오후 1시에 관동도독부 감옥서 공동묘지에 묻히신 것은 자명하다. 그동안 수많은 이견들이 떠돌던 안중근 의사 유해의 도쿄 매장설, 이토 히로부미 무덤 밑 매장설, 하얼빈 공원(현 조린 공원) 매장설, 바다 수장설 등은 모두 근거가 없다.

2. 관동도독부 감옥서 공동묘지는 어디인가?

관동도독부 감옥서 공동묘지는 어디인가를 규명하는 것이 대단히 중요하다. 안중근 의사가 수감되고 순국하셨던 1909년 11월 3일부터 1910년 3월 26일까지는 관동도독부 감옥서라는 명칭으로 불렸다. 당시의 뤼순 감옥 주변 서쪽 부분에는 관동도독부 감옥서 직원들 숙소가 자리잡고 있었다. 남쪽 부분과 동쪽 부분은 임야지대였고, 북쪽 부분은 야채재배지역인데, 후에 뤼순 감옥의 벽돌공장이 건립되었다.

현재 서쪽 부분에는 뤼순해군의 통신부대가 당시 직원숙소를 증개축하여 사용하고 호익자(好益家, 저가형 할인점) 상가와 6층의 저층아파트(元宝园), 유치원, 그리고 뒤쪽으로 변전소와 배 과수원이 들어 서 있다. 남쪽 부분은 현재 다량의 아파트(고층 君悦天下)와 해군부대와 주유소 그리고 식당과 새로운 가구백화점이 건립되어 들어서 있다.

북쪽에는 뤼순 감옥과 붙어서 약품회사 창고(1944년 이후 공공묘지였음. 거주자 이충인 증언. 뤼순 감옥 뒤에 거주하는 이충인은 "해방 이후 2년간 나는 감옥 북면 철망 외에 도랑의 남쪽 땅을 팠다가 해방 이전 감옥에서 죽은 죄인 시체 10구를 발견했다."고 증언하였다.)와 뤼순 인쇄회사가 있고, 바로 뒤에 Hill-one아파트(2008년 한중 안중근 의사 유해 발굴지역)가 있다. 그 뒤로 원보산이 있으며, HILL-ONE아파트를 왼쪽으로 두고 원보가를 올라가면 예전에 양곡을 보관하던 마을과 서민 주택, 그리고 과수원(1944년 이후 공공묘지터였음.

2012년 판모종 주장. 판모종은 1944년에 실제 방문했다는 주민을 통해서 전해 들음), 주민들 민가가 산재해 있고, 그 뒤로 동지관산과 군부대 탄약고가 위치해 있다. 뤼순 시민들이 등산로로 이용되기도 한다.

동쪽 부분에는 현재 아파트(万宝家园, 庭林熙谷, 林山逸景)들이 서 있고, 현재 신축중이며, 폐품회사와 식당이 들어 서 있다. 동쪽으로 약 700미터 간 지점에 대규모의 예전 뤼순 인쇄공장을 허물고 만든 6층의 저층 상향가원(向阳家园) 아파트가 위치하고 있다. 뤼순 감옥으로부터 약 1.2킬로미터 정도 떨어진 노웨산림(挪威森林)의 아파트가 2005년에 지어져 있으며 그 바로 뒤에 2001년 다롄시 문물관리위원회로부터 지정되고 1971년 10월에 뤼순 감옥에서 문물로 등재된 뤼순 감옥 공공묘지가 있다. 상향가원과 노웨산림의 아파트 부지도 예전에 모두 뤼순 시민들의 묘지로 사용된 황무지였다. 뤼순 감옥 공공묘지를 둥산퍼(东山坡), 또는 마잉후(马营后), 랑워(狼窝)라고 뤼순 시민들은 부르고 있다. 즉, 뤼순 감옥 공공묘지는 둥산퍼, 마잉후(일부 뤼순중학교 뒤를 시작으로 둥평가를 포함), 랑워 등으로 불려진다.

뤼순 감옥 주변에는 현재 대규모의 아파트가 들어섰고 현재도 개발이 진행 중이다. 소노끼 보고서에 의하면 뤼순 감옥 묘지에서 한 시간 거리인 곳에 위치한 관동도독부 감옥서는 어디일까? 1965년과 1971년의 동산퍼 즉 마영후를 발굴한 것과 주변의 거주자들의 일치된 증언을 토대로 개발된 곳에 다량의 유골이 발견되어 뤼순 감옥공동묘지로 공식 지정하였다.

뤼순 감옥 공공묘지는 감옥에서 1.2킬로미터 떨어진 동산퍼이다. 이곳은 2001년 1월 다롄시 문물관리위원회에 의하여 중국 중점문물보관기구로 지정되었고, 1971년 10월 10일에는 뤼순 감옥에서 찍은 묘지 사진이 전국 중점문물로 지정되었다.

현재 뤼순 감옥 공동묘지를 관동도독부 감옥서 묘지로 지정하고 관

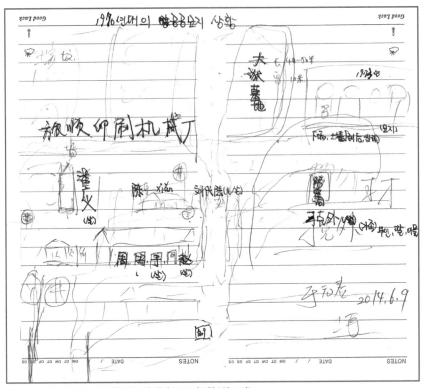

뤼순 공공묘지 앞 거주자 조사 내역 (2014년 6월 9일 조사)

리 보호를 하고 있다. 매년 4월 5일 청명절을 기하여 뤼순 감옥 직원들이 주변을 청소 정리하고 있으며, 2015년 3월 초에는 뤼순 감옥공공묘지를 실측하였다.

묘지 면적은 3畝²(약 1,998평방미터), 형태는 삼각형 형태로 처음 꼭지점이 상향가원에서 상향공원으로 진입하여 오른쪽으로 이십여 미터 지점에서 좁은 길이 갈라지는 지점이 꼭지점의 시작이다. 삼각형의 묘지 안에는 아카시아 나무가 50여 그루 식재되어 있다. 바로 이 부분이 뤼

---

2 토지 면적의 단위. 옛날에는 5평방 척(尺)을 1평방 보(步)로 하고 240평방보를 1'畝'로 했음. 지금은 60평방 장(丈) 즉 6,000평방 척(尺)을 1'畝'로 하고 있음. 1'畝'는 6.667아르(a)임.

순 감옥 공공묘지이자 마영후, 둥산퍼라고 한다. 주소로 표현하면 '뤼순구구(旅顺口区) 등펑가(登峰街道) 마영후(马营后)의 둥산퍼산(东山坡)'이다.

나는 2014년 6월에 신개가에 사는 당시 16살의 류대록을 통하여 1970년대 뤼순 감옥 공공묘지 앞의 현황을 알 수 있었다.

뤼순 공공묘지 앞에는 대다수가 분묘로 구성되어 있었고, 맨 좌측에는 1970년대 인쇄공장이었다. 그 전에는 뤼순의 종중묘로 사용되었다고 한다. 공공묘지 앞에는 3집이 거주하였고, 중간에 소로가 있었다. 소로를 건너면 습씨가 가족, 부인, 딸과 같이 살고 있었다. 1973년에는 뤼순 감옥 공공묘지 왼쪽 현 철탑 골짜기로 홍수가 나서 일부가 무너진 적이 있었다.

뤼순 감옥은 이곳에 관심을 두고 뤼순 감옥공공묘지에 철조망을 설치해 관리할 계획을 가지고 있다.

2014년 8월에 새로 온 장지성 관장은 고고학 발굴 분야의 권위자이며 전문가이기 때문에 안중근 의사 유해발굴에도 작은 관심이 있어 약간의 희망이 보인다고 하겠다. 현재 안중근 의사의 유해가 뤼순 감옥 공공묘지라는 공식적인 기록은 아직 어디에도 발견되지 않았다. 그러나 2008년 이후 안중근 의사 유해 발굴은 선 사료 후 발굴 형태의 정부 입장에서 현재는 사료 발굴과 뤼순 감옥공공묘지에 대한 기초조사 형태로 전환하였다. 안중근 의사가 자신의 유해를 국권이 회복되면 고국으로 반장해 달라고 유언하시고 순국하신 지 105년이 지났고 국권이 회복된 지 광복 70주년이 지났다. 안중근 의사의 유해는 백골이 진토되어 가고 있는데 아직도 우리는 발굴 방법과 사료 타령만 하고 있다. 현재 안중근 의사가 어디에 매장되셨는지 정확한 장소는 그 누구도 장담할 수 없다. 수많은 개발과 아파트가 들어 선 곳에 다량의 유골이 발견되었다면 이는 반드시 법적으로 신고하게 되어 있다. 또한 1906년부터 1936년까지의 관동청 요람에 의하면 사망자가 144명으

로 기록되고, 1940년부터 1945년까지 뤼순 감옥에서 사망자가 700여
명으로 집계되고 있다. 이러한 사료에 의거 대량의 유골이 발견된 곳
이 바로 어디인가? 현재의 둥산퍼, 마잉후라 불리는 곳을 주목해 보자.

1907년부터 대략 1942년까지 사용한 둥산퍼, 마영후라고 하는 뤼순
감옥 초기 시기 묘지가 있다. 1936년 관동형무소(뤼순 감옥)의 형무요람
에 의하면, 1906년부터 1936년까지 한 30년 동안 감옥에서 사형으로
죽은 자는 총 144명이고,
병에 걸려 죽은 자는 총
415명으로 기록하고 있다.
그 중에 대부분 중국 사람
이고, 소수 조선 사람과 일

◀ 뤼순 감옥 공공묘지 표지석
▼ 상향가원 주차장에서 본 뤼순 감옥서
공공묘지

본 사람도 포함되었다. 뤼순 감옥에서 2003년 편찬한『뤼순일러감옥
실록』에 따르면, 1910년에 조선인 한 명이 사형된 것으로 기록하고 있
다. 이는 안중근 의사라고 일반적으로 받아들여지고 있다. 조사에 따
라 시체는 주로 마영후 감옥 묘지에 매장하게 되었는데 일부 시체는
일본뤼순의학전문학교 시체저장실로 옮겨가서 학생 해부시험용으로
제공되기도 하였다. 그러나 대부분의 시체는 둥산퍼에 매장하였다. 둥
산퍼는 2001년 1월에 다롄시 문물관리위원회가 "뤼순감옥구지묘지"
라는 비석을 설치하고 "전국 중점 문물 보호기관"으로 지정하였다. 이
는 뤼순 감옥 민정부 공공묘지로서 뤼순 감옥에서 현재 공식적으로 인

뤼순 감옥 주변 지도

정하고 있다는 증거이다.

대략 면적은 2,000평방미터 정도로서 300여 명 정도를 매장할 수 있는 규모에 이른다. 뤼순 감옥 공공묘지는 뤼순 감옥 정문을 나와 왼쪽으로 상향가를 올라가다 보면 1.2킬로미터 지점에 위치한 상향가원 아파트 바로 뒤편이며 노웨산림 아파트 뒤편이다.

3. 안중근 의사 유해발굴 일지

1910년 안중근 의사가 순국하신 후 해방이 될 때까지 안중근 의사의 가족도 안중근 의사의 유해를 찾으려는 노력을 해왔으나 뜻을 이루지 못했다. 당시 안중근 의사의 가족들은 대부분 상하이에 살고 있었다. 마침내 일본이 항복하고 조국이 독립되자 백범 김구 선생은 1948년 남북협상을 위해 북한의 김일성 주석을 만났을 때, 안중근 의사 유해 봉환을 제안했다. 이에 대해 김일성은 "소련의 점령지인 뤼순 출입은 소련의 허가를 받아야 하므로 실행에 옮기기에 힘드니 통일 이후에 추진하자"고 하였다. 김구 선생은 1945년 12월 2일 함께 귀국한 안우생을 평양에 잔류시켜 안중근 의사의 유해 조사와 발굴을 계속 추진하도록 하였다. 이후 안우생은 1970년대 중반 안중근 유해발굴단장으로 중국에 파견되어 조사를 벌였고, 1986년 발굴에도 참여하였다. 하지만 결국 불가능하다는 결론을 내렸다.

1970년대에 들어와 안중근 의사의 유언과 김구 주석의 안중근 의사 유해 조사·발굴이 대중들에게 알려지기 시작하고 특히 《동아일보》 1979년 9월 5일자에 "안중근 기념관에 있는 뤼순 감옥의 전경을 찍은 사진을 보고 형무소 건물과 관사 그리고 안중근이 있었던 곳을 즉석에서 알아볼 수 있었다고 하면서 안중근은 관이 아니라 둥근 통에 넣어 운반하였다"고 하는 뤼순 감옥 전옥인 구리하라 사타키치의 딸 이마이 후사코의 증언이 보도되었다.

1986년 7월 28일부터 8월 9일까지 북한이 단독으로 안중근 의사 조카인 안우생을 비롯한 6명이 직접 뤼순을 방문하여 뤼순 감옥관장인 저우샹잉, 판마오종, 리우즈후이(劉志慧) 등과 함께 뤼순 감옥 공공묘지 현장조사, 현지인 청취조사 등을 하였으나 구체적인 자료를 확보하지 못하고 돌아갔다.

1986년 12월 외무부를 통하여 중국 정부에 유해 매장지 확인조사 협조를 요청하였다. 그후 1989년 10월 안중근 의거 80주년 학술회의 참가시 참가자는 뤼순 감옥을 답사하였다. 1991년 1월에는 중국지역 독립운동 관련 사적지 답사 및 자료 수집 출장시 현지답사를 하였다. 1993년 7월에 외무부를 통하여 일본 정부에 안의사 묘소 확인 자료수집 확인요청을 하였으나, 일본 정부는 뤼순 감옥에서 사형 집행 후 매장했다는 내용 이외의 안장 장소 등에 관한 구체적 자료가 없어 확인 불가하다는 회신을 보내 왔다.

1993년 8월, 한중 외무차관회의시 안중근 의사 유해 발굴 협조를 요청하였다. 당시 중국 정부에서도 안 의사 묘소를 찾기 위해서 노력을 하였으나, 안 의사가 북한 출신이라 정치적으로 민감한 문제라는 이유로 진전되지 못했다.

1993년 11월 안중근 의사 유해발굴 실무 추진단을 구성하여 현지 묘소 실태조사를 하였으나 확인하지 못했고, 1994년 5월 안중근 의사 연구가, 묘소 목격 증언자 등 중국 현지 확인조사를 실시하였다.

특히 1995년 4월 외무부에서 한중 문화협정이 발효되었으므로 중국 측에 안 의사 유해 발굴 조사 협조를 요청하였으나, 자료 멸실과 장기간 경과로 유해 매장지 확인이 곤란하다는 통보를 받았다.

1998년 5월 9일《연합뉴스》기사에 의하면, 권병현 주중 한국대사와 다이빙궈 중국 대외연락부장 간의 관련 자료 지원에 협조해 달라는 우리의 요청에 후진타오 중국 부주석의 유해발굴 협조 의사 표시가 있었다는 것이다. 이는 안중근 의사 유해발굴사업에 당시로는 대단한 희망이었다.

국가보훈처는 1986년 12월과 1987년 8월에 대한적십자사를 통하여 유해 매장지 확인을 의뢰하였다. 그리고 1988년 재일학자 아오모리 대학의 김정명(金正明), 이치카와 마사키 교수, 1989년 국제 한국학연구원의 최서면(崔書勉) 원장, 1999년 3월 한국문화재단, 그리고 뤼순 순국선열재단, 안중근 의사 숭모회 등이 학술교류를 위한 중국 방문을 통하여 안중근 의사 유해 추정 매장지를 조사하였다. 이후 1999년 8월 중국 민정부장 방한과 2003년 2월 중국 다롄시장 방한, 2004년 4월 24일 홍원청(洪文成) 다롄시 문화국 국장의 방한시에도, 안중근 의사 유해발굴에 대한 협조 당부가 있었다. 특히 한국 민간인으로서는 박삼중(朴三中) 스님의 노력이 대단하였는데 1997년 봄, 뤼순 감옥을 방문하여 공공묘지를 둘러보았다. 그리고 1998년 8월 15일을 기하여 뤼순 감옥 제1공장 앞에 우리나라 국화인 무궁화 32그루를 식수하였다. 이런 일들은 안 의사 유해발굴사업에 당시로는 대단한 희망이었다.

박삼중 스님은 2015년 3월 12일 뤼순 감옥을 재방문하여 안중근 의사의 유묵 '경천' 영인본을 뤼순 감옥과 관동도독부 법원에 기증하였다. 현 호남대 교수인 안태근은 2011년에 〈안중근 의사 뼈대 찾기〉라는 단체를 설립하여 안중근 의사 유해발굴을 위한 국민들의 관심 촉구와 저술, 강연 등 적극적인 활동을 지속적으로 하고 있다.

또한 안중근 의사 숭모회 부회장을 역임했던 고 김영광 전 의원은 안태근 회장의 〈안중근 의사 뼈대 찾기〉 설립에 결정적 자료와 기회를 제공했고, 친히 중국과 미국을 오가며 안중근 의사 유해 매장지에 대한 위치 확보를 위하여 전력을 기울였다. 고 김영광 의원은 안중근 의사 유해발굴에 대하여 큰 족적을 남겼다.

2002년 11월 한국 국가보훈처 관계관 및 국제한국연구원에서 뤼순 감옥, 뤼순 관동법원, 유해 매장 추정지 현장조사를 하였다. 유해 봉환 문제가 급물살을 타기 시작한 것은 2004년 11월 29일 라오스에서 열린 동남아시아국가연합 정상회의 당시 노무현 대통령이 원자바오 총리에게 중국 정부의 안중근 의사 유해발굴 협력을 요청한 이후였다. 이와 때를 맞추어 〈안중근 의사묘역추정위원회〉를 이끌고 있는 최서면은 2005년 1월 유해 위치를 북위 38도 49분 3초, 동경 121도 15분 43초라고 주장했다. 이러한 주장을 전적으로 받아들인 정부는 6월 제15차 남북장관급회담에서 "안중근 의사의 유해발굴사업을 공동으로 추진하기로 했다"고 발표하였다.

이때부터 남북의 유해발굴 협의는 더욱 급진전되어 본격적인 유해 발굴이 시도되었다. 2005년 9월부터 2006년 3월까지 3차에 걸쳐 남북이 실무접촉을 하였다. 2006년 3월, "정부는 최근 안중근 처형 및 매장에 관한 일본 정부의 미공개 자료 4,714점을 확보했으며 북한에도 이 자료들의 요약본을 전달한 것으로 24일 확인됐다"고 신문에 보도되었다. 2006년 6월, 제1차 남북공동 유해 조사단을 파견하여 남북한 합의서를 작성하였다. 남북은 "유해 위치와 관련하여 뤼순 감옥 뒷산 일대를 유해발굴 우선 대상지역으로 확정하였고, 발굴 장소 보존조치 등 중국 정부에 요청할 구체적인 사항을 마련하여 중국 정부에 남북 공동으로 협조를 구하고 순국 100주년을 맞아 남북 공동으로 기념사업을 추진하자는 데 의견을 같이 하였다"고 했다.

또한 이 무렵 남북은 뤼순 현지로 남북공동조사단을 파견해 사전답사를 벌였다. 당시 뤼순 감옥 자료에 의하면, 화문귀 관장, 왕진인, 주상령을 중심으로, 2006년 6월 8일 뤼순 감옥에서 제일 먼저 뤼순 감옥 공공묘지 현장과 면적, 매장 상황들을 소개하였다. 동년 6월 9일 오전 뤼순 력신가(力新街)와 신개로(新开路) 사이의 북위 38, 49, 3과 동경 121, 15, 43분 지역을 소개하였다. 한국 측에 제시한 곳은 1940년대 말에 지어진 민간주택으로 한국에서 제공한 사진상의 지형과는 다름을 소개하였다. 6월 9일 오후에는 뤼순 감옥의 북쪽 뒷산 벽돌공장과 그리 멀리 떨어지지 않은 곳을 소개하였다. 이곳은 암석층으로서 묘지를 쓴 흔적이 없었다. 6월 10일 오후에는 뤼순 감옥의 북쪽 뒷산의 고압선지역의 원형 면적을 조사하였다. 이곳을 보고 한국 측에서 구리하라의 딸 이와이 마사꼬가 제공하고 최서면 선생이 제안한 사진의 경사와 유사하다고 보고 있었다. 6월 10일 업무를 종결하였다.

2006년 11월이나 2007년 3월에 재방문을 하기로 하고, 뤼순 감옥의 뒷산에 대한 발굴 가능성을 확신하고 있었다.

『뤼순일아감옥구지박물관연감(2006~2011년)』의 기록에 의하면 당시 북한 측의 김종수 단장은 두 군데 발굴로, 즉 뤼순 감옥 공공묘지와 뤼순 감옥 북쪽 뒷산을 발굴하자고 제안하였다. 그러나 2008년에는 북한에서는 기타의 이유로 참여하지 못했다. 그러나 어찌된 일인지 2008년 말의 한국 측 발굴 보고서에서는 뤼순 감옥 공공묘지 발굴을 배제하였다.

2007년 4월 안중근 의사 유해 공동 발굴사업 4차 남북 실무접촉 (2007년 4월 1일 개성)에서 공동 발굴단을 파견하기로 합의하고 중국 정부에 협조 요청을 하였다. 2007년 7월에 들어와 언론들은 "안중근 의사 유해 남북한 공동발굴단이 정밀조사를 벌인 끝에 안중근 의사묘역을 확인한 것으로 알려졌다"는 소식을 전하면서 안중근 손자 안웅호와 유전자 검사를 하기로 합의했다고 보도하였다. 2008년 3월 25일부터 4월 2일까지 1차 현장 조사를 하였고, 2008년 4월 10일부터 4월 29일까지 제2차 정밀탐사 장비 투입조사를 실시하였다. 이러한 상황 속에서 한국 단독으로 최서면 국제연구원장의 주장을 근거로 유해발굴에 착수하였으나 결국 실패했다. 안중근 의사의 유해가 매장되어 있을 것으로 추정되는 뤼순 감옥 뒷산 일대를 발굴 조사하였으나 사람의 유골은 나오지 않았고 깨어진 생활 도자기 일부와 금속물체, 야채를 보관한 곳으로 추정되는 창고, 원통형 유구 등만 발견되었다. 남북한이 공동으로 기획하고, 한중이 공동으로 노력한 대단위 발굴조사인 데도 불구하고 뤼순 감옥 뒤편에 대한 궁금증을 해소시키는 데 그쳤다.

2008년 4월 2차 발굴 실패 이후 현재까지 한국 정부는, 안중근 의사 유해 행방에 관한 확실한 문건이 나오기 전까지는 더 이상 발굴을 할 수 없다는 입장으로 돌아섰고, 발굴 작업은 답보 상태로 남아 있다. 2010년 3월, 안중근 의사 순국 100주년을 맞아 이명박 대통령은 "안중근 의사 유해를 모셔오는 데 최선을 다할 것"이라고 천명하였다. 이 때 국가보훈처에서 안중근 의사 사형 당시 관련 기록 일부를 일본에서 수집하여 순국 100주년에 맞추어 사료를 공개하였다.

국가보훈처에서 공개한 내용에 의하면, 2010년 7월 28일 미국 스탠포드대 후버연구소 제공 자료로서, 스탠포드대 후버연구소 도서관 소장 〈the Japan Koshikan Records〉(마이크로 필름)가 있다. 이 마이크로필름은 1894부터 1910년까지 서울에 주재하였던 〈주한 일본공사관〉의 소장 기록물을 촬영한 것으로, 총 23롤 22,000여 페이지에 달하는 방대한 분량이다. 이 마이크로필름 문건 중 1909~1910년 자료에 안중근 의사에 관해 상당히 많은 문건이 존재하고 있으나, 이토 히로부미(伊藤博文)의 사살과 안중근 의사 심문과 공판기록 등 일본 외무성 외교사료관 소장 문건과 거의 동일 내용이고, 알려져 있는 1910년 3월 26일 통역 소노키(園木末喜)의 사형 직후 보고서를 끝으로 안중근 의사의 매장에 관한 새로운 내용은 확인되지 않았다고 미국측 자료를 제시하였다. 현재 이것은 국사편찬위에서 수집 보관 중인 것으로 확인되었다.

2013년 5월에는 국가보훈처 관계관이 뤼순 감옥 공공묘지를 방문하여 증언자의 증언을 청취하고 다시 안중근 유해 발굴에 대한 불씨를 살려 놓았다. 2014년 8월 국가보훈처 담당자와 안중근 의사 유해발굴단은 다롄시 지방정부를 방문하여, 안중근 의사 유해발굴에 대한 협조를 당부하였다. 그리고, 2014년 12월 6일 한국 국가보훈처, 안중근 의사 유해발굴단, 외교부는 북경에 위치한 중국 외교부를 방문하여 안중근 의사 유해 발굴을 위한 기초조사의 일환으로 뤼순 감옥 공공묘지에 대한 지표 투과 레이더 조사를 설명하였다. 그후 지방정부인 다롄시 외사처 방문계획을 잡았다. 2014년 말에는 미국군의 유해 발굴을 위하여 뤼순 감옥 공공묘지를 지표 투과 조사했던 미군의 자료를 확보하기 위하여 미국 하와이 발굴기관에 의뢰하였으나, 자료를 확보하지 못하였고, 중국측에서 참여했던 심양대학의 모교수를 만나서 공식적으로 자료가 있다는 사실을 확인할 수 있었다.

2015년 1월 국가보훈처에서는 중국 정부에 현재 안중근 의사 유해 발굴에 대한 지표 투과 레이더 방식 제안을 공식적으로 설명하였다. 2015년 7월에도 국가보훈처에서는 안중근 의사 관련 자료를 찾기 위해서 다롄을 찾았다. 2015년 7월 30일에는 다롄 영사관 주체로 안중근 의사 관련 제2차 세미나를 개최하여 여전히 다롄이 안중근 의사의 유해와 선양의 중심에 있다. 또한 안중근 의사 기념관은 2015년 11월 8일 일본의 류고쿠 대학과 공동으로 학술 세미나를 개최할 예정인데, 여기에서 안중근 의사 유해발굴에 대하여 일본에 제안을 할 계획으로 준비하고 있다.

현재는 일본과 러시아, 중국의 사료를 발굴하기 위한 노력을 하고 있으며, 정부 차원의 긴밀한 협력으로 통일부, 외교부, 국가보훈처가 공조하여 노력을 하고 있다. 그러나 아직도 안중근 의사의 유해발굴은 요원하다. 광북 70년을 맞아 국민이 모두 희망하는 안중근 의사의 유해발굴을 하루빨리 시도하기를 기대한다.

4. 뤼순 감옥 단독 안중근 의사 유해발굴 기록
─왕진인 뤼순 감옥 부관장

2008년 한중 안중근 의사 유해발굴 이후에 뤼순 감옥 단독으로 안중근 의사 유해를 발굴한 기록이 있다. 뤼순 감옥은 다롄시 문화영화출판국에 신청하여 정식 절차를 거쳐 뤼순 감옥 서쪽 등평가 교회 앞기와 공장과 반도인상의 아파트 신축 부지의 과수원 주변에 대하여 단독으로 발굴한 내용이다.

현장감을 살리기 위하여 당시 총 지휘를 하며 발굴에 직접 참여했던 왕진인 부관장(현재 퇴직)의 기록을 그대로 옮겨 두고자 한다.

왕진인 전 관장은 발굴 후에 느낀 자신의 감회를 글로 써서 필자에게 주었다. 글 내용에는 2008년에 한중 안중근 의사 유해발굴에 대한 뤼순 감옥의 입장도 소개되어 있고, 향후 안중근 의사 유해발굴을 위

뤼순 감옥 전 부관장 왕진인, 현재 왕진인문화업무실 운영

한 절차시 필요한 내용도 들어 있다. 왕진인 전 부관장에 따르면 문화재 보호구역을 제외하고 뤼순 감옥에서 다롄시 상관 부문의 비준만으로도 자체 발굴을 할 수 있다고 말했다.

2008년 4월 한중 유해발굴단 조사가 끝나고, 2008년 5월부터 주변인의 증언을 통해 조선인 분묘가 있다는 조사를 기초로 하여 조사 과정, 의사 결정과정, 발굴과정, 또한 왕진인 부관장의 견해를 그대로 소개한다.

이 기록을 통해 뤼순 감옥이 안중근 의사 유해발굴을 위하여 노력했다는 사실에 감사를 드리며 소중한 기록으로 여기에 번역해서 싣는다.

(1) 안중근 매장지에 관한 방문 조사 (一)

문제의 기인: 2007년 말, 요녕인민출판사는 감옥구지박물관이 지은 『안중근에 관한 연구』라는 책을 출판했다. 이 책을 출판하고 나서 사회 각계의 각광을 많이 받았다. 그렇기 때문에 우리는 관련 문제를 연구하는 결심을 굳혔다. 관장의 결정에 따르면 관련 문제를 깊이 연구하기 위하여 감옥구지에서 〈뤼순에 있는 국제 파시스트를 반항하는 투사들〉이라는 전문적 전시회를 개최하여 전면적으로 안중근, 신채호, 최흥식, 유상근 등 한국 독립운동 영웅들의 투쟁 사적을 소개해 준다. 그와 동시에 선행 연구를 바탕으로 안중근 의사의 유해 매장지에 관한 연구를 진행했다. 이런 연구는 선행 연구만으로 관심을 두는 것이 아니고, 철저하게 고유 사상에서 벗어나 조사의 범위를 확대시킬 필요가 있다는 것이다.

2008년 3월 한국 쪽이 안중근 유해를 발굴하러 뤼순에 와서 실질적 진전을 보여주었다. 2008년 3월 25일, 한국 안중근 유해 발굴 단체는 최서면이 제공한 사진과 2006년 실지 조사를 근거로 감옥구지 벽돌공장 위에 있는 소동산을 발굴했다. 발굴 작업은 4월 27일까지 계속했지만 이번 발굴 작업 과정에 묘지 매장의 유해를 찾지 못했다. 발굴 작업이 끝나고 나서 한국 쪽이 뤼순 감옥구지박물관이 앞으로 계속적으로 안중근 매장지에 관한 조사와 방문을 하기를 바랬다. 뤼순감옥구지박물관의 지도자는 안중근 의사의 유해를 조사하고 방문하는 것이 한국 학자들의 바람만이 아니고, 중국 학자들이 바라는 것이라고 해서 안중근의 유해를 찾기가 확실한 결과를 얻지 못하면 우리도 조사를 그만두지 않겠다고 대답했다. 사실 우리도 조사와 방문 활동을 우리의 작업 계획에 넣자고 했다.

5월에 들어서 박물관 리더는 계획대로 감옥구지의 주변 환경과 관련 인원을 방문하여 조사함으로써 가치가 있는 소식을 받게 되었다. 관장 화문귀와 감옥구지 주차장의 경영자인 유만리(刘万里)의 담화로 인하여 그는 안중근의 매장지에 관하여 어느 정도 아는 것을 알아듣고 나서 곧 그와 함께 조사를 했다. 이번의 조사 기록은 다음과 같다.

질문 이번 안중근 유해의 매장지에 관한 제일차 사정을 아는 사람으로서 어떻게 이 정보를 알게 되었나요?

대답 5월 어느 날 주차장에서 당직을 맡은 왕선생이 나에게 이런 말을 했습니다. 어제 그의 옛 친구가 그에게 전날 한국 사람들이 감옥에 와서 안중근의 유해발굴 작업을 한 것에 대하여 물어보면서 자신이 좀 아는 게 있다고 했다는 것입니다. 그의 외할머니 집 땅에 어떤 조선 사람의 묘지가 있었는데 그 묘지는 바로 한국 사람들이 찾고 있는 묘지일지도 모른다는 겁니다. 이 정보는 아주 중요한 것이라서 나는 즉시 왕선생에게 친구를 불러달라고 했습니다. 그리고 내가 직접 그에게 물어보고 조사를 했습니다. 그는 10살 때 그의 외할머니가 자기 집의 땅(바로 그의 외할아버지의 묘지 옆에)에 조선 사람의 묘지가 있으니 앞으로 제사를 지낼 때 그분에게도 제사를 지내라고 했다더군요.

그는 몇 년 동안 감옥구지박물관의 직원들간의 왕래로 인하여 안중근 의사의 영웅 행위를 어느 정도 알고 있다고 했습니다. 그래서 그의 말이 사실인지 확인하기 위해 꼭 현장에 가 봐야 한다고 생각했습니다. 그래서 그 어르신을 따라 현장에 가 봤습니다. 그리고 이 정보는 아주 중요해서 그냥 두면 안 되겠다는 생각에 박물관의 완전복 선생과 함께 한번 더 현장에 가 봤습니다. 더 정확하게 현장의 상황을 파악하기 위하여 내 딸 카메라로 여러 각도에서 사진을 찍었는데 그 사진은 현상 인화하는 중입니다. 나는 이 사정의 중요성을 알기 때문에 그 노인에게 남에게 언급하지 말라고 하고, 나중에 내가 그에게 연락을 주기로 약속했습니다.

질문 중요한 정보를 제공해 주셔서 정말 감사합니다. 우리는 앞서 하신 조사에 감복하는데 앞으로 이 방면의 조사에 대하여 어떤 생각을 가지고 있습니까?

대답 천만에요. 제가 보기에는 이 정보의 중요성을 인정하면 정보 비용을 조금이라도 주시면 좋겠다고 생각합니다. 나중에는 이 정보로 인하여 안중근 의사의 유해를 찾게 되면 어느 정도의 보너스를 주시기를 바랍니다.

질문 말씀하셨던 것은 앞으로 작업 중에 고려해 드리겠습니다. 그런데 더 중요한 것이 뭐냐면 우리는 제공해 주신 정보에 의하여 공동적으로 조사 연구 작업에 노력하는 것이라고 봅니다. 이렇게 함으로써 안중근의 유해를 찾기에 새로운 진전을 이루게 됩니다. 앞으로도 당신과 계속적으로 협력하기를 바랍니다.

(기록 정리: 왕진인)

(2) 안중근의 매장지에 관한 방문 조사 (二)

5월 19일, 안중근 유해의 애매모호한 매장지에 관한 정보를 아는 유만리는 박물관 관장인 화문귀에게 자신이 앞서 현장에서 찍은 사진을 보여줬는데 화문귀와 연구원 왕진인은 지금까지 파악한 자료를 대비하고 나서 둘은 고무적인 결과가 나왔다. 그래서 화문귀 관장은 유만리에게 박물관 쪽의 의견을 알려주고는 정보를 제공한 사람과 시간을 약속하여 함께 그 사람을 방문하였다. 그날 오후, 유만리는 다른 일이 있어서 현장에 오지 못했는데 박물관의 사무실 주임인 원전복이 관련 조사를 하였다. 조사 과정은 다음과 같다.

조사시간 2008년 5월 19일 오후 15시
조사에 참석한 인원 화문귀, 왕진인, 기전복
조사를 받은 인원 장학재(張学才)
주소 뤼순 상향가 3항41번지

질문 어르신이 이 근처에 조선 사람의 묘지가 있다는 것을 제보하셨습니까?
대답 네. 바로 현재 우리 눈앞에 보이는 땅에 있다고 들었습니다. 당시에 이 땅은 우리 외할아버지 마씨 집의 땅이라서 총 13무입니다. 이 땅을 묘지로 쓰기 위하여 산 것입니다. 마씨 집의 장남의 묘지가 바로 여기에 있습니다. 그후, 우리 외할아버지와 외할머니의 묘지도 여기에 만들었습니다. 1954년, 제가 16살 때에는 우리 외할머니는 제가 앞으로 외할아버지께 제사를 지낼 때 그 옆에 있는 조선 사람께 제사를 지내라고 했습니다. 그렇기 때문에 여기에 어떤 조선 사람의 묘지가 있다는 것을 알게 되었습니다. 1956년 우리 나라는 농업 협조화 활동을 전개하면서 저는 이 땅을 가지고 협조사를 가입했습니다. 그후, 조선 사람의 묘지가 있는 땅에서 농사를 지었습니다. 저도 원보방 생산대의 대장을 맡게 되었습니다.

질문 과거에 여기는 과수원이었나요?

대답 옛날에 바로 이 땅의 앞이 과수원입니다.

질문 이 땅에 독방이 있나요?

대답 옛날에 여기에 독방이 있었습니다. 크기가 방이 3칸만큼이고 아주 규범적인 집이었습니다. 네 변은 벽돌로, 담은 석회로 되었고, 지붕은 푸른 기와였습니다. 집 앞에 대추나무 4그루 있는데 열매로 맺은 대추는 맛이 없습니다. 집 앞에 큰 저수지가 있었습니다.

질문 1954년 당신의 외할머니 연세가 어떻게 되나요?

대답 당시는 약 50세이고 지금까지에 살아오시면 100세가 넘었겠습니다.

질문 이 정보에 대하여 누구에게 알려주었습니까?

대답 그전에 한국 사람들이 안중근의 묘지를 찾으러 왔다고 들었는데 가도반사처(한국의 동사무소)의 서기를 찾아갔지만 그들의 발굴 작업이 이미 끝났다고 들었습니다. 그래서 제가 다롄에 있는 여동생의 사위의 집에 찾아가서 우리 여동생의 사위에게 알려주었습니다. 왜냐하면 그 사위는 한국 사람입니다.

질문 우리에게 이렇게 중요한 정보를 제공해 주셔서 정말 감사합니다. 그런데 관련 정보를 남에게 알려주지 말고, 특히 신문 기자들에게 알려주지 마십시오. 당분간은 비밀로 하시기를 바랍니다.

대답 알겠습니다.

초보적인 의견

이번의 방문 조사 과정에서 우리는 애매모호한 현장으로부터 80미터 떨어져 있는 곳까지 와보았다. 거기에서 멀리 바라보며 관찰해 보니까 그곳 산맥의 동향과 평지 면적은 최서면이 제공한 사진과 비슷한 데가 있었다. 이곳에서 감옥까지 약 20분 정도의 노정이다. 그래서 우리는 이곳에 대하여 관심을 두어야 된다고 생각한다. 또는 이곳까지 연구하는 강도를 확대하여 새로운 진전을 이루기를 바란다.

(기록 정리: 왕진인)

(3) 안중근의 매장지에 관한 방문 조사 (三)

조사 시간 2008년 5월 22일 오전 9시쯤
조사에 참석하는 인원 화문귀, 왕진인, 기전복
조사를 받은 인원 장학재(张学才)

2008년 5월 21일, 박물관의 주요 리더들이 전문가들과 안중근 유해의 매장지에 관한 조사에 대하여 깊고 세밀하게 토론하고 다음 작업에 대한 계획을 세워 놓았다. 계획에 따라 다시 한 번 장학재를 박물관에 오라고 해서 관련 문제에 대하여 세밀하게 조사를 했다. 주요 내용은 다음과 같다.

질문 조선 의사 안중근은 뤼순 감옥에서 사형을 당했는데 그의 묘지가 어디인지 아직도 수수께끼입니다. 우리는 이미 많은 조사를 했지만 좋은 효과를 얻지 못했습니다. 그전에 우리가 당신을 방문했을 때 제공해 주신 단서는 중요해서 다른 관련 정보를 아시는 대로 더 정확하고 세밀하게 알려주시기를 바랍니다.

대답 사실 안중근의 묘지가 확실히 어디에 있는지 저도 잘 모르겠습니다. 근데 제 기억에는 우리 외할머니 집의 땅에 어떤 조선 사람의 묘지가 있었습니다. 그래서 그 전날에 후산에서 발굴했다는 것으로 인하여 저는 그 조선 사람의 묘지가 안중근 의사의 묘지라고 봐요. 그전에 저는 아내와 감옥구지의 주차장에서 노년 체조를 했을 때 같이 체조를 하는 친구들에게 집을 이사하는 것은 어떠냐고 물어봤는데 그들이 외국인들이 어떤 조선 영웅의 묘지를 찾으러 와서 이사하는 행사가 이미 종결되었다고 말했다고 했습니다. 제 아내가 집에 와서 저한테 이 일을 물어봤는데, 그때 우리 외할머니 집의 땅에 있는 묘지에 관한 생각이 났습니다. 그래서 다음 날에 저는 우리 가도판사처 서기를 찾아가서 관련 사정을 물어보고는 사관 정보를 제공해 주고 싶다고 했습니다. 그러나 서기는 이번의 발굴 작업이 벌써 끝나서 외국인들이 이미 발굴 작업이 그친 날에 귀국했다고 했습니다. 또, 서기는 저한테 이번의 발굴 작업이 아무 결과도 얻지 못했다고 알려주었습니다. 그후 저는 고민해서 이 일을 고려하는 과정에 제가 원래 원보방 생산 대장을 맡을 때 잘 아는 옛 친구들을 찾아가 물어보고 싶은 생각이 들었습니다. 저는 하루 뒤에 감옥문 앞에 있는 주차장에 찾아가 왕형한테 감옥 박물관 원선생의 전화를 물어봤습니다. 당시 유만리도 있었습니다. 그들이 저한테 왜 원선생을 찾고 싶냐고 물었는데 제가 이 일을 그들에게 알려주었습니다. 유만리는 저한테 이 일을 남에게 말하지 말라고 했습니다. 그후의 일은 그가 박물관의 리더들과 연락하고 결과가 나오면 나를 찾기로 약속했습니다.

질문 당신의 외할머니는 어떤 상황에 그 묘지가 조선 사람의 묘지라고 알려주었는데요?

대답 그때는 1954년 제가 고등학교를 졸업한 시기인데 제가 이미 16살이었습니다. 우리 외할아버지는 자살을 했는데 바로 자기 집의 땅에 있는 아카시아나무에 목매달아 죽었습니다. 외할아버지가 돌아가신 후 우리 가족들은 우리 외할아버지의 유해를 그 나무 뒤에 묻어버리고 나서 그 나무를 찍어 넘겼습니다. 이 땅은 총 13묘가 있는데 우리 외할아버지 마세태가 뤼순이 해방되고 나서 남에게서 산 것이었습니다. 그 당시에 이 땅에 집 한 채가 있습니다. 이 집의 건축 형식으로 보면 오래 된 집이라고 합니다. 외할아버지가 이미 돌아갔지만 외할머니는 이 땅을 그냥 버리고 싶지 않았습니다. 당시 이 땅에 마를 심었습니다. 외할머니는 내외종 사촌형제와 저를 불러 이 땅에서 참새를 내쫓고 농작물을 지키라고 했습니다. 매일 저와 형은 먼저 거기에 가고 외할머니는 점심을 가지고 와서 우리 셋이서 외할아버지의 묘지 앞에서 가건물을 지어서 하루하루를 지냈습니다. 농작물을 지킬 때 외할머니는 외할아버지의 묘지 앞에 4, 5미터 떨어진 묘지를 가리키며 저 묘지가 조선 사람의 묘지라고 하고 앞으로 외할아버지에게 제사를 지낼 때 그 조선 사람에게 제사를 지내라고 했습니다. 그들의 묘지가 그리 가까워서 이웃 같다고 했기 때문에 저에게 깊은 인상을 남겼습니다.

질문 당신의 외할머니는 이 조선 사람의 묘지가 왜 거기에 있는지 말씀하셨나요?

대답 말씀하신 적이 없습니다.

질문 당시에 외할머니의 연세가 어떻게 되나요?

대답 확실히 얘기가 좀 어렵지만 약 50세였습니다. 지금까지 살았다면 100세가 넘겠습니다.

질문 당신의 외할아버지는 왜 이 땅을 사 왔나요?

대답 해방 전 이 땅은 과수원이었습니다. 1952년쯤에 외할아버지는 모두 과수를 찍어 넘겼습니다. 왜냐하면 그 당시 많은 소련의 병사들이 전반자(转盘子)를 업고 소총을 들고 과수원에 와서 과일을 훔치기 때문에 어쩔 수 없이 모든 과수를 찍어 넘겼습니다. 그래서 저는 그 당시 그 조선 사람의 묘지가 과수원에 있었다고 봅니다.

질문 이 조선 사람의 묘지가 어떤 특별한 표기가 있나요?

대답 특별한 표기가 없는데 묘지도 큰 것이 아닙니다. 묘지 앞에 자연적 형의 큰 돌이 있고 돌에 아무 글자도 없습니다.

질문 언제 이 묘지를 평평하게 골랐나요?

대답 그렇게 하지 않았는데 원래 그 묘지가 크지 않아서 자연적으로 평평하게 되었습니다.

질문 이 조선 사람의 묘지를 옮긴 적이 있나요?

대답 확실히 없습니다. 1956년 중국에서 농업협조운동을 전개할 때 우리 외할머니가 앞으로 잘 살기 위하여 저에게 이 13묘 땅으로 원보방 농업사에 참여하라고 했습니다. 농업사에 들어서 얼마 안 되는데 저는 과수 기술원을 맡아서 항상 이 산으로 갔습니다. 그후 저는 20여 년 생산 대장을 맡아서 이 땅을 옮긴 적이 없습니다.

질문 그 집에 대해서 소개해 주세요.

대답 그 집이 오래 되어 보이지만 러시아 스타일이 아니라고 봅니다. 그 집은 용마루가 있고 앞뒤에 굴뚝이 있어, 창문이 두 개 있고 밖에는 나무로 만든 비막이 판자가 붙어 있었습니다. 집 뒤에는 창문이 3개 있고 이 창문으로 보면 그 조선 사람의 묘지를 볼 수 있었습니다. 이 집은 큰 편이라서 길이는 약 6미터이고 넓이는 3미터가 됩니다. 문과 창문을 결합한 곳, 처마가 모두 파란 벽돌이고, 집의 사각도 파란 벽돌이고, 벽은 석회로 된 것입니다. 집은 아주 평범한 것인데 어떤 부자가 여름에 더위를 피하기 위하여 지은 것 같습니다.

질문 언제 이 집을 허물었나요?

대답 허문 것이 아니고 오랫동안 수리하지 않은 탓에 1962년쯤에 무너졌습니다. 지금 그 집의 옛터에 원래 그 집의 정원에 있던 물웅덩이가 남아 있습니다.

질문 다시 한 번 조선 사람의 묘지에 관한 사정을 알려주셔서 정말 감사합니다. 다음에 우리는 조사 상황에 따라 필요하면 당신을 또 찾을 겁니다. 잘 부탁 드리겠습니다.

대답 제 옛 친구들 중에 감옥 직원 친구들이 있습니다. 그러니 감사한다는 말씀은 하지 마십시오. 아무튼 무슨 일이 있으면 말씀해 주세요. 할 수 있는 것은 꼭 해 드릴게요.

(기록 정리: 왕진인)

(4) 안중근의 매장지에 관한 방문 조사 (四)

앞에서의 조사에 따라 2008년 5월 22일 오전에 관장 화문귀는 직접 조사팀을 데리고 안중근의 매장지라 주장하는 지역을 조사해 봤다.

이번 조사에 참석하는 인원은 다음과 같다. 화문귀, 왕진인, 기전복, 최재상, 유만리, 장학재 등이었다. 우리는 감옥구지에서 출발하여 서쪽을 향해 20분 정도 걸어서 넓은 곳까지 왔다. 거기에 집이 하나 있었는데 정원에서 닭과 양을 몇 마리 키우고 대형 개 두 마리가 우리를 보며 가끔 짖었다. 농촌 전원 생활의 생생한 모습이었다. 멀지 않은 곳에 산봉우리가 보이고 숲이 우거져 있었다. 옆에 건축하고 있는 기독교 교회당과 햇빛이 어우러져 빛나고 있었다. 정말 아름다운 광경이라고 생각했다.

우리는 장학재가 말한 집의 구지로 갔다. 장학재의 소개처럼 그 집은 이미 없었다. 그런데 원래 정원에 있던 저수지의 흔적은 남아 있었다. 옛터에 심은 묘목들이 실바람에 가벼이 흔들렸다. 우리의 시선이 면 산봉우리에까지 뻗어나갔다. 산의 경사도에 따라 묘지가 세 개 보였다. 가장 밑에 있는 묘지가 장학재의 내외종 사촌형인 마옥양의 묘지인데 오랫동안 제사를 지내는 사람이 없는 듯 황량하고 적막해 보였다. 여기에서 약 20미터 걸어가면 묘지가 하나 더 있다. 장학재는 그 묘지가 그의 할아버지의 묘지라고 했는데 묘지 앞에 화분 두 개가 있

2008년 뤼순 감옥 단독 발굴 조선인 무덤 터

어서 청명절에 제사를 지내는 사람이 있다는 것을 쉽게 알 수 있었다. 이 묘지로부터 약 7, 8미터 떨어진 곳에 묘지 하나가 더 있었다. 바로 장학재의 외할아버지 마세태의 묘지였다. 그 묘지 앞에 낮고 오목하게 들어간 데가 있는데 그의 외할아버지가 목매달아 죽은 아카시아나무가 있던 곳이다. 그 나무를 찍고 보니까 뿌리가 이미 썩었는데 지면은 현재의 모습과 같다고 한다. 마세태의 묘지 왼쪽으로 약 4미터쯤 되는 곳에는 두둑이 들떠 오르고 잡초가 우거져 있었다. 거기에 갈색 돌이 두 개 있었다. 장학재는 흥분하여 여기가 바로 그 조선 사람의 묘지라고 했다.

현장의 실제 상황은 우거진 잡초가 그 돌을 덮어서 묘지의 흔적은 보이지 않았다. 평평한 지면이고 잔 황토인데 우리는 여기에 서서 먼 산봉우리와 가까운 녹색을 보면서 우리의 마음속에 녹색의 생명력을 쉽게 느꼈다. 역사를 돌아보건데 우리에게 생생하게 보여준 많은 것들은 바로 지금 우리가 보는 것들이었다. 우리는 이 '묘지' 앞에서 주저하다가 먼 산봉우리의 우거진 숲을 보니 그 생생한 녹색이 자신의 생명력과 열정으로 우리들에게 외치고 있는 것 같았다. "어서 오세요. 여기에 당신들이 구하는 영웅의 혼이 있으니. 어서 오세요. 여기가 바로 당신들이 바라던 바로 그곳입니다."

(집필: 왕진인)

(5) 안중근의 매장지에 관한 방문 조사 (五)

2008년 5월 27일, 이국성(이회영의 손자라 주장)은 뤼순감옥구지박물관에 와서 이회영의 유물 복제품 선물을 박물관에 주었다. 관장 화문귀는 연구원 왕진인을 데리고 인수 인계하는 작업에 참석했다. 대화 과정에 쌍방은 이번에 한국 쪽이 뤼순에서 작업한 안중근의 매장지에 관한 발굴 행사에 대해서 이야기했다. 이국성은 한국 쪽이 주장한 곳이 확실하게 틀린다고 말했다. 안중근의 매장지에 관하여 그는 얘기한 적이 있다고 했다. 이국성의 말에 의하여 관장은 그와 이 문제에 대하여 깊이 교감했다.

질문 당신은 언제 안중근의 매장지에 가보셨습니까?

대답 그때는 1958년, 제가 이미 13살인데 우리 아버지가 저를 데리고 왔습니다. 그때 우리 할아버지가 순국한 곳에 와서 제사를 지내려고 뤼순에 왔습니다. 우리 할아버지에게 제사를 지내는 김에 안중근 의사에게 제사를 지내기도 했습니다. 제사를 지낼 때 우리 아버지는 저에게 이분이 조선의 유명한 민족 영웅의 묘지인데 우리는 이분을 잊으면 절대로 안 된다고 알려주었습니다. 아버지는 너의 할아버지도 민족의 해방을 위해서 희생했는데 우리는 영원히 영웅들을 마음속에 기억해야 된다고 했습니다.

질문 당신의 아버지께서는 어떻게 안중근의 매장지를 아셨나요?

대답 우리 아버지가 무순 전범 관리소에서 뤼순 형무소의 마지막 소장을 만난 적이 있다고 했습니다. 우리 아버지에 의하면, 할아버지는 뤼순 감옥에서 수감할 때의 관련 자료를 찾기 위하여 그 소장에게 부탁했습니다. 그는 감옥의 당안 자료가 이미 사라졌다고 했습니다. 일본이 항복하기 전에 그는 직접 지휘하여 뤼순 감옥의 당안을 전부 불태워 없앴습니다. 이번에는 안중근의 매장지에 관하여 언급하였는데 이런 가능성이 있다고 봅니다. 또는, 우리 아버지가 할아버지의 항일 투쟁의 사적을 구할 때 할아버지와 어깨를 나란히 하여 싸운 김소묵, 김동삼 등을 방문했습니다. 그들이 뤼순에 와서 안중근에게 제사를 지낸 적이 있었습니다. 우리 아버지가 이렇게 함으로써 안중근의 묘지에 대하여 알게 되었다고 하였습니다.

질문 당신의 기억 속에 안중근의 묘지가 어떤 모습인가?

대답 제 기억 속에 그 당시 안중근의 묘지가 이미 그리 크지 않고 그냥 작은 흙더미인데 아무 특별한 표시가 없습니다.

질문 당신의 기억 속에 안중근의 묘지가 감옥구지와 멉니까?

대답 그리 멀지 않습니다.

질문 당신의 기억 속에 안중근의 묘지가 그 당시에 과수원 속에 있었나요? 아니면, 황무지에 있었나요?

대답 그건 잘 기억나지 않습니다.

질문 안중근의 묘지 근처에 다른 묘지가 있었나요?

대답 안중근의 묘지 근처에 다른 묘지가 있었는데 그리 많지는 않았습니다.

질문 그의 묘지의 구체적인 위치는 아십니까?

대답 이에 대하여 지금 알려 드리지 못합니다. 제가 이번에 한국 광복회의 발굴 행사에 대해 불만이 많기 때문입니다. 그들이 제가 제공해 준 정보에 대해서 아무 반응도 없습니다. 학자 최서면의 말만 믿는 것 같은데 이번에 그들이 안중근의 묘지를 찾지 못하는 것을 저도 이미 예측해 놓았습니다. 그래서 한국 쪽이 제가 제공한 정보를 중요시하지 않으면 저는 말하지 않겠습니다.

질문 당신은 1958년 뤼순에 오시고 또 언제 뤼순에 오셨나요?

대답 문화대혁명 때 한번 왔는데 지난 세기말 우리 할아버지의 사적을 구하기 위해서 몇 번이나 왔습니다.

질문 당신은 뤼순에 와서 안중근의 묘지에 찾아가신 적이 있나요?

대답 가 봤습니다. 기억 속에 그 위치인가 봐요.

붙임: 이회영의 약력

이회영(1867~1932), 호는 우당이다. 서울에서 태어났다. 1907년 안창호 등과 함께 신민회를 창립했다. 1910년 중국 길림성 유하현으로 이사해 왔는데 중국 국적에 가입했다. 1911년 진보 단체 '경학사'와 '신흥무관학교'를 창설했다. 1922년 신채호와 함께 민족독립무장투쟁을 벌였다. 1932년 상해에서 대련에 오는 도중에 체포되었다. 뤼순 감옥에서 가혹한 형벌을 당해서 마침내 순국했다.

(기록 정리: 왕진인)

(6) 안중근의 매장지에 관한 방문 조사 (六)

다렌대학교 한국학연구원 유병호에게 안중근의 매장지에 관한 전기 작업을 전하자, 유원장님은 사소한 부분에 대하여 한걸음 더 확정해야 된다고 했다. 그래서 2008년 6월 18일에 유원장은 직접 방문관에 와서 장학재에게 방문 조사를 했다. 조사 기록은 다음과 같다.

방문 조사에 참석 인원 화문귀, 왕진인, 유병호, 유만리
조사를 받은 인원 장학재

질문 당신은 언제 뤼순에 왔습니까?

대답 1939년, 제가 한 살 때 뤼순에 왔습니다.

질문 당신의 외할머니는 언제 뤼순에 왔습니까?

대답 우리 외할머니는 옛부터 뤼순에 있었습니다. 제가 뤼순에 왔을 때 우리 외할머니의 집은 이미 뤼순에서 오랫동안 살았습니다.

질문 뤼순에 와서 당신의 집이 어디에 있습니까?

대답 우리 가족은 뤼순에 와서 뤼순의 시장 거리에서 살아왔습니다.

질문 당신은 어렸을 때 어느 학교를 다녔습니까?

대답 저는 뤼순 해방 후에 '뤼순 중심 소학교'를 다녔습니다.

질문 당신은 어렸을 때 조선 사람을 본 적이 있나요? 조선 사람을 접촉한 적이 있나요?

대답 없습니다.

질문 당신의 기억 속에 당신의 외할머니의 가족은 조선 사람과 왕래가 있나요?

대답 없는 것 같습니다.

질문 당신이 어렸을 때 뤼순에 산 조선 사람이 있나요?

대답 사실, 저는 잘 모르겠습니다. 그 당시 저는 그런 것에 대해 관심이 없었습니다.

질문 당신의 외할머니 집이 멉니까?

대답 멀지 않습니다. 박물관에서 주차장까지 정도인 것 같습니다(약 30미터—기록자 주석).

질문 그 당시 당신의 가족은 뭘 하며 생계를 유지했습니까?

대답 우리 아버지가 골동품 장사를 했는데 우리 외할머니 가족도 골

동품 장사를 했습니다. 당시의 가업이 비교적 큰데 짐을 내릴 때 한 기차 용량만큼 내렸습니다.

질문 당신의 외할머니께서는 글자를 아십니까?

대답 장사를 하니까 글자를 잘 알았습니다.

질문 당신의 외할머니는 자기 집의 묘지로 쓰려고 이 땅을 샀습니까?

대답 아닙니다. 그 땅을 샀을 때 여기는 과수원이었는데 외할머니 집이 과수를 찍어서 마를 심었습니다.

질문 당시의 과수원의 과수가 큽니까?

대답 잘 기억나지 않습니다. 과수원의 과수가 점점 적어졌는데 주로 소련 병사들이 과일을 훔쳐서 나무가 병에 걸렸습니다. 어쩔 수 없이 과수를 찍었습니다.

질문 당신의 외할머니 가족은 이 땅을 사고 나서 왜 이 외국 사람의 묘지를 그냥 두었습니까?

대답 저도 잘 모르겠습니다.

질문 당신의 가족은 제사를 지낸 김에 근처의 묘지에게 제사를 지내는 습관이 있습니까?

대답 아마 그 묘지의 주인이 무엇을 하는지 자신의 가족과 어떤 관련이 있으면 그렇게 하는 법입니다.

질문 당시에 당신의 외할머니는 왜 이 묘지가 외국 사람의 묘지라고 알려주었습니까?

대답 외할머니는 너의 외할아버지의 묘지 옆에 있는 묘지가 한국 사람의 묘지인데 나중에 제사를 지낸 김에 그 사람에게 제사를 지내라고 했습니다.

질문 당신의 외할머니는 한국 사람의 묘지라고 하셨나요? 그 당시에는 보통 사람들이 항상 북조선이나 남조선이라고 했는데요.

대답 아마 조선이라고 한 것이 아니고 고려라고 알려주었습니다.

질문 다른 곳에 외국 사람의 묘지가 있다는 것을 들어봤나요?

대답 없습니다.

질문 당신이 어렸을 때 학교의 봄놀이 가면 원보방 쪽에 온 적이 있나요?

대답 학교의 봄놀이를 조직하면 거의 동물원, 화원, 그리고 원보방 근처에 갔습니다. 그 당시 무료로 백옥산, 백옥탑에 갈 수 있었는데 저는 원보방 근처에는 간 적이 없습니다.

질문 당신이 본 묘지의 규모가 어떻습니까?

대답 그리 크지 않아, 아마 이만큼입니다(장학재가 손짓을 했다. 약 60센티미터—기록자 주석).

질문 그 묘지 앞에 있는 돌을 당신들이 놓은 것입니까?

대답 아닙니다. 그 당시 있었습니다.

질문 이 땅을 살 때 여기에 다른 묘지가 있었나요?

대답 없습니다. 그 당시 외국 사람의 묘지는 이 묘지밖에 없습니다.

질문 당시 그 집의 상황에 대하여 소개해 주실래요?

대답 그 집은 중국식 집인데 방이 3칸 있습니다. 그런데 아주 우람했고, 모든 문과 창문은 2층이었습니다. 겉면은 나무 판으로 만들어져 있었습니다. 방에 들어오자마자 부뚜막이고 양쪽에 온돌이 있었습니다. 지붕에 굴뚝이 4개 있었습니다. 지금 회상해 보면 바로 그 과수원 주인이 산 집입니다.

질문 원래 이 땅은 누구의 것입니까?

대답 잘 모르겠습니다. 해방 전에 묘지 산인가 봐요. (기록자: 우리가 파악한 자료에 따라 당시에 여기는 감옥의 과수원입니다. 우리가 발견한 형용지의 지표에 의하여 이 문제를 설명할 수 있습니다. 유병호는 이런 가능성이 있다고 했습니다. 사진을 보면 1911년에 여기는 절대로 과수원이 아닙니다.)

질문 감옥 뒤에서 그 묘지로 가는 길이 있나요?

대답 있습니다. 감옥 뒤에서 그 묘지로 가는 군용 길이 있는데 길의 양쪽은 돌로 쌓고 가운데에 배수도가 있습니다.

질문 당시의 산도 지금처럼 우거졌습니까?

대답 아닙니다. 지금의 나무는 해방 후에 심었는데 대부분은 지난 세기 60년대 후에 심었습니다. 당시 산에 아무것도 없었습니다.

질문 이번에 당신은 어떻게 그 묘지가 한국 사람의 묘지인 것 같다는 생각이 들었습니까?

대답 그게 연상이 아닙니다. 저의 부인은 함께 아침 운동을 하는 친구들에게서 한국 사람들이 민족 영웅의 유해를 발굴하러 왔는데 결국은 찾지 못한다는 말을 들었습니다. 이 소식을 듣자마자 저는 우리 외할머니가 저에게 알려준 것이 생각났습니다. 그 묘지가 한국 영웅의 묘지인 줄 알았습니다. 그래서 저는 유만리와 원선생에게 알려주었습니다. 그전에 저는 감옥의 직원들과 아는 사이이지만 이 일에 관한 생각을 한 적이 없어서 그들에게 알려준 적이 없었습니다. 당신들이 관심이 있으면 우리 가족의 묘지를 옮기는 걸 구실로 삼아 발굴해 보세요.

질문 우리는 그렇게 하면 안 됩니다. 현재 비밀을 잘 지켜 주시기를 바랍니다. 우리는 관련 리더들에게 물어 보고 나서 다시 연락해 드리겠습니다. 어때요?

대답 안심하세요. 저는 꼭 그렇게 하겠습니다.

(기록 정리: 왕진인)

(7) 안중근의 묘지에 관한 조사 보고서

뤼순러일감옥구지는 역사가 유구하고 역사적 내포가 풍부하고 완전하게 보존되어 동북아 삼국 학자들의 주목을 많이 받았다. 금년에 감옥구적박물관은 구적을 바탕으로 전시회를 개최하는 동시에 근대 역사 문물을 모아 강화시키면서 근대사의 연대, 인물에 관한 연구에 심혈을 기울여서 많은 성과를 얻게 되었다. 박물관의 작업 계획에 따라 2007년 전문 과제 연구 저술인 『안중근 연구』라는 책을 출판했다. 그리고 전체적으로 안중근 유해 매장 지역에 관하여 조사하는 계획을 세웠다. 안중근 유해 매장지에 관한 조사를 진행하면서 지금까지는 새로운 진전을 이루게 되었다. 상관 작업 보고는 다음과 같다.

① 2006년 한 · 조 양국이 인정한 지역

2006년 8월 상관 부문의 허락을 받고 한 · 조 양국은 함께 뤼순을 방문해 안중근 유해의 매장지에 관하여 조사했다. 한국의 유명한 학자인 최서면(崔書勉)이 제공해 준 사진은 1911년 3월 감옥 직원들이 안중근에게 제사를 지내는 장면으로 감옥 구적 동북 방향의 소동산을 안중근 유해의 매장지로 인정했다. 2008년 초 지방 정부의 개발 계획에 따르면 한국은 동년 3월부터 4월까지 그 지역을 전체적으로 발굴했는데 결국은 실패했다.

이 결과는 중국 쪽이 2006년에 매장 지역을 확인할 때 제출한 지리 환경이나 당시의 거주 환경, 민속 등 여러 면에서 그 장소는 안중근을 매장할 가능성이 없다는 의견을 검증했다. 그래서 중국 쪽은 발굴 행사의 실패를 벌써 예측하고 있었다.

② 새로 발견한 지역—소포대산

최근에 감옥구지박물관은 작업 계획에 따라 조사하는 과정에서 새로운 단서를 잡았다. 즉 감옥구지 서북방에 있는 소포대산 근처에 조선 사람의 묘지가 있다는 것을 발견했다. 우리는 현지 조사를 통하여 그곳의 환경과 보존된 유적을 최서면이 제공한 사진과 비교해 보고 비슷한 데가 많다고 보았다. 다시 말하자면 그 사진이 믿을 만한 증거물이라고 본다면 꼼꼼하게 대비하고 분석하면 조선인의 묘지가 있는 소포대은 안중근을 매장한 소재지일 가능성이 충분히 있다고 본다.

③ 다음의 작업 계획

감옥구지박물관은 안중근 유해 매장지가 오랫동안 해결되지 못한 과학 연구과제라고 본다. 안중근의 유해를 찾을 수 있으면 안중근에 관한 연구의 중요한 발견과 새로운 진전을 이룰 수 있을 것이다. 그래서 우리는 전기 조사연구를 바탕으로 적극적으로 소포대산에 있는 조선인의 묘지를 과학적으로 조사하고 발굴해야 된다고 생각한다. 발굴 시기는 금년 10월로 정하면 좋겠다고 한다. 발굴 행사는 감옥구지박물관의 안배에 따라 질서정연하게 해야 하는 것이다. 구체적으로 실시과정에서 다롄대학교에서 관련 과제를 연구하는 인원들을 초청할 수도 있다.

과학적인 조사발굴을 통해서 우리는 몇 년 동안 관심 있는 연구 과제에 대하여 객관적이고 믿을 만한 결론을 내릴 수 있다. 안중근에 관한 연구는 소포대산에 있는 조선인의 묘지를 발굴해야 된다고 주장한다.

5. 왕진인 논문 「안중근 의사 유해발굴에 대한 상관문제」

본 논문은 왕진인 전 부관장이 뤼순 감옥에서 단독으로 안중근 의사 발굴을 한 후 작성한 논문이다. 이 논문을 필자에게 보내 주었다. 2015년 7월 5일 왕진인 문화공작실에서 나에게 뤼순 감옥 단독 안중근 의사 발굴과 논문의 공개를 허락해 주었다. 이 논문에 발굴 당시의 상황과 결과가 수록되어 있으며 원문에 충실하고자 번역문을 그대로 옮겨 싣고 원문도 게재하기로 한다.

안중근 의사 소개와 뤼순 감옥에서 안중근 의사 수감 생활은 생략하고 본론의 핵심 부분과 결론만 소개한다.

왕진인 부관장은 북한의 2006년 발굴과정과 2008년의 한국의 발굴과정, 그리고 중국의 단독 발굴과정에서 나타난 견해 차이와 이유를 소상히 밝히고 있으며, 2008년 한국의 발굴 작업은 이미 실패를 예상하고 있었다는 게 당시 뤼순 감옥의 공식입장이었음을 확인할 수 있었다.

안중근 의사 유해발굴에 대한 상관문제
(关于安重根其人其事及遗骨寻找的相关问题)

王 珍仁

3. 안중근 유골 발굴

1910년 3월 26일 오전 10시, 안중근이 어머니가 만든 민족의 옷을 입고 정의를 위해 목숨을 바쳤다. 형장으로 압송되어 가기 전 일본 헌병 치바도시치의 요구에 따라 마지막의 유적 "위국헌신 군인본분(국가를 위하여 목숨을 바치는 것 군인의 책임과 의무다)" 힘찬 붓끝이 유묵 중에서도 안중근은 사형 집행에 임하여 사망을 전혀 두렵지 않은 슈퍼맨의 정신을 엿볼 수 있었다.

안중근 희생 후에 그의 유골이 어디에 묻혔는가에 관한 문헌기록이 남아 있지 않다. 1945년 8월 15일 일본의 항복 전에 타고지로(田子仁郎) 전옥장이 간수들을 시켜서 뤼순 감옥에 있는 모든 기록 서류를 불태워 버렸다. 그래서 수년간 안중근의 유골에 대한 전설이 많이 나타났다. 2008년 10월 이전에 정보를 종합해 보면, 과학적인 결론을 내리기는 아직 어려운 상태이다.

뤼순일·러감옥구지박물관이 개관해 온 40여 년 이래 전문적인 연구원은 안중근의 이 중대한 역사 과제를 연구하는 데에 관심을 기울이곤 했다. 우리의 연구를 통하여 후반기에 있었던 감방을 어디에 있는지 초보적으로 확정했고 정확하게 희생한 위치도 고증해 냈다. 안중근의 유골을 발굴하고 연구하는 과정 중에 과학적인 태도를 끝까지 가지고 있으며 끊임없이 취재하여 연결했다. 동시에 국무원과 관련된 국가기관부문의 허가를 받아 지난 80년대와 21세기 초에 뤼순에 와서 조사하려는 북한과 한국의 대표단을 전후로 초대했다. 특히 1986년에 주진극 북조선 외무성 아시아국 부국장을 비롯한 조사 대표단을 초대한 것은 가장 중요시된다.

당시 조사연구를 하는 동안 북한 대표단은 뤼순일·러감옥구지, 관동도독부 지방법원구지, 뤼순일·러감옥이 마영후(馬營后)에 있는 원시 묘지를 참관하고 고찰했다. 중국 쪽은 발굴 작업을 맞추기 위하여 민중 좌담회를 4번이나 개최하여 모두 47명이 참여했다. 참여했던 사람 중에 80세가 넘은 노인도 있었고 역사, 고전문물을 연구하는 전문가와 학자도 있었다. 좌담회를 통하여 참여하신 분들이 널리 자료를 인용하고 안중근을 교수형한 사실과 전설에 대한 논증과 분석을 진행했다. 중국과 북한 양쪽은 다 같이 유골의 발굴 작업에 있어 뛰어넘기 어려운 장애가 존재하고 있다고 느꼈다.

21세기에 들어서면 한국 관계 인사들이 안중근 유골의 발굴 작업에 대한 의문을 던지며 한국 정부도 찾으려는 건의도 여러 번 제기했다. 후진타오(胡錦濤) 국가부주석이 취임 후 한국을 방문했을 때 한국 쪽이 건의했던 것에 대하여 정확한 자료를 제공해 달라고 요청하고 적극적으로 협력하기를 표명했다.

2005년 봄, 여름에는 한국 학자 최서면이 학술 고증 논문에서 시체를 묻은 곳의 경위도를 중국 쪽에게 알려줬다. 요녕성 외사업무청은 뤼순시 외사업무처와 뤼순일·러 감옥구지박물관으로 하여금 책임지고 전문적인 측정 인원을 초청하여 과학적인 실험을 하게 했다. 그렇지만 어떤 원인으로 인하여 측정위치와 한국 쪽에서 제공한 역사 사진 중의 산 경사 환경과 큰 차이가 나타났다.

2006년 6월 7일부터 10일까지 북한과 한국이 같이 하나의 공동단체를 조직하고 중국 외교부의 허가를 받아서 최서면이 제출했던 위치에 실지 고찰을 했다. 의심되는 곳은 모두 4곳이 있었는데 마지막으로 역사 사진 즉 1991년에 안중근 순난 1주년 제사 사진에 의하여 감옥 구지 가마장 북쪽과 현지 군대 어느 부서에 속하는 병원 벽 밖에 있는 빈 터에 매장지가 있다고 확정했다. 궁금한 것이 있는데 북한과 한국 양쪽은 이번 조사 중에서 경위도의 확정 문제는 완전히 내팽개쳤다는 것이다(抛开了). 참석한 중국 연구원은 양쪽과 다른 의견을 제안했는데 받아들여지지 않았다.

2008년 봄에 이 지역은 건축 개발상에게 팔려 주민 주택을 지을 땅으로 이용하기로 했다. 소식을 들은 한국 쪽은 중국 정부와 긴급히 협상을 하고 유골을 찾기 위해 발굴 작업을 요청했다. 중국 정부의 허가를 받아 이병구(李秉九) 단장을 비롯해 16명의 한국 정부단체가 3월 25일 뤼순에 도착했다. 2006년 양쪽은 확실한 곳에 방문하고 발굴하기 시작했다. 4월 27일까지 일이 끝났다. 유감스럽게도 이번에 묘지유적과 유골이 전혀 발견되지 않았다. 수확한 것이 있긴 하지만 고작 뤼순 감옥 직원들의 생활 용품 쓰레기들뿐이었다.

이 결과는 중국이 2006년 유골 위치를 확정했을 때 제출한 의견을 증명했다. 즉 이곳의 지형 형태는 물론이고 당시의 역사적인 거주 환경과 민속 풍습에서 보면 시체를 묻을 조건을 갖추지 않았다. 그래서 실패로 끝날 것을 중국 쪽에서 예상했는데 그대로였다. 이번 발굴 뒤에 한국 쪽은 『안중근 의사 유골발굴에 관한 보고서』라는 책을 출판하여 발굴 작업에 대한 사항을 전면적으로 기록하고 서술했다. 그렇지만 보고서를 쓴 사람은 현대 과학기술을 이용하여 역사 사진의 옛 모습을 회복시켰으며 유골은 여기에 묻었다는 주장을 여전히 내세웠다. 그렇지만 역사 사진 중에 나온 건축물이 여기에 한번도 나타나지 않았다는 것은 사실이다. 한국 학자들은 제멋대로 합성의 기법을 이용해 위치를 확정할 수 있다고 생각했다. 한국 쪽의 발굴 결론을 통해서 얻은 교훈은 과학 연구를 할 때 개인적인 감정을 버리고 신중하며 공정하고 과학적인 태도를 엄격하게 지켜야 한다는 것이었다. 그렇게 하지 않으면 인위적으로 만든 수렁에 깊이 빠질 수밖에 없고 스스로 빠져 나오기가 어렵다. 그리고 눈앞의 성과만 돌보는 경솔한 학풍은 우리 국가에만 국한하지 않았을 뿐만 아니라 한국 학자들도 안중근 유골발굴과 연구하기에 있어 이런 학풍이 더 심하게 나타났다.

2008년에 유골발굴을 마친 다음에도 한국 쪽은 뤼순 일·러감옥구지박물관이 안중근의 매장지를 찾고 조사하는 작업에 지속적으로 강화해주기를 바랐다. 박물관의 지도자, 또 한국학자뿐만 아니라 중국학자들의 소망도 안중근의 유골을 탐방하는 것이다. 유골을 탐방하는 일은 마지막까지 확실하지 않았지만 조사연구는 그만둘 수 없었다. 게다가 탐방하는 일은 우리 쪽에서 계획에 집어 넣었다.

한국 쪽은 감옥가마장 위에 있는 동산지역에서 유골을 탐사하는 동시에 감옥구지박물관은 연구인원을 조직하여 또다시 한번 유골 매장지를 탐방하고 조사하기 시작하게 되었다. 5월에 거대한 성과를 거두었는데 감옥구지 동북쪽에 있는 소포대산 근처에 옛날에 조선족 사람의 무덤이 하나 있었다는 걸 발견했다. 무덤 앞에 역사 건축물 하나가 있었다. 박물관이 조사했을 때 이곳의 지리 환경, 모습과 상관한 내용이 최서면의 사진에서 나온 환경과 많이 비슷했다는 것이 발견됐다. 안중근의 유골이 여기에 묻혔는지 확정하기 위하여 관계 부서의 허가를 요청하고 박물관은 2008년 10월 16일부터 과학적인 탐사 발굴을 진행하기 시작했다. 유감스럽게도 이번 발굴활동에 아무 단서도 찾지 못했다. 결론을 내리면 최서면이 주장한 위치와 거의 완전히 똑같은 지표 위치에서 이번의 발굴 작업을 진행하기를 발견했다. 즉 우리가 발굴한 위치는 북위 38도 49분 3초, 동경 121도 15분 43초에 있었다.

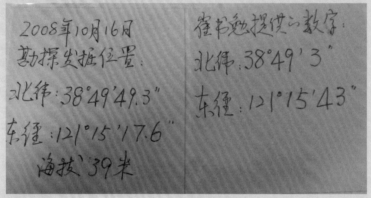

2008년 뤼순 감옥 단독 발굴시 지표표기와 최서면 지표표기 비교

박물관은 한국 쪽이 제출한 데이터를 완전히 버리고(抛开了) 역사 사진에 의거하여 독립적으로 조사를 한 결과는 한국 쪽과 너무 비슷했다. 적어도 지금은 우리가 일본 사진에서 나타난 곳을 이미 찾아냈다는 사실을 밝혔다. 아주 대단한 돌파라고 할 수 있다.

4. 결론

지난 단계의 조사 연구를 통하여 역사에서 남은 사진을 분석한 결과는 안중근을 목매달아 죽인 뒤에 유골이 뤼순 감옥의 공동묘지에서 묻힌 것을 기본적으로 확인했다. 나중에 많은 일을 더 해야 된다는 사실은 부인할 수 없다. 안중근 유골의 발굴 작업을 효율적으로 촉진시키기 위하여 중국 외교부서의 완전한 인증을 받은 한·중 양쪽은 업무위원회를 구성하고 세밀한 조사와 연구를 진행시켜야 한다고 건의한다. 역사적인 원인으로 인해 어느 정도의 어려움을 겪을지도 모르겠지만 객관적이고 타당한 과학연구 태도를 가지고 있다면 반드시 어려움을 극복하고 새로운 성과를 얻을 수 있다고 생각한다.

关于安重根其人其事及遗骨寻找的相关问题

王 珍仁

三、关于安重根遗骨的寻踪

1910年3月26日上午10时，安重根换上母亲为其制作的民族服装，慷慨就义。而就在赴刑场前，他应日本宪兵看守千叶十七的要求，写下了最后一幅墨迹"为国献身，军人本分"。从其镌刻有力的书法中，人们可以看到他在临刑之前不畏惧死亡的超人的精神状态。

安重根就义后，其遗骸的埋葬，日本殖民当局没有留下任何的文字记述。因为在1945年8月15日，日本投降前夕典狱长田子仁郎指挥狱中看守将旅顺监狱中的所有文字档案全部被付之一焚。因此多年以来，关于安重根的遗骸问题传说甚多，然在2008年10月以前，从所掌握的材料看，要给予科学的定论，尚有一定的难度。

自旅顺日俄监狱旧址博物馆组建的近40余年中，专业人员在围绕安重根这一重大历史课题研究方面，始终给予了很大的关注。通过我们的研究，初步确定了安重根在狱中后期的牢房，考证出了安重根当年英勇就义的确切位置。同样在安重根遗骨寻踪研究上，也始终坚持科学的态度，不断地进行探访和研究。同时，还经国务院相关部门批准在上个世纪80年代和本世纪初先后接待过朝、韩两国的安重根调查团来旅顺的调查工作。其中尤以1986年接待朝鲜外务省亚洲局副局长朱轸极的调查团为重点。

在此次调查中，朝方参观考察了旅顺日俄监狱旧址，关东都督府地方法院旧址和旅顺日俄监狱位于马营后的原监狱墓地旧址。中方为配合寻访工作还为朝方组织了4次群众座谈会，先后共计有47人参加。当时参加座谈会的人员中，既有年龄在80岁以上的高龄老人，也有从事历史、古籍文物研究的专家学者。通过座谈，大家旁征博引，对于当年绞杀安重根的相关史实、传说做了分析论证，使中朝双方一致感到，安重根的遗骨寻踪工作存在着一些难以逾越的障碍。

进入到21世纪后，韩国的有关人士再次就安重根的遗骨寻踪工作提出疑议，韩国政府也多次向中国政府提出寻踪建议，在胡锦涛同志就任国家副主席出访韩国期间，针对韩方的提议，明确表示，请韩方提供准确资料，中方愿意给予配合。2005年春、夏季时，韩国以韩国学者崔书勉的一篇学术考证文章提出的安重根埋葬墓地的所谓经纬度交予中方。省外办责成市外办汇同旅顺日俄监狱旧址博物馆一起，请专业测绘人员做了科学测试，但不知是何种原因造成的，致使测绘地点与韩方提供的历史照片中的山脉环境存在很大的差异。

2006年6月7日至10日，朝韩双方共同组团，经我外交部批准来旅就崔书勉所提供的地点进行了实地考察。此次共考察有4处疑似地点，最后，他们依据历史上的一张照片，既1911年安重根殉难一周年的祭奠活动照片，确认为原监狱窑场偏北侧，也就是现驻军某部医院大墙外侧的一片空地上，是安重根的遗骸埋葬地。令人不解的是，朝韩双方在此次调查中完全抛开了经纬度的确认。中方的参与人员对于朝韩双方的认定提出了不同的意见，但并没有被朝韩方面所接受。

2008年春天，因该地段被挂牌出售给开发商，用于民居建设。韩方在获悉此消息后，立即于中国政府进行紧急交涉，提出要对此地段进行抢救性发掘的要求。后经中国政府的批准，韩国政府组成以国家报勋处李秉九局长为团长的16人发掘团于3月25日抵达旅顺，开始了对2006年朝韩双方确认的地点进行了大面积的寻访发掘工作。整个发掘工作到4月27日结束。但非常遗憾，这次发掘没有发现任何的墓葬遗迹和尸骨遗骸。所谓的收获就是发现了大量的原监狱职员生活的垃圾。韩方此次发掘的这一结果也印证了中方在2006年确认地点时的意见，即不论是从地形地貌、以及当时的历史民居环境、人们的民俗习惯等方面考察，该地点都不具备是安重根埋葬地的可能。因此这次发掘的失败也是中方所预料到的。在此次发掘后，韩国方面出版了一份《安重根义士遗骸发掘报告书》，对这次的发掘工作给予了全面的记述。但非常令人不解的是，报告的执笔者，将历史上的照片，采取现代迭压技术给予还原，仍固执的认定该处就是安重根遗骸的埋葬地。但事实告诉我们，在这一区域中，从来没有历史照片中所出现的建筑。因此，这种合成定位只能说是韩国学者的一厢情愿罢了。从韩方的发掘结论中，笔者认为，在科学研究上，我们必须抛弃一种感情色彩，必须严格遵守严谨、公正、科学的态度。否则我们只能陷入到人为制造的误区和泥潭之中，难以自拔。同时，在科学研究中的急功近利介于一种浮躁的学风，看来并不仅仅局限于我们国内，韩国学者在对安重根遗骸的寻访研究上表现的似乎更为强烈。

2008年度的遗骸寻访工作结束以后，韩方希望旅顺日俄监狱旧址博物馆能够继续加强对安重根埋葬地的寻访调查工作。博物馆领导据此回答到，寻访安重根不仅仅是韩国学者的希望，同时也是中国学者所期盼的，只要安重根的遗骸寻找工作没有得到最终的确认，我们就不会放弃调查工作。况且我们已经把调查寻访工作列入到自己的工作计划之中。

就在韩方紧锣密鼓地对监狱窑场上方小东山地段进行勘探发掘的同时，监狱旧址博物馆也组织了相关人员就安重根的埋葬地进行新一轮的寻访调查。在同年的5月间获得了突破性的收获。即在监狱旧址的西北方向小炮台山附近早年有一处朝鲜人的坟墓。在这一坟墓的前面也曾经有一处老的历史建筑。博物馆方面在调查中发现，该处的地貌环境以及当年的许多内容于崔书勉提供的照片环境有很多的相似之处。为确认此处是否就是埋葬安重根的位置，经过请示有关部门后，博物馆方面于2008年10月16日对此地进行了科学的勘探发掘。遗憾的是此次发掘也没有获得任何的遗骸线索。但是就在我们进行总结时发现此次发掘的地标位置于崔书勉所提供的位置几乎是完全一致。既我们所发掘的位置是：北纬38度49分49.3秒，东经121度15分17.6秒，海拔39米；崔书勉所提供数据是：北纬38度49分3秒，东经121度15分43秒。应当说，博物馆方面的此次调查是完全抛开了韩方的数据，只是依据历史照片独立进行的。但最终地标位置是如此的一致，这说明我们至少目前已经找到了日方照片的具体方位。这是一个非常了不起的突破。

6. 뤼순 감옥 공공묘지와 인근 일반인 묘지 발굴

　　다롄대학 한조연구원장이신 유병호 교수의 증언(2013년 9월 18일 다롄 개발구 산수식당)에 의하면, 이국성의 증언에 따라 실제 유병호 교수, 박용근 다롄 안중근연구회 회장이 뤼순 감옥 공공묘지 바로 위에 있는 산동 출신의 돌아가신 일반인 묘지를 발굴하였다. 묘비 아랫부분이 실제 드러나도록 모두 파헤쳐 보았다는 것이다. 안중근 의사의 유해를 찾을 수 없었다고 했다. 아직 구체적인 일시는 확인해야 할 사항으로 남아 있다.

　　뤼순 감옥 공공묘지는 1965년과 1971년에 두 번에 걸쳐 발굴된 경험이 있다. 1965년 뤼순구 선전부에서는 〈사회주의 교육전람〉 전시를 위하여, 뤼순 마영후에서 사정을 잘아는 황(黃)씨를 통해서 인지하고 발굴하였다. 당시 황씨는 60~70대였다. 황씨는 사회주의 교육전람 준비위원회와 함께 마영후의 산언덕에 가서 황무지를 손가락질하며 '여기는 바로 원래의 뤼순 감옥묘지이다'라고 하였다. 지면에서 보면 묘지도 없고 묘비도 없이 단지 한 황무지일 뿐, 작은 복숭아나무가 몇 그루 있었다. 황씨의 진술에 의하면, 해방 전 여기에 배열된 수많은 토분이 바로 무덤이었다고 하고, 해방 후 1948년 국민당이 뤼순지역을 봉쇄하여 생산증산 운동을 독려하여 마영후에 거주하는 주민들이 산에 올라가서 지면에 있는 토분을 평평하게 깎고 아래에 있는 유골통에 손대지 않고 고구마를 심었다고 한다.

1965년 초, 3월에 뤼순구위선전부 〈사회주의교육전람〉을 원래 감옥 묘지 시체통 몇 구를 파내 전람관에 진열하였다. 뤼순 감옥 묘지 중간부터 토지를 파내기 시작했다. 파낸 지 얼마 안 되는 시간에 사람 말굽을 발견했다고 한다. 그런데 자세히 확인해 보니 사람의 아래턱이었다. 지하 40센티미터까지 파자 썩어 버린 시체통의 꼭대기가 나왔다. 나무통은 이미 썩어서 통을 감싼 3개의 강철띠도 심하게 부식되었는데 전체 모습은 뚜렷했다. 사진을 찍은 후 시체 두 구를 구덩이에서 파내 전람관으로 옮겨가서 복원한 후 진열하게 되었다. 남은 유골통은 다시 매장했다. 그때 발굴현장에서 유골통 안에 커피색의 약병을 우연히 발견했다. 이 병의 코르크 마개는 초로 밀봉되어 있고 그 안에 먹물로 죽은 자의 이름을 쓴 종이가 들어 있었다. 이 병은 유일한 부장품이었는데 너무 오래되어 종이가 썩어 거의 빈 병처럼 보였다.

1971년 3월에 재발굴을 하였고, 1971년 7월 뤼순 감옥을 개관하기 위하여 발굴하였다. 12개의 유골통을 발굴하여 원래 감옥 15공장실에 옮기고 한 구의 유골을 현 사형장에 설치하였다.

제5장

뤼순 감옥 공공묘지에 관한 증언들

1. 뤼순 감옥 공공묘지인 둥산포, 마영후에 대한 증언들

　나는 뤼순에 살면서 일부러 시간을 내서 안중근 의사의 유해가 어디에 묻혀 있는지에 대해 직접 두 발로 뛰어다니며 많은 사람들을 만났고, 증언을 듣고, 문헌을 조사했다.

　마영후의 유래와 1945년 해방 시기 모습을 조사하며, 뤼순 거주자 위원춘 씨와의 인터뷰, 1971년 3월 뤼순 공공묘지 발굴 당시 참여한 사진사 갈낙동 씨와의 면담, 뤼순 감옥 공공묘지 거주자들의 증언, 뤼순 향토학자 이화자의 뤼순 감옥 공공묘지에 대한 견해를 들었다.

　내가 만난 사람들은 1971년 사진 촬영 당시 발굴된 유골 매장지와 매장 형태, 발굴 위치, 1945년 이전에 뤼순 감옥 묘지에 실제 매장 모습을 확인한 증언자, 안중근 의사의 유해 매장지를 뤼순 감옥 묘지의 특정지역으로 단정하고 있는 향토사학자, 현재 뤼순 감옥 공공묘지 앞에서 살았던 판광의(藩广义) 씨 등 많은 사람들이었다. 판광의 씨는 현재 뤼순의 상고(上沟)에 거주한다.

1945년 8월 22일 이후 뤼순 감옥 묘지 주변의 상황 등을 알고 있는 뤼순 감옥 공공묘지 주변 거주자와 뤼순 감옥의 수감자가 사망한 시점까지 내가 발로 뛴 흔적은 뤼순 감옥 공공묘지를 이해하는 아주 중요한 자료가 될 것이다.

(1) 갈락동 씨의 증언

갈락동(葛乐同) 씨는 1935년생으로 올해 80세이다. 갈락동 씨는 1971년 3월에 뤼순 감옥 공공묘지에서 유골통을 발굴할 때, 주상영 관장의 명을 받고 직접 사진을 찍은 촬영사이다. 서로 붙은 유골통 사진과, 유골의 무릎이 반쪽 어깨까지 나와 있는 유골통 안에 남색의 약병이 담겨 있는 사진을 찍었다. 나는 갈락동 씨를 세 번 만났다. 한 번은 우연히 길에서 인사를 나누었고, 2014년 5월에 한국 안중근기념관과 국가보훈처에서 뤼순 감옥 공공묘지를 방문조사차 왔을 때 배석하였다. 당시 갈락동 씨는 79세의 노구를 이끌고 뤼순 감옥 공공묘지에서 1971년에 사진을 찍었던 장소를 상세하게 증언하였다.

갈락동 씨는 뤼순 감옥 공공묘지의 중심 부분을 찍었다는 것이다. 그는 당시 내가 서 있는 지하에도 유골통이 있다고 확신하였다. 나는 더 구체적인 조사를 위하여 2014년 12월 21일 간단한 선물을 들고 갈락동 씨의 자택을 방문하였다. 미리 연락을 했더니 아파트 앞까지 나와 있었다. 그날 나는 갈락동 씨와 2시간 가량 환담을 나누었다. 그 자리에 갈락동 씨 부부와 나와 반무충 씨까지 넷이서 비교적 자유롭고 적극적인 분위기 속에서 대화를 나누었다. 갈락동 씨는 산동에서 1950년에 뤼순으로 왔다. 지금의 뤼순 신시가지라고 하는 태양고(太阳沟)에서 살았고 국영사진관에 근무하였다. 뤼대시 사진 시험에 6등으로 합격하여 3급 사진사로 입사하였고, 후에 2급 사진사가 되었다. 당

1971년 뤼순 감옥 공공묘지 발굴시 촬영한 사진사, 갈락동 씨

시 뤼순의 국영 사진관은 한 곳이었으나 1971년에는 현 뤼순의 시내에 위치한 장강로(長江路) 국영사진관에 근무하면서 동지관산 박물관과 영성자 민속박물관, 그리고 뤼순 감옥 박물관의 사진을 책임지고 있었다.

1971년 봄(3월)에 아침 10시경에 주상영 뤼순 감옥 박물관 준비위원장의 의뢰에 의하여 뤼순 감옥 공공묘지에 가서 사진을 찍었다. 가보니 이미 발굴은 끝났고 뤼순 감옥 공공묘지 현 비석 위에서부터 중앙 부분까지 소로길 밑으로 파헤쳐진 곳에 나무 유골통이 여러 개 이어져 있었다. 당시 주상영 관장은 참여하지 않았고, 이미 발굴에 참여한 사람도 보이지 않았다. 당시 발굴 목적은 뤼순 감옥에 유해를 전시할 계획이라고 들었다. 당시 뤼순 감옥 공공묘지에 비석은 없었고, 평평한 평지였다. 그후 뤼순 감옥의 사진도 찍었다. 1985년 국영 사진관을 퇴직한 이후 신시가지에 위치한 국영사진관 뒤에 있는 집에서 개인적으로 사진관을 운영하였다. 갈락동 씨는 현재 생존해 계신다.

(2) 우원춘(于元春)의 인터뷰 내용

아래의 인터뷰 내용은 2013년 5월 23일 우원춘의 식당에서 이루어진 내용이다. 참석자는 뤼순 감옥 직원 쉐즈강과 판모종이 참석하였다. 나는 그후에도 단독으로 우원춘을 여러 차례 만나서 뤼순 감옥 공공묘지 주변에 대한 증언을 청취하였다.

1970년 당시 우원춘(于元春, 현 뤼순구 시장가 거주)의 집은 마영후(马营后, 东山坡 모두 뤼순 공공묘지를 지칭함) 뒤에 있었다.

4, 5년 전에 우원춘의 수양 어머니는 고등법원(관동도독부 고등법원 지칭)에서 일을 했는데 안중근의 유해를 찾기 위해서 노력을 많이 했다. 戴씨와 판모중 씨(현 뤼순 감옥 진열부 전 주임) 등 안중근에 관한 일을 알고 있었다. 당시 백성들은 나무로 만든 묘비들을 불을 지피기 위해서 집으로 가져갔다. 우원춘은 1972년 학교를 졸업하고 뤼순에 남았다. 동사무소에서 우원춘에게 감옥 묘지에 복숭아나무를 심게 했다. 구덩이를 팔 때 나무통에 담긴 인골을 찾았다. 1미터 원형 구덩이에 3, 4개의 두개골을 찾았고 관은 보지 못했다.

감옥의 묘지와 계곡 하나를 사이에 두고 기독교 묘지인 원형 묘지가 있었다. 감옥의 범인들은 목욕을 한 후 항상 여기서 일광욕을 했다. 현재는 흔적이 없지만 원형의 묘지는 문이 있었다.

우원춘의 집에서 감옥 묘지까지 250미터 정도가 채 안 되었다. 우원춘은 판광의(藩广义) 씨가 아직 살아 있다면서 찾아보라고 말했다. 그는 옛날에 감옥에서 일을 했는데 다리가 불편한 장애인으로 뤼순의 상고(上沟)에 거주한다고 했다. (2013. 5. 23.)

(3) 뤼순 향토학자 이화자

이화자(李华家) 씨는 여러 차례 길에서도 만났고, 뤼순 감옥 왕진인 부관장 사무실에서도 인사를 나누었다. 또한 뤼순 감옥 공공묘지에서 직접 만나 설명도 들었다. 이화자 씨는 초등학교장으로 퇴직한 교육자로 뤼순 향토사(史志研究者)와 건축사에 조예가 깊고 열정적인 향토사학자다. 이화자 씨가 운영하는, 旅順老李头라는 블로그에 안중근 의사 유해의 매장지를 뤼순 감옥 공공묘지의 첫 번째 도랑 끝자락이라고 밝히고 있다. 아래 글은 이화자 씨의 글이다.

청명절 전, 또 뤼순 감옥묘지에 안중근 유골을 찾으러 갔는데 몇 차례의 대규모 수색이 있었으나 내가 보기에는 방향성이 잘못된 것 같다. 그들은 수확이 없었다. 나의 판단에 의거하건대 안중근의 유골은 바로 감옥묘지의 동북 앞부분(狱墓地的东北头)이다. 몇 사람은 내가 말한 곳을 보았다. 묘지가 수년간 훼손이 되었지만, 상면 부분은 훼손되지 않았다. 감옥묘지를 사용한 지 불과 3년 만에 안중근은 교살당했다. 기본적으로 매장지는 첫 번째 고랑이다. 나무로 만들어진 관에 단독으로 매장되었다. 바로 묘지의 가장자리(墓地的边上)이다.

清明节前，又来人到旅顺监狱墓地寻找安重根遗骨(2015-04-07 21:08:27)
　　前几次大规模搜寻，在我看来是方向性错误，根据是他们是一无所获。据我判断安的遗骨就在监狱墓地的东北头，这几个人看了我说的地方。虽然墓地近几年破坏严重，但是上面部分没有破坏，监狱墓地使用才3年，安就被绞杀了，基本上就是埋在第一趟沟里。即使是用棺木单独下葬，也就在墓地的边上。

(출처) 清明节前，又来人到旅顺监狱墓地寻找安重根遗骨
http://blog.sina.com.cn/s/blog_5015e65f0102vpwu.html

(4) 기타 증언

뤼순—일본 투항의 그 여름날

본 내용은 구성검신(古城劍神)이란 아이디로 문화영화 관련 부서에
근무하는 뤼순구청 공무원 조(赵)모 씨의 글을 인용 번역하였다.

1945년 뤼순의 여름 이야기라고 하면 이 제목은 좀 거창하다. 사실 대부분
의 내용은 본인이 마영후(马营后)에서 보던 것과 들었던 이야기들이다.

다음에 둘째 정숙 누나(淑贞二姐)와 김정 형님(金正兄) 그리고 다른 이야기
를 토대로 쓸 것이다.

마영후(马营后)는 지금의 뤼순중학교 북문에서부터 시작하여 북쪽으로 화
순가(和顺街)를 지나 개명가(开明街)라는 언덕을 올라가면 동서방향으로 일도
가(一道街), 이도가(二道街), 삼도가(三道街), 사도가(四道街)라는 길이 나온다.
사도가(四道街)와 가까운 북쪽 산(北山)은 중국인이 묻혀 있는 무덤이다. 뤼순
중학교와 북산(北山) 사이에 있는 지역은 지금 등평가도소(登峰街道所)에 속하
는 주택가다. 이 지역을 마영후(马营后)라고 부른다.

중국 건국 전후(1949년)에는 문영방(文英坊)이라 불렸다. 청나라 시기에 뤼
순에 수사영(水师营), 황영(黄营), 송영(宋营) 등의 병영이 많이 있었다. 당시
에 교동반도(胶东半岛)의 사투리 영향을 받아서 본인이 어렸을 때에는 马
(ma)营을 满(man)营으로 불렀다. 본인은 만주족 청나라 병영밖에 몰랐다.
1954년부터 1960년에 나는 뤼순 중학교에서 초등 교육과 중학교 교육을 받
았다. 나는 뤼순 중학교가 당시에 병영이었던 것을 처음 알게 되었다. 최고지
도자의 이름이 마옥곤(马玉昆)이기 때문에 뤼순 중학교를 마영(马营)으로 불
렀다. 본인이 중학생이었을 때에도 병영의 흔적이 남아 있었다. 학교 북쪽의
흙벽은 마영(马营)의 숙소 잔해였다. 지금은 숙소 잔해가 전부 강의실 건물로
바뀌었다. 뤼순 중학교 동문에서 북쪽 방향으로 향한 길거리는 등평가(登封

街)다.

서문에서 북쪽을 향한 길거리는 상양가(向阳街)다. 이 길을 따라 가면 원보방(元宝房)이 나온다. 원보방은 우리가 대옥(大獄)이라고 불렀던 뤼순일아감옥(旅順日俄監獄)이다. 마영후(马营后)는 바로 등평가(登封街)와 상양가(向阳街) 사이에 있는 지역이다. 우리 집은 개명가(开明街)와 삼도가(三道街)의 교차점에 있다. 우리 집부터 大獄(旅順日俄監獄)까지 계산하면 수백 미터밖에 안 된다.

뤼순에는 사람이 너무 적었다. 밤이 조용했고 어렸을 때에 인상적인 소리가 세 가지가 있었다. 첫째는 여름에 해군이 항로 준설을 하느라고 진흙을 파는 소리였다. 둘째는 매일 뱃고동 소리가 들렸다. 이는 기차가 곧 종착역인 뤼순에 도착한 것을 알려 주고 이제 밤이 9시이며 자야 한다는 것을 가르쳐준 것 같았다. 제일 무서운 소리가 바로 셋째였다. 대옥(大獄)에 있는 일본 식민 당국에게서 혹형을 당할 때마다 중국인은 소름이 돋을 정도로 큰 소리를 질렀다. 그래서 어렸을 때에 본인은 뤼순 대옥(大獄)에 대해 무섭다고 느꼈다. 게다가 높은 빨간 벽과 견고한 철창이 있었고 무서운 일본인이 총검을 들고 다녔다.

그 해 여름(1945년) 5월 상순에 소련 적군은 베를린을 점령했고 독일 파시스트는 항복했다. 일본 제국주의는 오래 전쟁을 벌였고 여러 곳을 침략했기 때문에 국력이 많이 떨어졌다. 그래도 전쟁을 끝내지 않고 계속 뤼순 사람들을 미칠 정도로 잔인하게 죽였다. 본인의 외할아버지(우리 형제자매가 외할아버지를 북산할아버지(北山爷爷)라고 불렀다)도 겨울에 돌아가셨다. 그 해 외할아버지를 사랑한 본인은 자주 북산 할아버지의 무덤에 찾아갔었다. 그때 총검을 들고 있던 일본인을 자주 봤었다. 일본 군인들은 중국인에게 북산(北山)에서 외할아버지의 무덤까지 몇십 미터나 되는 도랑에 목통을 넣으라고 명령을 했다. 목통 안에는 방금 감옥에서 교수형 집행을 당한 중국인의 시신이 들어 있었다.

목통을 북산(北山)까지 가지고 가서 시신을 도랑에 버리고 흙으로 감춰놓고 목통을 가지고 갔다. 본인이 아직 어려서 뭔지 몰랐지만 감옥에서 자원이 부족하기 때문에 시신과 같이 땅에 묻혀 있는 목통을 파서 계속 써야 한다는 것을 알게 되었다. 그 목통은 창관동(闯关东, 역자주: 산동지방의 동북지역 이주기를 다룬 드라마) 드라마 중에서 프락치를 묻는 목통처럼 크지 않았다. 매우 작았다. 본인은 지금까지 그 장면을 잊지 못한다. 그후에 ×××旅顺 지역을 봉쇄했다. 백성들은 먹을거리가 없어서 北山 황무지를 개간하여 농사를 지었다. 농사지은 식량이 매우 풍부하고 옥수수 이삭이 몇 개 자랐고 여러 가지 야채도 풍부하고 여러 가지 과일 나무도 과일이 주렁주렁했다. 토질이 비옥하기 때문이었다. 그 해 여름에 일본인은 노동자를 잡고 있었다. 그때(1929년) 16살밖에 안 된 우리 큰형도 노동자로 잡혔다. 원래 큰형은 이 재난을 피할 수 있었을 텐데. 이웃 산동(山东)에서 온 왕이 성씨인 어른은 작은삼촌(二舅)이라고 불렸다. 二舅는 우리 아버지에게 "형님, 일본인 밑에서 일을 좀 할까? 이러면 小春(큰형의 별칭이다)이 노동자를 하지 않아도 돼"라고 말했다. 그러나 무던한 우리 아버지가 "나는 그 일을 하지 못해"라고 거절했다. 우리 아버지의 무던한 성격 때문에 우리 집안에서 한한고퇴즈(汉奸狗腿子, 일본인을 도와주는 사람을 비하는 말이다)가 없었다. 만약 그렇게 된다면 우리의 결과는 상상하지도 못할 것이다. 큰형은 노동자로 잡혀서 고생을 많이 했지만 진심으로 아버지에게 감사했다.

작은누나(二姐)는 큰형이 잡혀 갔을 때에 일어난 상황을 회상하며 말했다. 그 날 우리 어머니는 다른 이웃이자 사도가(四道街)에서 사는 키가 큰 二舅(성이 왕이다)에게 "二舅 , 小春(큰형)이 어리기 때문에 많이 도와 줘라"라고 말했다. 같이 어려움을 겪어 왔고 잘 지냈던 친한 이웃 관계라서 큰형은 二舅에게서 도움을 많이 받았다. 물건을 움직일 때에는 二舅는 자주 무거운 쪽을 담당하고 가벼운 쪽을 큰형에게 맡겼다. 어느 날 두 사람이 가스 용기를 들고 있는데 가스가 폭발했다. 가스 용기를 든 二舅는 바로 "위험해, 빨리 뛰어라"라고 말했다. 큰 형은 바로 앞으로 고꾸라졌다. (나중에 시의 축구 골키퍼가 되었다.) 그런데 불쌍한 二舅는 폭사하고 말았다. 二舅의 시신을 二舅 집 문앞에다 두었다. 내가 二舅에게 뛰어갔을 때엔 폭사를 당한 二舅 모습은 끔찍했다. 二舅의 아버지(老王)의 슬픈 모습을 보고 나도 매우 슬펐다.

그 며칠 후에 일본 경찰이 우리 집에 찾아와서 도장을 찍었다. 우리 집은 길거리와 다른 길거리 교차점에 있기 때문에 벽 밖에서 도장을 찍는 곳이 있었다. 출근할 때에는 출석부에 도장을 찍는 것과 같았다[디엔거묘(点个卯): 출석을 하다라는 의미]. 그놈이 나에게 "저기야, 이리 와"라고 불렀다. 그때 나는 나한테 뭘 하는지 몰랐는데 다가갔더니 윗옷을 벗은 가슴에 금속 도장을 찍었다. 가슴에 찍을 때에는 그리 아프지 않았지만 도장을 다시 뗄 때에는 매우 아팠다. 가슴에 살가죽이 찢어졌다. 피가 금방 흘렀다. 어린애인 나는 아파서 막 울었다. 근데 일본 경찰은 웃었다. 나는 흉학한 얼굴을 평생 잊지 못한다. 아직까지 본인 가슴에는 그 흉터가 남아 있다.

그 해 여름 동맹군 비행기는 뤼순 상공을 선회하고 있었다. 공습을 받으면 귀에 거슬리는 소리가 바로 울렸다. 어른들은 지금의 화학병이 쓰는 고무로 만든 방독면을 가지고 있었는데 모양은 큰 코 모양처럼 생겼고 안에 독가스를 분리할 수 있는 기구를 사용했는데 신기하였다. 공습을 받으면 어른이 집에서 몇십 미터나 먼 동산파(东山坡)까지 가라고 하였다. 거기에는 방공호가 있었다. 스스로 만들어진 산굴도 있었다. 상황이 급하면 우리 집 뒷마당에 있는 겨울 야채를 보관하는 지하실에 가면 되었다. 지하실이라고 불리는 곳은 계단이 몇 개 있었고 우리는 자꾸 위아래로 뛰어다녔는데 재미있었다.

제일 재미있는 것은 따로 있었다. 집에서 멀지 않은 일본인 주택에 가서 일본인을 욕하는 것이었다.

1945년 본인에게 가장 인상적인 일은 8월 23일 마영후(马营后)에서 일어난 일이었다. 그때의 상황은 일본 천황은 8월 14일 투항칙서를 했지만 뤼순 감옥의 일본 식민 당국은 아직 투항하지 않고 8월 16일에 애국 지사를 많이 죽였다. 중국 공산당 항일 운동가인 해진파(潮海辰)는 국제법을 위반, 유봉천(刘

逢川), 하한정(何汉清)은 방화범으로 뤼순 감옥에 수감되어 사형당했다. 8월 22일 소련군의 선두 부대는 뤼순 공항에 도착했다. 23일과 24일에 소련 탱크 부대는 기차를 타고 뤼순에 들어왔다. 그쯤에 포성이 무르르고 울리고 총소리가 끊이지 않았다. 그후에 50년 동안 일본 식민 당국에 점령된 뤼순 인민들이 드디어 해방됐다. 이튿날, 뤼순 감옥에서 구금된 사람들이 속박에서 벗어났다. 감옥에서 벗어난 사람들이 사방으로 나가는 장면이 지금까지도 눈앞에 선하다. 마영후에서 뤼순 감옥까지 가까웠기 때문에 감옥에서 벗어난 사람들이 여기에 오게 되었다. 개명가(开明街)는 그렇게 길지 않지만 지금의 자유 시장과 비슷했다. 큰 가게는 없지만 중국인들의 일상 생활 필수품을 다 팔 정도로 가게가 많았다. 그 중에서 "복리화(福利和)"와 "동흥호(东兴号)"는 규모가 큰 가게였고 또 산동성(山东省)에서 온 사람들이 경영하는 가게도 많았다.

예를 들어, 馒头铺(만터우), 火烧铺(고기만두), 切面坊(면), 磨坊(방앗간), 磨剪子镪菜刀(가위와 부엌칼 만들기), 打烟囱(방을 따뜻하게 하는 것, 山东에서 온 사람들이 打烟筒라고 불렀다), 拉洋车(인력거), 剃头棚(미용실) 등이 있고, 河北에서 온 사람들이 경영하는 가게도 있었다.

예를 들어 烧鸡(통닭구이), 糖梨膏(배와 설탕으로 만든 즙), 焖子(북방의 먹을 거리), 杂货店(잡화점), 说书场(얘기를 듣는 곳), 杠子铺(장의사) 등 백성 생활과 관련된 가게가 있었다. 평일에 정기 사장의 거래도 있어서 번화하다고 할 수 없지만 사람들이 많았다.

그날 아침에 일찍 얼어났더니 길거리에서 사람들이 꽉 차 있었다. 마치 길거리에서 물건을 파는 자유 시장인 것 같았다. 장을 보는 사람도 있었고 말을 타는 소련군도 있었다. 그때 본인은 잘 몰라서 소련군을 老俄로 불렀다(뤼순 사투리로 말하면 "老窝wo"나 "老毛子"나 "大鼻子"라고 불렀다). 또한 소련군에게서 해방되었고 일본인은 전쟁에서 패배하여 고국으로 돌아갔다. 小鼻子(小日本이나 小鬼子)는 망했다.

그날에 마영후 근처 길거리에서 만난, 감옥에서 벗어난 사람들은 굶었기 때문인지 말라서 뼈밖에 없고 해골 같았다. 다들 붉은 돌과 같은 색깔의 반팔 상의를 입었고 하반신도 돌과 같은 색깔 반바지를 입었다. 그 사람들의 안색은 노랗고 말랐다. 어떤 사람은 거의 걸을 수 없었고 원보방(元宝房)부터 개명가(开明街)까지 기어서 왔다. 또한 말라서 해골 같았다. 착한 이웃들이 그들에게 물과 밥 그리고 돈까지 줬다. 덕분에 그들은 죽음에서 살아왔다. 소련군은 큰 말을 타고 길거리에 다니고 있었다. 쇼핑하는 소련군도 있었다. 그들은 말이 안 통해서 손짓으로 설명하는 장면은 정말 우스웠다. 뤼순구(旅顺口)는 혼란했기 때문에 겁이 없는 중국인들은 양태(粮台: 식량 보관 창고)라고 불린 일본군용 창고에서 여러 가지 물건을 집까지 가져갔다. 뤼순우전국(旅顺邮电局: 뤼순 우편국) 안에 있는 소포와 편지는 곳곳에 산재해 있었다. 초기에 소련군은 군기가 안 좋아서 자꾸 군기를 문란케 했다. 중국인 여자에게 성폭행까지 했다. 소련에서 복무하는 유라루(刘亚楼)의 의견을 통해서 군기를 바로잡았다. 그리고 나서 소련 군기가 좋아져서 군기를 위반하는 사람을 찾기 위해서 순찰대를 보냈다. 발견하면 영향에 갇혀야 했다. 그래서 초기에 소련군에 대한 태도가 냉랭했다. 일본인에 대해서는 뼈에 사무치도록 증오했다. 그리고 일본인을 도와준 사람들에게는 타격을 줬다. 양고바(洋镐把: 곡괭이의 손잡이) 와 비슷하고 큰 몽둥이로 쫓아가서 때리기까지 했다. 그들은(狗腿子, 二狗子) 초상집 개처럼 막 도망쳤다. 그 중에 이름이 소유삼(小刘三)인 사람은 큰 죄를 졌기 때문에 죽이지 않으면 안 된다고 했다. 이듬해 北山 위에서 팔로군(八路军)은 小刘三을 총살했다. 小刘三을 총살한 그 날에 뤼순가두(旅顺街头: 뤼순거리)에서 명절을 맞이하는 것 같이 다들 현장으로 어떻게 가는 걸 봤다. 항일 이후에 인민 정부가 첫 번째 진압한 반혁명 분자였다. 이는 중국이 설립된 50년대 초에 비하여 더 빨리 반혁명을 진압한 것이었다. 9월 초에 곽상(郭状)과 다른 이들은 산동(山东)에서 14명 무장 장병들을 이끌고 장산열도(长山列岛)를 통하여 뤼순에 왔다. 郭状의 이야기는 더 재미있었다. 이 이야기는 金正 兄이 말한 것이다. 그러나 그 해 9월 하순에 뤼순중학교에서(당시에 旅順公学堂이라고 불렸다) 뤼순 인민 창전 승리 대회가 열렸다. 다들 참석했다. 그때 5살밖에 안 되었다. 큰누나는 나를 업어서 뤼순중학(旅順中学) 남문으로 들어갔다. 모인 사람이 대단히 많았다. 많은 표어와 수기를 주었다. 그 해 여름을 잊지 못한다.

旅順—日本投降的那年夏天 (古城剣神 2011-11-25 22:10)
http://lswjmjzq.wap.blog.163.com/w2/blogDetail.do?blogId=fks_08706708008508707
1084083084067072087080071093086080074083084&p=5&hostID=lswjmjzq

2. 뤼순 감옥 근무자·수감자의 증언들

2003년에 뤼순감옥구지박물관에서 발간한 『뤼순일아감옥실록(旅順日俄監獄実録)』에 기초하여 증언 내용들을 기술하였다. 뤼순감옥구지박물관에서는 1971년 7월 개관을 시작으로 총 10차에 걸친 뤼순 감옥에 수감된 중국인, 근무한 중국인, 뤼순 감옥 주변 거주자, 1945년 8월 22일 이후 뤼순 감옥을 소련에 접수할 당시 참여한 중국인 등의 증언을 기록했다. 기록 방법은 직접 불러서 조사하기도 하고 방문조사도 하였다. 이 과정에서 개별적인 개인 면담도 있었고, 여러 명의 집단 면접도 있었다. 한 번의 조사도 있었지만, 한 사람을 두 번에 걸쳐 조사도 하였다. 이 시기는 중국의 문화대혁명 시기로서 증언자들이 극도로 조심스러운 발언으로 증언을 100% 신뢰하는 데는 다소 무리가 있다.

뤼순 감옥에서 1965년부터 1980년대 말까지 실제 수감자와 중국인 근무자를 총 10차에 걸쳐 조사를 했다. 왕환은(王杨恩)은 1968년 1월 8일과 1968년 4월 2일 두 번에 걸쳐, 우개심은 1968년 4월 5일에 조사를 했다. 또 뤼순 감옥에 실제 수감되었던 수인 4인의 증언도 있었다. 당시 뤼순 감옥에 수감되었던 수감 인원은 2,000명으로 그 중 중국인이 1,000여 명, 조선인이 600~700여 명, 일본인 200~300명이라는 증언이 나왔다. 그들은 증언에서 일본이 투항을 선포한 후에도 옥중에서 죄인들을 교수형에 처하기도 하였고, 일본 간수들이 감옥 외벽에서 자료나 장부 등을 태우는 것을 구체적으로 보지는 못했지만, 연기가 피어 오른 것을 보았다고 증언하였다.

또한 1945년 8월 15일 후, 열흘 정도 지난 어느 날, 조선인 간수가 형사범 27명을 같이 석방시켰다고 했다. 또한 뤼순 감옥 주변의 지청(知情, 지식청년인) 한풍영, 우덕상, 습가훈, 유경순 등을 조사하였다. 1969년 2월 14일 수감자들을 2차로 조사했고, 1971년 3월 6일부터 26일까지 자료를 수집하고 3월 24일과 25일에 원보방(元宝房, 뤼순 감옥 주변) 주변 거주자의 조사가 이루어졌다.

총 12명의 거주자 중 이경홍(감옥 뒷산에서 시체를 파냄), 양직학(검찰원협조와 뤼순 감옥조사), 유세옥(뤼순 감옥으로부터 외부로 목통을 들고 가는 것을 봄), 이충인(감옥 벽돌공장에서 유골 파내는 것을 봄), 왕수춘(마영후 거주자로서 감옥묘지에서 시체 매장을 봄) 등 조사를 하였다.

그후 1971년 7월 7일 뤼순 감옥을 뤼순 제국주의 교육전람관으로 바꾸고 주상영 관장을 초대관장으로 해서 개관하였다. 그후 본격적인 증언 조사가 이루어졌다.

4차 조사는 1974년 2월 25일에 원보방 거주 지청에 대하여 주상영 관장과 왕진인과 대련 텔레비전과 《뤼다일보》(1971년 3월 14일 제 1판 보도됨) 기자가 참석하여, 왕흠정, 장충화, 왕덕재, 습가훈, 포성량 등을 좌담회 형식으로 조사하였다. 왕덕재에 의하면 매일 오전 9시부터 10시, 오후 3시부터 5시경 두 번에 걸쳐 감옥에서 4~5개의 나무로 된 유골통을 메고 나오며, 유골통에는 사형자가 있었고, 마영후의 작은 산언덕에 매장하였다. 습가훈에 의하면, 해방 전 감옥 동쪽의 마영후에 거주하였는데, 마영후의 황산언덕이 당시 감옥에서 죽은 사람을 매장하는 지역이었으며, 일본인 간수가 총을 들고 범인들이 4~5개의 고랑을 파서 시체가 든 목통을 매장하는 것을 감시했다. 목통은 하나씩 하나씩 붙여서 묻었고, 수 년이 지나 시체가 부패하면, 목통에서 시신의 뼈를 캐내서 버리고 다시 사람을 묻었다. 당시 "나는 하루에 2차례, 어느 때는 4차례에 걸쳐, 또 4개의 목통을 이어서 들고 가는 것을 보았다"고 증언하였다.

이러한 내용은 순환매장을 보여주는 아주 중요한 증언이다. 이 내용에 의거하여 주상영 관장의 주장으로 1986년에 북한이 뤼순에서 조사를 포기하고 간 내용이며 현재 뤼순 감옥의 가이드도 여전히 이를 설명하고 있다.

그러나 순환매장의 근거는 1907년의 관동도독부 감옥법에 근거하면 무연고자의 유해는 3년이 지나면 유골을 합장하고 표지석을 기록하는 것을 원칙으로 한다. 일본의 감옥사에도 합장을 한 일본의 매장방식이 소개된다. 그러나 뤼순 감옥 공공묘지 주변에는 어디도 수백 명 아니 수십 명의 순환매장에 관한 유골더미가 발견된 적이 없다. 또한 만약 안중근 의사의 유해가 뤼순 감옥 공공묘지 어딘가에 매장되어 있었다면, 이를 알고 있는 뤼순 감옥에서는 쉽게 유골을 꺼내어 합장이나 화장을 하지는 않았을 것이다.

1971년 3월에 뤼순 감옥 공공묘지에서 일부 발굴한 유골이 현재 십여 구가 뤼순 감옥에 전시 진열되어 있다. 그 유골들의 뼈를 조사하면 매장연대를 추측하여 순환매장인지, 대략 어느 시기에 매장되었는지 알 수 있을 것이다. 5차 조사부터는 1976년, 1977년, 1978년에 본격적으로 이루어졌고, 그후 1985년 6월 11일에는 1945년 9월 18일 당시에 뤼순 감옥을 인수받으러 갔던 임홍도에 대한 조사가 이루어졌다. 여기에서 임홍도는 안중근 의사의 감방을 회고했다. 그후 1991년, 1992년에 조사, 1993년 2월 18일에 주상영 관장과 판모종 직원을 중심으로 소덕로(현 생존, 뤼순 거주)를 대규모로 조사했고, 2001년 11월 28일까지 조사를 끝으로 뤼순 감옥의 증언자 조사가 마무리되었다.

그 중 뤼순 감옥에 가장 오래 근무했던 마본원과 뤼순 감옥 공공묘지나 매장 과정을 목격했거나 또는 매장에 관한 정보를 들은 증언자들, 그리고 뤼순 감옥 인수인계를 받았던 임홍도를 중심으로 기술하였다. 대부분의 내용은 증언자의 원문에 충실하고, 생동감을 주기 위하여, 원문을 그대로 인용하였다. 내용에는 안중근 의사 관련 유해나 매장 방식, 뤼순 감옥공공묘지는 물론이거니와 당시의 뤼순 감옥의 상황을 알 수 있는 내용이 수록되어 있다. 아주 소중한 자료이거니와 이들 중 대부분 사망하였지만 후손을 추적 조사할 가치가 충분히 있는 자료들이다.

1) 뤼순 감옥에 근무한 중국 직원의 증언 내용

(1) 마본원의 진술 내용

마본원(马本源, 산동성 출신)은 1924년 7월부터 1945년 8월까지 뤼순 감옥에서 사무원 신분으로 일했다. 20년 동안 일본 식민 통치자를 감옥에서 종종 봤다. 해방 이후 그는 뤼순 원보방에서 살았고 질병으로 죽었다. 아래 내용은 뤼순구구 사무실(일본식민통치시기 뤼순형무소) 자료의 제1권의 부분이다. 대화 시간은 1968년이다.

① 감옥 역사 배경

뤼순 감옥의 원래 이름은 〈관동도독부 감옥서〉이고 1924년 제가 근무한 시작 시기는 〈관동청감옥〉으로 불렀다. 1931년 〈9·18사변〉과 위만주국 성립 이후 〈뤼순형무소〉로 정했다.[1]

---

1 정확하게 말하면 1939년 이후 〈뤼순형무소〉로 바뀌었다.

푸른색 기와방과 지붕이 철판으로 된 방은 러시아에서 만들거나 수리한 것이고, 기타 감옥방, 공장, 창고, 주방 등 홍색 기와로 수리 건축된 곳은 일본에서 건립하였다. 만주국 성립(1932년 3월) 이후, 대련영전감옥은 형무지소(관리당한 범인은 미 판결이다)로 불린다.

② 조직기구와 인원

서무과: 사무, 직원과 감수의 신분 당안, 범인 당안, 문서와 범인 수량 통계를 관리한다.

작업과: 범인 노동생산 지배를 관리하고 범인 수와 작업 인수를 책임진다.

회계과: 직원 월급을 관리하고 범인 돈과 옷을 보관하고 옥에서 사용하는 물품과 범인 식량과 기타 생활용품을 구매한다.

용도과: 감옥 식량 공급과 물품 운송을 담당한다.

계호과: 범인을 관리하고 모든 활동 기율을 책임지고 범인 서한을 수발한다. 감옥 규칙을 위반하면 감수장이나 부장 허락 받으면 범인이 수갑과 형벌을 받거나 식사징벌을 받는다. 감옥 규칙을 위반하면 감방에 갇힌다.

교무과: 범인을 교육시키고 일요일에 불경을 선전하고 범인 가정을 조사하고 범인 책들을 보관한다.

의무과: 범인 신체를 검사하고 질병이 심한 사람은 병방에 입원시키고 경상자에게 약을 준다.

제가 뤼순 감옥에서 일할 때의 일본 사람을 기억한다. 소장: 삼고진길, 영전정지조. 감수: 위택, 전천내양무, 장고천, 하전등. 간수장: 풍도신, 위무의지, 길전. 의사: 일고정일. 교육사: 조천용구.

그리고 또 다른 일고여덟 명 감수의 이름은 기억을 못한다.

③ 감옥 검신실 제도

아침에 일어나서 각각 공장 감수의 지도로 검신실에 들어가서 감옥 옷을 벗어 전체를 검사한 이후에 작업복으로 갈아입고 공장으로 간다. 오후에 감방에 들어오고 똑같은 검사를 받고 감방으로 간다. 자기 전에 생각해야 한다.

④ 형기

다롄 관동지방법원에서 형벌을 받는 경우 6개월 이상이면 대련령전지소에 가두고, 6개월 이상이면 뤼순 감옥에 가둔다. 형기는 최고 20년이며 무기징역이다. 장기간 개조 이후 노동 잘한 범인이 표창을 받고, 녹색 감옥옷을 입고, 20살 이하의 청소년과 20살 이상의 성인들이 다른 공장에서 일한다.

⑤ 감옥 탈옥 도주

1940년 전후 공장에서 일하는 범인이 탈옥하고 도망갔다. 오후 점심을 먹었을 때 다른 범인들이 간 다음에 창문으로 도망쳤다. 다른 범인들이 감방에 돌아갔을 때, 인수를 검사할 때, 한 명이 빠진 것을 발견했다. 감수는 금방 나가 수사했는데 찾지 못했다. 다음 날에 회계장과 같이 송수 마을에 수사하러 가 봤다.

또 한 번, 감옥 제5이불 공장에서 일본 군인 범인이 간수를 찌르고 후문으로 도망갔다. 과수원으로 도망가는데 일본 경찰에게 잡혀 와 형벌을 더 받았다.

⑥ 교수형

어느 해, 다롄항구 화재 사건으로 어떤 범인들을 잡고 다롄 관동지방법원에서 화재죄로 사형을 주었다. 뤼순 감옥에서 사형을 집행할 때, 제가 현장에서 직접 봤고 그때 법원 검사관 한 명이 있었다. 서기 한 명과 감옥 총장과 감수장의 수행으로 형장에 도착했다. 감수는 범인을 감옥장 앞에 데리고 갔고, 감옥장은 물어보고 일본 사람이 통역을 했다. 먼저 이름, 주소와 현주소를 물어보고 법원에서 사형을 집행할 때 할 말이 있으면 말해도 되고 모두 몇 명이 있느냐고도 물었다. 사형을 당한 사람이 말을 전해서 아는 사람이 많다고 말했다. 마지막으로 큰 소리를 내면서 바로 죽었다. 이틀 동안 아홉 명이 사형을 받았다. (신체는 뤼순 병원으로 보내고 실험을 했다.)

⑦ 구금 인수

1924년 제가 뤼순 감옥에 처음에 갔을 때 중요한 범인들이 모두 300명이었다. 1931년 〈9·18사변〉과 위만주국 성립 이후, 중국에 사는 일본 사람과 일본 군인은 죄를 지으면 뤼순 감옥에 가둔다. 위만주국이 집행권이 없어서 가둔 범죄자가 매년 증가하며 1937년 〈7·7사변〉 이후, 옥에 가둔 사람이 1000명 이상이었다. 1945년 〈8·15해방〉 이후, 뤼순 감옥에서 2000명을 가뒀다. 중국 사람은 1000명이 있고, 조선 사람 300명이 있고, 일본 사람 700명이 있었다. 판결 못 한 사람은 30여 명이 있었고, 이상이 옥에 가둔 사람의 상황이다.

기록시간: 1968
적록시간: 1971년 3월 23일

(2) 양혜원의 진술 내용

양혜원(杨惠媛), 원명은 양영효이었고, 요녕성 다롄 뤼순 사람이다. 1945년 2월부터 8월 15일까지 역순 감옥 서무의 심부름꾼이었다. 해방된 다음 대련 시 중산군에 살았다. 이 자료는 뤼순 감옥 구지 진열 준비팀 조사 기록에 의하여 정리된 것이다.

내가 남의 소개로 뤼순 감옥 서무에서 심부름꾼이 되었다. 주로 테이블을 닦는 일과 같은 잡일을 했다. 내가 아는 바가 아래와 같다.
'범인'을 호송할 때 특제한 밀짚모자를 써야 되고, 심사를 받으러 떠나 법원에 갈 때도, 그 모자를 써야 된다. '범인'이 감옥에서 죽으면 다른 두 사람의 '범인'이 나무통의 시체를 감옥 무덤에 들고 가서 묻었다. '범인'이 하나의 쇠사슬에 묶이고 나무통은 백포로 덮었다. 다른 심부름꾼이 여기에 老虎凳도 있다고 했다. '범인'에게 차가운 물을 부어 놓기도 한다. 차가운 물을 '범인'의 입 안에 부어놓았다. '범인'이 입을 안 열면 수도꼭지로 코 안에 물을 부어 놓았다. 이렇게 하면 숨이 막혀서 입을 열 수 밖에 없었다. 물이 뱃속에 들어가고 간수는 발로 배를 밟았다. 내가 일본 간수들이 칼이나 채찍으로 '범인'을 때리는 것을 봤다. 광복되기 전 수감된 '범인' 중에 성이 '부'라는 사람이 있었다. 팔로군이자 당의 지하 인원이기 때문에 12년 동안 징역을 선고했다.

(3) 양적청(楊积清)의 진술 내용

계호사에 들어오자 바로 한 전화대가 있었다. 문 오른쪽 앞에는 수부장의 사무용 책상이었다. 오른쪽 뒤에 큰 상자가 있었는데, 상자는 문이 두 개 있고, 밑에 서랍이 둘이 있었다. 안에 서스펜더 몇 줄이 있고 각 방의 열쇠를 걸고 있었다. 밑에 수갑, 장총, 권총도 있었다. 문의 왼쪽에 심부름꾼이 앉는 의자가 있고, 벽에 간수의 이름이 쓰인 칠판이 있었다.

(4) 장진금(蔣振金)의 진술 내용

교수형장은 밧줄 3개가 대들보에 걸려 있다. 바닥에 회전판(翻板)이 있었다. 심문한 다음 교수형을 받았다. 교수형을 받은 사람은 회전판을 통하여 떨어져 바닥에 닿지 않았다. 심문대 앞의 바닥을 열면 심문인이 교수형을 받고 죽은 사람을 볼 수 있다. 그리고 밖에서 일본 간수 1명, 중국 야딩(押丁) 1명이 밧줄로 죽은 사람을 흔들리지 않도록 걸고, 의사가 사망을 확인한 다음, 스님이 독경하여 야딩은 시체를 나무통 안에 넣었다.

(5) 오방래(吳邦来)의 진술 내용

교수형장의 문에 유리 두 개가 있었고, 어두웠다. 창문도 유리였고 커튼이 백색이었다. 창틀이 백회색이었다. 사형대(台子)는 지금의 모양이고 어두웠다. 벽은 백색이다. 옆에 시체보관실(停囚室)은 이런 모양이었다. 문이 감옥의 문과 비슷하고 다만 크기는 감옥보다 못했다. 교수형장의 문이 지금처럼 4개가 있었다. 문의 색깔이 백색이다. 사형을 집행할 때 간수가 수갑(手閘)을 끌고 회전판(翻板)도 떨어지고 줄로 회전판을 위로 끌었다. 밧줄은 줄의 색깔과 같은 색깔의 가죽으로 덮었다.

사형을 집형할 때 간수 두 명이 '범인'을 회전판에 데리고 와서 하나는 밧줄을 씌우었다. 집행을 할 때 앞의 문을 닫고 일본 사람은 보지 않았다. '범인'이 죽은 다음, 일본 사람들이 계단으로 아래를 봤다.

2) 뤼순 감옥 실제 수감자의 증언

(1) 양보해의 증언 내용

양보해(楊輔海)는 요녕성 다롄 사람이고, 다롄 원동군비밀정보 조직원이다. 이 조직은 1940년에 설립되고 소련의 지하조직이었다. 주임무는 일본의 다롄(大連)에서의 군사정보와 경제정보를 수집하는 것이다. 1942년 9월에 일본 헌병대에게 잡혀서 관동지방법원(關東地方法院)에서 '정치법'으로 징역 7년을 받았다. 1943년에 뤼순 감옥(旅順監獄)에 갇혔다가 1945년 8월 23일에 출옥하였다. 중국 해방 이후 다롄간징즈 잉청즈현(大連甘井子區營城子鎭)에서 살았다.

나는 1942년에 체포되었고, 조수주육군감옥(周水子陸軍監獄)에서 2달 동안 구속되었다가 일본 다롄 헌병 본부로 전이하였는데, 다시 다롄지방법원(大連地方法院)으로 옮겼다. 1943년에 징역 7년을 받아 뤼순 감옥(旅順監獄)으로 호송하였다. 1년 후에 바로 광복이 되었다.

① 체포 상황

나는 형이(注 : 范垂增) 하나 있는데 그 당시 정보에 관한 일(소련 사람이 주관하에)을 하고 있었다. 형이 다롄샤자허즈(大連夏家河子)에서 살고 있던 책임자인 두 외국인에게(하나는 이집트인, 하나는 유태인) 사업을 보고하였다고 들었다. 보고 내용은 일본의 철도, 화물 운송, 배치 전환에 관한 것이고, 신문에 실린 명칭은 '원동정보원'이었다. 형이 1944년에 뤼순 감옥에서 사형을 당하였다. 그때 사형을 받은 사람이 9명이었는데, 사형에 임하기 전에 2명이 병으로 죽었다. 그들은 뤼순 감옥에서 100여 일을 구속하였다(大連嶺前監獄에서 2년을 구금한 후 판결하였다). 우리는 방화단이 파괴된 후에 잡히게 되었는데 우리는 방화단과 아무 관계없는 조직이었다.

그때 우리는 체포된 사람이 총 12명이고 그 중에는 외국인 2명(이집트인 1명, 유태인 1명, 그 중 하나는 뤼순 감옥에 도착하기 전에 죽었다)이고 나의 동서 왕국인(王國仁)이 사형을 선고받고 나서 절식으로 죽었으며(감옥의 잡역부에서 들었다) 나와 샤자허즈(夏家河子)의 주명소(周明簫, 이미 돌아갔다)만 풀어줄 때까지 살아 있었다. 나는 1945년 8월 23일 해가 지는 무렵에 석방되었다.

그 당시 심문 조서를 아마 찾을 수 없을 것이다. 1956년 8월에 뤼다시 인민법원(旅大市人民法院)이 왕지성(王志成, 大連日本憲兵隊翻譯, 우리를 심문할 때 번역을 담당한 사람)에 대한 판결을 게시하는 공고문에서 '애국지사 판수증(范垂增)를 고문하고 나서 법원으로 전이함'이라는 내용을 본 적이 있었는데, 王志成에 관한 심문 조서(구두 자백)는 법원에서 갖고 있다고 생각한다.

② 옥중 상황

그때 나는 제11공장(注 : 제13공장)인 인쇄공장에서 공책을 생산하는 일을 하였다. 당시 제11공장 벽 맞은편에 안투(案托: 서류 보관 장소)에다 공책 몇 권을 두었다(나갈 때 기념으로 하려고 했는데 안 갖고 나갔다). 방화단의 이택민(李澤民, 정치범)도 제11공장에서 일을 했고, 지금 다롄시강구 공안국(大連西崗區公安分局) 근처에서 살고 있다.

우리는 평소에 붉은 옷을 입었는데, 가족들과 면회를 할 때는 파란 옷으로 갈아입었다. 일반적으로 5년, 7년의 징역을 받은 사람은 파란 옷을 갈아입는 경우가 없고 형기가 길거나 무기수, 잘하는 죄수에게만 파란 옷을 입혀주었다. 무기수들이 붉은 옷을 입는 경우도 있었다.

범인의 번호에도 차이가 있었다. 끝자리 수는 '0'이면 무기이고 '5'는 정치범이라는 뜻이었다. 당시 감옥에 수감한 일본 '범인'들 중에는 간수의 총을 빼앗아 도망가는 일도 있었다.

③ 사형 상황

처음에는 죽은 사람을 작은 나무통에 넣지만, 나중에 좀 큰 나무통에 넣고, 위에 칠(관의 색깔과 똑같음)을 하였다. 나무통 바닥이 고정되어 있지 않아서 바닥을 치우면 시체가 떨어지고 나무통은 계속해서 사용할 수 있었다. 1945년 8월 16일에도 6명에게 사형을 시켰다.

조사시간: 1971년 3월 22일

(2) 왕영정의 증언 내용

왕영정(王永靖)은 요녕성 푸란디엔(普兰店)의 사람이다. 1928년에는 일본식민당국이 그를 강도범으로 다롄링전감옥에서 구류했다. 그리고 무기징역에 처한 후에 뤼순 감옥에 가두었다. 1945년 8월 말에 그를 감옥에서 석방했다. 해방 후에 다롄 사하코취 퀘잉지에(沙河口葵英街)에 살고 위즈연(貔子窩) 공장에 취직했다.

① 체포 원인

1928년에 위즈연(貔子窩)의 한 집을 빼앗았기 때문에 일본 경찰은 이 사건과 관계가 있는 피의자들을 다 잡아들였는데 심문할 때 냉수를 마시게 하고 가죽채찍질을 하고 막대기를 사용한 가혹한 형벌을 강요당했으므로 죄를 인정했다. 나는 바로 그 중에 한 명이었다. 그때 나는 28살이고 이 사건을 전혀 알지 못하지만 피의자로 여겨서 잡혔다가 아문에 보내졌다. 나는 이런 가혹한 형벌을 견딜 수 없으므로 나 자신의 마음을 배신하고 죄를 인정했다. 왜냐하면 당시에 죄를 인정하지 않았으면 죽을 수 있었기 때문이다. 위즈연에서 일주일을 지내다가 대련관동지방법원에 보내진 후에 그곳에서 9개월을 더 지냈다. 그동안 심문이 몇 번 있었는데 지난번 법관은 우리에게(당시에 잡힌 사람이 4명이었다) 이 사건에 관한 내용을 물어 봤는데 왜 다른 집을 빼앗았느냐고 했다.

우리들은 이 사건을 잘 알지 못했고 다른 집을 빼앗지 않았으며, 이 사건을 잘 알지 못했기 때문에 몰랐다고 대답했다. 그래서 법관은 이 원인을 조사하기 위해서 특별히 위즈연에 갔는데 도중에 어떤 사람이 그를 때려 죽였다. 재난이 갑자기 닥쳐 왔다. 며칠 후에 다시 심문했을 때 법관은 우리들을 내외결탁이라고 하며 우리들을 무기징역에 처했다. 우리들이 이 판결에 불복하자 우리들은 뤼순 고급 법원으로 또 보내졌다. 뤼순 감옥에 있었을 때 어떤 사람이 일본대정(大正)천황이 죽고 쇼와(昭和) 후임이 왔는데 대사를 실시하였고 우리의 죄를 덜어주겠다고 했다. 나는 무기징역에 처해졌기 때문에 그 사람의 말을 믿고 다시 인정했는데, 다시 심문할 때, 빼앗은 집의 어떤 사람이 법원에 찾아와서 직접 범인을 식별했는데, 우리 중에 범인이 없다고 했다. 이 사실 앞에 법관은 전 판결을 바꿀 수밖에 없어서 다른 사람들을 모두 석방했다. 그렇지만 법관은 "죄를 인정하면 죽는 것과 다름없고 죽었다가 다시 살아

나면 안 된다"는 논리에 따라 1929년에 나를 무기징역이라는 이름으로 뤼순 감옥에 수감했다.

② 감옥의 상황

감옥에 나를 가두었는데 1500호이고 3층에 가두었고, 빨간 색의 옷을 입고 콩밥을 먹으며 징역살이로 목공일을 시켰다.

매일 아침과 저녁에 깃대를 건너갈 때 신체를 검사하고 일본 간수의 눈에 거슬리면 심하게 맞았는데, 심지어 어떤 사람을 무참하게 때려죽였다. 나는 감옥에 잡힌 지 18년이 되었고, 일본 간수가 살아 있는 사람을 때려죽이는 것을 직접 내 눈으로 본 것이 몇 번인지 몰랐다.

감옥에서 일본 죄인은 쌀, 좁쌀을 먹었지만, 중국 사람들은 곰팡이가 쓴 수수쌀과 썩은 야채를 먹고 소금물을 마셨다. 그래서 많은 사람들이 부종이 걸렸는데 매일 사람들이 서너 명씩 죽었다. 그리고 1943년에 죽은 사람들이 특별히 많이 있었다. 그때 나는 시체통을 만들었다. 처음에 일본 사람은 죽은 사람을 한 명에게 한 통씩을 들고 가게 했다. 나중에 죽은 사람이 특별히 많았기 때문에 나무통의 공급이 미치지 못했다. 일본 사람들이 나무통의 구조를 개량했는데, 묘지에 도착해서 통 밑의 판을 뽑아내면, 시체가 통에서 떨어져 구멍으로 들어갔다. 이 일을 다 끝낸 후에 통을 가지고 돌아와서 계속 사용할 수 있었다. 감옥의 동북쪽에 사형장이 있는데, 사형장에 스님이 독경하고 기도한 후에 사람을 죽였다. 감옥에서 일본 사람들이 항상 죄인을 불러다가 회의를 열었다. 위층 절(교회실 의미)에서 소장은 이제 우리가 전쟁 하에 있는데, 서구에는 독일이 있고, 동양에 우리 일본이 있기 때문에, 우리는 어떠한 나라도 꼭 이길 수 있다고 했다.

③ 탈옥의 상황

뤼순 감옥에서 탈옥 상황이 몇 번이 있었다. 탈옥의 상황은 바로 아래와 같다.

1929년에 사람들이 대여섯 명이 탈옥했지만 도망가는 도중에 일본 간수에게 잡혀 일본 간수가 때려죽였다. 탈옥에 성공하지 못한 사람들은 죄를 거듭지었다. 어떤 형과 아우가 탈옥 때문에 형은 맞아 죽고 남동생은 도망을 가지 못했다. 또 5년 형을 더 판결받았고, 몸에 커다란 쇠공을 채웠다.

1943년에 일본 죄인 서너 명이 탈옥했는데 또 잡혔다가 무기징역에 처해졌다. 이 몇 명의 일본인들은 과거의 군인인데 싸움터에서 중국 군인으로 잡혔다가 석방된 사람들이다. 일본의 법에 따라 만약 잡히면 죽은 자가 충신이 되고 산 자가 반역자가 되기 때문에 산 자를 감옥에 보냈다.

④ 석방 상황

1945년 8월 초에 일본 간수가 12일간 계속해서 우리를 공장에서 일을 시키지 않았다. 우리를 3층에 가두었는데 창문을 통해서 밖에 있는 많은 것들을 볼 수 있었다. 일본 간수는 며칠 동안에 장부 등 많은 것을 차에 실어다가 밖에 있는 광장에 운송한 후에 다 불태워 없앴다.

1945년 8월 말 어느 저녁 무렵에 큰 차가 몇 대 와서 차에서 많은 사람들이 내렸다. 감옥의 문을 열고 일본 죄인들만 다 석방했다. 그들은 우리를 광장에 모이도록 했다. 그때 어떤 중국 사람이 우리에게 너희들은 가지 말고 이런 옷을 입으면 안 되고 먼저 자기의 방에 돌아가 있으면 감옥 창고의 문을 열어 너희들 각자의 옷을 준다고 했다. 당시의 사람들이 들었는데 모두 일본인이 때려죽일 것을 걱정하며 돌아가지 않았다. 다른 사람의 요구 때문에 그 중국 사람이 동의했는데 잠시 후에 사람들이 다 떠나고 없었다. 이때 일본 간수는 벌써 도망갔는데 달릴 때 모자와 신발을 가지고 가는 것을 잊어버렸고 허겁지겁 꽁무니를 뺐다.

조사인: 王嗣洲

조사시간: 1978年 8月 30日 于大连

(3) 손연귀의 증언 내용

손연귀(孫廷貴)는 요녕성 다롄 금주 사람이다. 1943년에 〈경제범인〉
이라는 죄목으로 잡혔다. 그는 푸란디엔(普兰店) 경찰국 다롄형무지소
에서 구류되었다가 2년 판결을 받고 뤼순 감옥에 갇혔다. 1944년 겨울
에 그는 석방되었다. 그리고 석방 후에 김현에서 살고 있었다.

① 수감 원인

8월 중순 어느 날에 유운산의 삼촌 대복창(戴福昌, 대련 고급형사)은 땅콩
을 운송하려고 먼복령(閻福令), 손유선(孫有先) 등 27명의 사람들에게 배에
싣도록 도와 달라고 했다. 다 실은 후에 유운산은 이 물건을 대련에 운송하고
돌아온 후에 너희들에게 돈을 지불하겠다고 말했다. 그러나 왕문소는 누가
감히 고급형사에게 돈을 청구하겠느냐고 했는데 다른 사람들이 우르르 배에
몰려들었다. 유운산은 이런 상황을 보고 대련에 급히 갔는데 삼촌에게 이 상
황을 알려 주었다. 기간소아문(旗杆小衙门, 작은 관청 지청)의 경찰은 우리 27명
을 잡아서 하루를 구류한 후에 푸란디엔(普兰店)에 대여섯 날을 또 가두었다.
그동안 우리들은 매를 맞고 강요당하여 거짓으로 자백해서 2년 형을 판결받
았다. 나는 기차를 타고 뤼순 감옥에 압송당했다

② 감옥 안의 상황

뤼순 감옥에 도착한 후에 빨간 색의 수의와 양말을 신고 이불 한 채도 받았
다. 제 번호는 1319이고 콩 밥을 먹고 일층에 갇혔다. 우리 감방에 죄인은 8명
이 있는데 그 중에 조선 사람과 일본 사람도 있었다. 해양 원래 방화단 왕대화
(王太和), 하자고즈의 양모(夏家河子的杨某)는 "국제범인"이었다. 지하실에 있는
어두운 감방이 있었는데 같은 감방의 사람을 다섯 번이나 그곳에 가두었다.
매일 아침에 6시쯤에 일어났고 공장에 갔는데 깃대를 건널 때 몸수색을 받

160

왔다. 밤에 돌아왔을 때 아침처럼 몸수색을 받았을 뿐만 아니라, 자기 전에 반시간 동안 무릎을 꿇었다. 낮에는 공장에서 일을 해야 했다. 공장은 15개가 있는데 제1공장은 편지 봉투나 성냥갑을 붙이고, 제6공장은 장갑을 만들고 (주: 양말을 만들어야 하다), 제8공장은 군복을 만들었으며, 면 옷과 신발 등을 만드는 공장도 있었다.

나는 1년 4개월 동안에 채소밭에서 일을 했는데, 당시에 쇠사슬을 찬 두 사람이 같이 일을 해야 했다. 나중에 나는 병에 걸려서 의무소에 보내졌는데 그곳에 4개월 동안 갇혀 있었다. 그동안 매일 약을 세 번 먹었지만 주사를 맞지 않았고 수수쌀이나 좁쌀을 먹었다.

4월 중순에 많은 사람들이 설사하고(주: 말라리아 전염병) 오뉴월에 매일 사람들이 대여섯 명이나 죽었다. 같이 잡힌 구영창(顾永昌)이 가마장에서 벽돌을 운반할 때 간수는 그를 때려 기절시켰다가 우물에 내다버렸다. 두 사람이 쇠사슬로 묶여졌기 때문에 우물 위에 있는 사람이 그를 끌어 올렸다. 그를 병원에 보내자마자 죽었다.

1944년 10월 1일 이후, 나는 마영후에 구덩이를 파서 시체를 매장했다. 매번 길이 1천 리에 높이 1m되는 구덩이를 서너 번에 팠다. 분골을 높이 1.5에 넓이 1.2~1.3m의 대나무통에서 넣었다가 매번 판 구덩이에 다시 매장했다. 그곳을 〈만인의 묘〉라고 불렀다. 시체를 넣는 나무통은 높이 1m에 넓이 0.5m인데 마통을 든 사람들이 이 통을 들고 가서 산에 매장했다.

1944년 가을에 자기의 몸을 이미 못쓰게 되었다. 집안 사람이 감옥에 와서 죄수를 면회했다. 나는 섣달이 되어서야 비로소 석방되었다. 당시의 체중이 단지 60근쯤 되었다.

(4) 서홍준의 증언 내용

서홍준, 요녕성(辽宁省) 다롄인, 중국공산당대련지하조직위원회의 성원이다. 1928년 5월에 〈정치범인〉으로 일본 식민 당국이 구금하게 된다. 그리고 1929년 4월 17일 일본대련관동지방법원의 심판에서 서홍준에게 징역 1년 8개월을 구형하고 뤼순 감옥에 수감한다. 해방후 서홍준은 대련가스회사에서 일했고, 지금은 대련 중산구 쿤명로(昆明)에 거주하고 있다.

① 감방을 순시하는 상황

일본 간수는 매일 아침저녁으로 두 차례 감방을 순시하고 인원수를 집계하지만 정확한 시간은 모른다. 감방을 순시할 때 간수가 두 명 있는데 간수장관도 같이 있었다. 간수 한 명은 명부 안의 이름을 부르고 다른 한 명은 감방 안의 인원수를 집계한다. 간수가 범인의 번호를 부르면 범인이 큰 소리로 대답해야 한다. 간수는 그 방안에 있는 범인을 집계한 후에 간수장관한테 보고하고 명부 안의 이름과 인원수가 일치하면 다음 감방을 순시할 수 있다.

② 번호판

감방문의 오른쪽에 나무틀 같은 것이 있는데 그 위에 범인의 번호판이 걸려 있다. 번호판의 배치 순서는 범인의 침대 순서와 일치한다. 나무 번호판은 나무원색이고, 번호는 검은색 글자로 쓴다. 나무틀도 나무원색이다.

조사시간: 1971년 3월 22일

3. 뤼순 감옥 주변인의 증언

1) 뤼순 감옥 주변 거주자의 증언

아래의 담화 기록은 뤼순구구(일본 식민통치시기 뤼순 형무소) 자료 편집

제1권의 〈사정을 아는 거주민을 방문〉 부분을 옮겨 놓았다.

(1) 한강영

저는 원보방 양자툰(元宝房 杨家屯)에서 30년을 거주했다. 광복[2] 당시, 소련 군대가 아직 뤼순 감옥을 인수하기 전에 감옥 안에 있던 일본 사람이 물건들을 들고 감옥 대문 밖 남쪽으로 옮겨 놓고는 바로 지금 원보방 사양소의 위치에서 이틀이나 사흘 정도 되는 기간 동안 태웠다는 것을 저는 우리 집에 있는 뒷 창문으로 보았지만 무슨 물건을 태웠는지는 모른다.

(2) 우덕상

저는 1943년부터 원보방 양자툰(元宝房 杨家屯)에서 살았다. 광복[3] 당시 소련 군대가 감옥을 인수받아 들어오기 며칠 전에 저는 감옥 대문 밖의 왼쪽에서 바로 지금의 원보방(元宝房) 산산대가 있는 위치에서 일본 사람들이 많은 종이를 이틀 정도로 태우는 것을 보았다. 구체적으로 무슨 물건을 태웠는지 저도 모르고 일본 사람이 거기에서 숨긴 적의 서류가 있는지 없는지는 모른다.

기록 시간: 1968년 1월 20일

2) 주변 거주자 주변인 조사

1971년 7월 7일 〈제국주의 침화 죄행 전람관〉이 전 사회를 향하여 무료로 개방되어서 매일 구경하는 사람들이 끊이지 않았다. 한발 더 역사 사실 재료를 살핌으로써 전람 내용을 풍부하게 할 수 있게 하기

---

2 1945년 8월 15일
3 1945년 8월 15일

위해서 전람관은 1974년 2월 25일에 다시 원보방에 있는 사람들 중에서 사정을 아는 거주민을 조직하고 회담을 했다.

당시에 회담에 참석한 사람들은 원보방의 사정을 잘 아는 사람들로 왕엽정(王怀廷), 장충화(蔣忠和), 왕덕재(王德財), 습가훈(刁可训), 부성량(蒲成良)이 있고 신문 단위는《여대일보》기자 임씨(老林)가 있으며 다롄 라디오 조주임(曹主任), 공경신(孔庆新)이 있고 전람관 근무 인원인 주상영, 왕진인이 있다.《여대일보》는 동년 3월 14일에 제1반에서 전문적인 테마 보도를 발표했다. 아래 내용은 당시의 회담 기록인데 이미 정리했다.

(1) 장충화(蔣忠和)

나는 뤼순 감옥 근처에 살고 있었는데 1942년부터 1945년 8월까지 이 감옥의 소형 탄광 공장에서 불을 피우는 공인으로 일했다.[4] 일본인의 야만적인 행동을 제가 똑똑히 봤다.

일년 동안 매일 몇백 명의 '범인'이 벽돌창고에서 일하는데 '범인'이 벽돌 창고에서 일할 때 두 사람마다 쇠사슬로 묶여 있어서 변소에 갈 때도 두 사람이 같이 가게 했다. 밥은 끼니마다 작은 깡통에 겨와 나물밥만 주었을 뿐만 아니라, 밥을 먹을 때 욕을 먹는 것이 흔히 있는 일일진대 일본 간수는 밥을 먹을 때면 사람을 때렸다.

(2) 왕덕재(王德財)

나는 열 살 때에 산동성에서 기근으로 인하여 뤼순에 와서 지금까지 뤼순

---

4 당시에 소형 탄광에는 옥에 가둔 사람들에게 일을 시키지 않고 밖에서 일꾼을 고용했다.

감옥 근처에 살아 왔다. 그때 나는 자주 뤼순 감옥의 후산에 야채를 파러 갔다. 일본 간수들이 매일 얇은 범인 옷을 입고 몸에 쇠사슬을 채운 사람들을 탄광 공장에서 일하게 했다. 이밖에 매일 혹독한 매질을 하곤 했다. 간수들은 때로는 허리를 굽혀서 사람을 때리는 것이 힘들까 봐 한 범인을 맞는 사람의 아래에 엎드리게 했다.

매일 오전 9시부터 10시까지, 오후에 3시부터 5시까지 자주 감옥에서 넷이나 다섯 명의 유골 목통을 들고 마영후의 산언덕에 매립하는 것을 보았다. 1944년 8월에 이 감옥에서 탈옥하는 사건이 발생했는데 감옥에 가둔 사람이 도망치는 것을 내가 직접 봤다. 그때 저녁 5시쯤에 나는 당시에 산에서 초가집을 짓고 있었는데 갑자기 감옥이 혼란에 빠져서 감옥의 북대문에서 일본의 '범인' 간수들이 북쪽의 농지로 뛰어갔다. 감옥의 간수들은 무서운 모습으로 여기저기에 계엄하고 감옥 근처의 집을 수사했으며 농작물을 뒤져서, 한 사람을 잡는 것을 보았다. 원래 제8공장에서 바느질을 하는 '범인'이 가위로 간수를 찔러서 북대문으로 도망갔다는 사실을 그후에 알게 되었다.

(3) 습가훈(刁可训)

내 고향은 산동성이다. 일본 침략자는 '삼광' 정책을 실시한 후에 초가집 두 채를 태워 버렸다. 나는 11살 때에 엄마를 따라서 밥을 구하러 나가 소를 뒤쫓기 시작했다. 먹을 것도 없고 입을 것도 없는 상황에서 70살의 할머니는 산동에서 굶어 죽게 되었다. 나는 스물두 살에 뤼순에 와서 일본 침략자에게 핍박을 당했다. 당시에 백성들은 쌀을 먹기는커녕 채소를 조금만 사면 '경제범'으로 몰리고, 우리는 비지를 사기 위해 가게에 줄을 서서 갈 수밖에 없었다.

뤼순 감옥이야말로 해방 전에 백성들이 가까이 가는 것을 허락하지 않았다. 감옥 주위에 모두 채소밭인데 두 '범인'의 몸통을 쇠사슬로 묶어 놓았다. '범인'이 배추를 먹자 일본 간수는 지독하게 때렸다.

해방 전에 나는 감옥에 있는 동쪽의 마영후에 살았다. 마영후 뒤에 있는 황량한 산언덕이 당시 죽은 사람을 매장하는 곳이었다. 일본 간수들은 총을 들고 '범인'을 호송하는 한편 시체를 담은 목통을 묘지에 들고 가서 거기에서 도랑 4개를 파고 목통을 하나씩 구덩이에 매립하고, 몇 년 후에 시체가 썩은 후에 뼈를 파고 던져 버린 다음에 그 안에 또 시체를 매몰하는 것을 봤다. 내가 하루에 두 번 매몰되는 것을 보고 때로는 네 번도 매몰되고 심지어 한 번에 목통 4개를 한꺼번에 들고 나온 것도 봤다. 1944년부터 1945년까지 죽은 사람이 너무 많았다.

회담 시간: 1974년 2월 25일
장소: 뤼순 감옥구지

3) 뤼순 감옥 주변의 주민의 증언

1971년에 뤼다시(旅大市) 문화국은 〈제국주의 침략 죄행〉이란 전람회를 뤼순일아감옥구지에서 개최하는 것을 달성하기 위해 팀장으로 취임하는 한수명(韓樹明)과 부팀장으로 취임하는 허명강(許明綱) 등 업무 팀을 조직했다. 3월에 업무 팀은 뤼순일아감옥구지에 들어간 후에 3월 6일부터 36일까지 20여 일 동안에 조사하면서 자료를 수집했다. 아래와 같이 업무 팀은 3월 24일 및 3월 25일에 원보방에 대해 잘 아는 주민을 조직하고 좌담회에 참석시켰던 회의 기록을 꼼꼼히 정리했다.

■ 원보방에 대해 잘 아는 주민

王怀廷: 불가마 공장에서 벽돌을 구웠던 일을 했다.

王怀亮: 감옥 밖에 복역과 해방 당시에 소련이 사람을 풀었던 경우.

刘永年, 郭淑云: 감옥 옥졸에게 밥을 챙겨주는 일을 했다.

浦成良: 조카 蒲水生은 일본 옥졸에게 박해를 받아 죽었다.

潘金云: 감옥 형장에서 올가미 놓는 일에 종사하고 조기 형장의 상황을 알았다.

杨积学: 검찰청이 뤼순 감옥 조사를 하는데 도움을 주었다.

陈有昌: 80여 세, 元宝房 사람.

刘世玉: 감옥에서 밖으로 시체를 드는 일과 해방 때 소련 군대가 사람을 풀었던 경우를 목격했다.

李忠仁: 감옥 불가마 공장에서 유골을 발굴했다.

王秀春: 马营后에 주거했을 때 감옥 묘지에서 시체를 메우기 위해 도랑을 파냈다.

陈玉兰: 뤼순구 지역 登峰街道十委 주임으로 취임했다.

张希玲: 뤼순구 지역 登峰街道十一委 주임으로 취임했다.

■ 뤼다시(旅大市)선전관 판(范)주임

여러분들은 일본 식민 통치 때 지배자가 중국 사람을 학살했던 죄행 및 뤼순 감옥 근처에서 태웠던 물건, 그리고 여전히 존재했던 실물 등을 사실대로 서술하기를 바란다.

■ 뤼다시(旅大市)전람관 관장 한수명(韩树明)

여러분들은 우리에게 도움을 많이 주기를 바란다. 뤼순 감옥에서 일어났던 상황(사람을 때린 것, 실물, 메운 물건 등)을 잘 돌아보고자 한다. 우리는 다롄에서 여기 와서 아직도 익숙하지 않고 아무것도 모르고 뤼순 감옥에 대한 상황을 잘 이해하지 못하더라도 지금은 이웃으로서 주민 위원회 및 군대 대표도 우리 직업에 도움을 많이 준다. 무나우(穆乃禹) 할머니는 둘째 며느리가 탈출하는 '범인'을 도와주고 새로운 옷도 챙겨 주기도 했고 헌 옷은 과수원에 묻었다고 말을 했다.

(1) 유세옥(刘世玉)

① 감옥 외부 상황

나는 여기에 태어났고 우리 집은 원래 원보방 주민으로 살았다. 해방 때 (1945년), 나는 公学堂(현재 旅顺中学)에서 공부했기 때문에 매일 여기를 두 번 쯤 지나갔다. 원래 감옥 문 앞에 가짜산과 나무가 있었다. 그리고 입구에 철 문 두 개가 있는데 한쪽에 일본 간수가 서 있고 암실 문 옆에도 간수가 지켜 보고 있었다.

일본 사람은 사람을 잡은 후에 자동차로 송했다. 해방이 임박했을 때는 자 동차로 운송하지 않고 매일 오후 3시에 다롄에서 뤼순까지 기차를 타고 20여 사람을 밧줄로 묶어서 데려왔다. 이삼 일을 지나가는데 또 다른 사람을 여기 에 운송하고 있었고 매번 20사람이나 30사람을 떼를 지어서 운송했다. 간수 는 칼을 차고 양쪽에 범인을 수감했다. 수감했던 사람은 가죽 가방 같은 물건 도 들었다. 저런 사람은 도둑일까? 우리도 궁금했다.

② 감옥 외부 복역 상황

밖에서 일한 '범인'으로서 중국 사람은 빨간 옷을 입었는데 일본 사람은 파 란 옷을 입었다. 3미터 쇠사슬로 두 사람을 묶고 나무통을 들었다. 현재 제약 회사 창고[5] 앞에 항상 6사람은 인력거를 밀고 뒤 언덕에서 앞 언덕으로 밀고 가다가는 조심하지 않으면 인력거는 무너지고 두 사람이 쓰러지는 경우도 종 종 보았다. 어느 날 아침에 나는 일본 사람의 끔찍한 죄행을 목격했다. 일본 간수는 막대기로 3차례쯤이나 중국 사람을 때려 버렸다. 첫째 일본 사람이 중 국 사람을 때리면서 욕을 한 다음에 때린 후에 중국 사람이 의식을 잃어버리 고 최후에 중국 사람이 기절했다. 그때 일본 사람은 이미 기절했던 중국 사람

---

5 뤼순 감옥 뒤.

을 차가운 물로 깨웠다.

③ 감옥에서 죽은 사람의 상황

1941년부터 1942년까지 열두 살쯤이었던 나는 감옥에서 매일 두세 사람이 죽은 사람을 들고 马营后에 묻는 것을 직접 목격했다. 아마 1942년에는 나무통에 시체를 담은 후에, 또는 나무통마저도 없이 시체를 묘지에 들고 가 도랑에 버렸다.

감옥에 수감했던 범인이 어떻게 죽었는지는 판금옥(潘金玉)이 가장 잘 안다. 범인을 처형할 때 범인이 널빤지에 앉아서 목매달아 죽은 후에 뻣뻣하지 않을 때 시체를 나무통에 담았다는 사실을 潘金玉이 말했다. 일본 사람은 감옥에서 철수한 후에 우리는 감옥 안의 작은 방에서 10여 개 나무통을 발견했다. 해방 전에 일본이 '국제 운송'이라 불리던 자동차는 감옥에서 밖으로 나무통을 운송하고 기차역과 일본 큰 병원을 오갔다.

④ 소련군의 석방 상황

해방 때 나는 아직 어려서 가족을 따라 大坞(현재 뤼순 4810 厂)에 가서 소련 사람을 봤다. 그날 어떤 명절을 축하하는지 소련 사람은 모두 취해서 거리에서 춤을 췄다. 우리가 봤을 때 두 중국 사람은 소련 사람을 찾아갔다. 소련 사람 중에서 어떤 뚱뚱한 사람은 이리 와서 "너 뭘 하냐?"라고 물었다. 한 사람은 "우리 아버지는 일본 통치시기에 식량을 조금 샀습니다. 제발 부탁드립니다."라고 말했다. 또 다른 사람은 "우리 아버지는 감자를 조금 샀는데 '경제범인'으로 판정됐습니다. 현재 일본 사람이 감옥에서 함부로 사람을 학살하고 있는데 어떻게 생각하십니까?"라고 말했다. 소련 사람은 이런 말을 듣자마자 차를 타고 감옥에 와서 문을 부숴 버렸다. 당시에 일본 사람은 사람을 학살하고 있는데 간수가 칼을 차고 '정치범인'을 모두 칼로 찔러 죽인 후에 감옥 묘지에 묻는 것이 아니라, 감옥 뒤에 묻었다.

'범인'을 석방한 날에 소련 사람은 작은 검은 차(승용차)를 타고 왔다. 해방된 '범인'은 도망치거나 기어가고 오후 3시부터 4시까지밖에 석방하지 못했다. 그때 석방했던 '범인' 중에서 일부는 도망갔지만 도망가지 못했던 사람은 아마 학살되었을 것이다. 왜냐하면 해가 질 때 소련 사람은 모두 가버렸다. 어떤 '범인'은 도망가지 못했기 때문에 일본 사람에게 잡히고 감옥 문 안에 어떤 일이 일어나는지 몰랐다. 왕계정(王桂貞, 여자)은 소련 사람과 같이 감옥을 관리하러 왔다(그 여자는 원보방 근처에 살고 있었다). 당시에 나는 소련 사람이 딱 한번 '범인'을 석방하는 것을 목격했고 그후에 소련 사람은 다시 나타나지 않았다.

(2) 왕수춘(王秀春)

① 감옥에서 죽은 사람에 대한 상황

예전에 감옥 담장 뒤에 사람을 묻지 않았다. 해방(1945년 8월 15일) 전에 일본 사람은 감옥 뒤에 채소 저장고처럼 3, 4개 도랑을 겨울에 파내지 못할까봐 가을에 이미 파 놓았다. 그때 나는 도랑 근처에 살았다. 간수의 허락을 받아 죽은 사람의 가족은 시체를 거두어 갔다. 감옥에서 몇 개 시체가 들려가는지 확실하지 않지만 2, 3일을 지나가면 3, 5개나 7, 8개 시체가 들려 나갔다. 간수가 두 '범인'이 나무통을 드는 것을 지켜보고 있었다. 처음에는 나무통까지 묻었으나 직후(해방 전)에 나무통을 개조하여, 큰 골짜기로 가서, 나무통의 밑을 움직여 바로 시체를 골짜기에 버렸다. 죽은 사람이 많아서 한 번에 10명의 죽은 사람을 들거나 가끔 하루에 한 번 모두 죽은 사람을 들 수도 있고 뒤 도랑에 묻는 것을 나는 직접 목격했다. 일본 사람은 중국 사람을 사람으로 보지 않고 병아리를 죽이는 것보다 쉽게 중국 사람을 더 손쉽게 학살했다. 감옥 담장 뒤의 길은 원래 작은 소로였는데, 1943년 정월 눈이 많이 올 때 다시 길을 정비하였다.

② 소련 군의 석방 상황

소련 군대는 뤼순을 해방하는 날(1945년 8월 22일) 저녁에 우리는 산 위에서 감옥에서 들려오는 우는 소리를 모두 들을 수 있었다. 해방 후 이튿날에 석방했던 사람은 우리 집에 와서 밥을 먹고 세수한 후에 떠나갔다.

(3) 곽숙운(郭淑云)

그때 나는 감옥 근처에 있어서 일본 간수에게 밥을 했다. 감옥 문 밖에 밥을 보내기 때문에 감옥 안에 어떤 상황인지 잘 몰랐다.

① 감옥 상황

채소밭에 가서 일하는 '범인'은 발에 쇠뭉치를 달아서 두 사람은 일할 때 쇠사슬로 묶고 발목에 달아서 자물쇠로 허리 뒤에 묶었다. '범인'마다 목에 동으로 만든 노란 명판을 달아 위에 번호를 썼는데 이름을 부르지 않고 번호만 불렀다.

감옥 담장 위에 망루가 없고 현재 존재했던 망루는 소련 사람이 건설하게 되었다. 담장 바깥에도 망루가 있어서 불가마 공장에서 일하는 사람을 감독할 수 있었다.

그때 일본 간수는 무척 많고 가족은 모두 여기에 살았다. 이제는 남쪽 산 정상(조사한 결과 이미 상당수 없어졌으며, 벽만 남음)과 근처 부대가 살았던 방은 모두 예전에 간수들이 살았던 곳이었다. 간수는 모두 검은 옷을 입었다.

② 기타 상황

해방 전에 어느 날 여러 차례 유골 통을 운송하였고, 최고 하루에 5, 6번이었다. 시체를 담는 나무통의 바닥이 움직일 수 있어서, 사람을 묻은 후에 나무통을 가져가고 계속해서 사용하였다. 원보방의 이충인(李忠仁)과 우복(于

福)은 묘지에서 사람을 묻는 상황을 안다.

광복(1945년 8월 15일에 일본은 투항했다) 전 보름부터 일본 사람은 물건을 태운 후 묻어 버렸다. 어느 날에 나는 석방했다는 것을 들었다. 감옥에서 석방했던 '범인'은 다른 사람의 집에 가서 밥을 얻어먹었다. 그 다음날에 일본 사람은 각각 집을 뒤지고 '도둑이 있어, 봤어?'라고 물었다. 발견된 '범인'은 또 잡힌 후에 다시는 볼 수 없었다.

좌담 시간: 1971년 3월 24일

(4) 이충인(李忠仁)

해방 후에 1, 2년 동안 나는 현재의 제 건설회사(二建) 북쪽 철조망 바깥에 있는 도랑 남쪽에서 땅을 파다가 10여 개의 유골을 팠고 이 유골은 해방 전에 뤼순 감옥에서 죽은 '죄수'의 유골이었다. 해방 전 감옥에는 3,000여 명의 죄수가 있었을 것이다. 해방 때 하루 오후에 감옥에서 많은 사람을 석방했다. 장기 수감자나 환자는 도망가지 못하거나 몸이 말라서 걷지 못했던 사람은 최후에 감옥에서 죽었다. 해방 당시에 일본인의 감옥에서 총을 쏘는 소리를 듣지 못했다.

좌담 시간: 1971년 3월 25일
장소: 뤼순 감옥구지

4) 뤼순 감옥을 인계받은 1945년 당시 관리자의 증언록

임홍도(任弘道, 요녕성 다롄시 뤼순인)는 1945년 뤼순 해방 후 경찰로서(당시 19세) 당년 9월 18일부터 뤼순 감옥 접수관리업무를 담당하다가 1945년 11월 초 방어 임무를 교대할 때 떠났다. 1984년 4월에 다시 뤼순려일감옥구지진열관에서 근무하였다. 진술 내용은 임홍도 본인의 회상과 수집한 자료를 정리한 것이다.

1945년 8월 15일, 일본은 무조건 항복한다고 선포함에 따라 뤼대지역이 해방되었다. 8월 22일 소련군은 기관의 접수관리를 시작하여 뤼순 감옥이 소련에게 접수 관리되었다. 8월 30일까지 소련군과의 대화를 통해 감옥 중 20여 명 공산당원들은 석방되었으며 황철성 및 왕군등이 25일에 석방되었다.

1945년 9월 17일, 뤼순경찰서(오집중 서장, 곽장 관리인)는 당시 모집한 99명 지방경찰을 파견하여 대팀장이 채조영, 부팀장이 손홍유, 관리인이 지문 및 장립김(역자주: 장진김) 등은 소련군에게서 뤼순 감옥을 접수관리하게 되었다. 당시 감옥에 가둔 사람 중에 중국 사람 200명, 일본 사람 150명이 있었다. 감옥장은 손충경이었고 부감옥장이 마본원이었으며 총무가 양적청이었다.

우리의 책임은 일본 사람을 감시하여 밤낮 보초 근무를 서는 것이었다. 중국 '범인'들은 마음대로 활동할 수 있으며 예를 들어 범인을 데리고 채소를 사거나 각 공장에 가서 노동하여 청소하였다. 일본 사람들은 모두 감옥의 1, 2층에 집중하였다. 당시 중국 '범인'에게 조국이 해방된다는 소식을 홍보하여 며칠 후에 상급기관의 사람을 파견하고 나서 여러분을 석방할 예정이며 안심해도 괜찮다고 밝히자 그들은 매우 기뻐했다. 일본 사람에게도 귀국의 때를 기다린다는 소식을 알려주었다. 그런데 일본 사람들은 늘 불안하여 어떤 일본 의사가 약을 사러 외출한 기회를 빌려 작별도 고하지 않고 떠나갔다. 이 외에 감옥의 3명 일본 사람들은 밤에 비가 온 기회를 틈타 감옥에서 나가 밥을 배송할 때 가위로 간수대에 있는 송○○ 경찰을 찌르고 송 경찰은 총을 쏘는 방식으로 오후 2시에서야 그들을 붙잡았다. 신문을 통하여 우리의 홍보를 믿지 않는 바람에 처형될까 봐 그렇게 했다는 사실을 알았다.

10월 25일, 곽장을 수반으로 하여 전사를 데리고 경찰소(현재 구정부 아래층)에 있는 오집중, 동진봉, 채조영, 손충흠, 손충경 등 6명의 총을 노획하고 나서 감옥에 가두었다. 당일 곽장은 원래 주둔했던 경찰 70여 명을 대체하여 20명만 남아 다른 30명을 보내 왔으며 전후 모두 50명 경찰이 감옥에서 경비를 섰다. 이와 동시에 손명재 , 안로부 등은 사법과장으로서 감옥의 2층으로 이사해 근무하였으며 양보림이라는 사무원도 있었다.

그때 2층 사무실 서쪽의 사무실(방 2, 3개)에서 장롱이 있어 그 안에 '범인'의 서류를 진열하였다. 그중에서 어떤 책 한 권은 일본 병사가 어느 사관을 척살한 사례를 기록한 것이었다.

별명이 '코배기'라는 어떤 일본 사람이 있어 옷을 만드는 솜씨가 훌륭하기 때문에 곽장이 직접 그에게 경찰소에 가서 군복을 만드는 지시를 내렸다. 그후 산동으로 파견하여 이름을 '전웅비'로 바꾸었다. 곽장의 추억에 따라 전웅비가 귀국한 후 즉 문화대혁명 때, 곽장에게 편지를 보내고 중앙위생부의 이덕전이 그에게 전해 주었다. 뤼순인민정부는 등평가에서 피복공장 하나를 건립하여 감옥에서의 모든 직조기계를 등평가로 옮겼다고 기억한다.

중국 사람을 석방하는 11월에 민정국의 풍덕수는 울면서 여러분은 집에 가니 편안하게 생활하고 다시 법을 위반하지 말라고 위로하였다. 일본 사람을 석방하는 시간은 1946년 3, 4월이라고 들었는데 그때 내가 감옥에서 이미 떠났으니까 구체적인 상황은 잘 모른다.

당시 구금된 사람에 의하면, 안중근은 일본 사람을 격살한 조선 사람이었다고 들었다. 안중근을 가둔 곳은 현재 감옥 암실 창 밖의 지역이었다. 그곳은 천장이 덮혀 있었다. 우리가 접수 관리하러 왔을 때 앞의 아파트 마당에서 거짓산과 나무 몇 그루가 있으므로 막 감옥의 현관을 가렸다. 둘러친 담 위에 고압선(전기 철조망)을 설치하여 대문 주위 및 담 모퉁이에서 나무판 초소가 있었다. 전 취사장의 동쪽 즉 둘러싼 담의 옆에 오솔길이 있으며 왼쪽은 저장실이고 그 안에 '범인'들이 감옥에 들어갈 때 벗어 놓은 옷(중국 사람을 석방할 때 완전한 옷을 찾지 못했다)을 맡겼다. 오른쪽 가까운 곳에 방역소독실이 있으며 동쪽의 더 먼 곳에 '범인'의 노동기구를 놓는 방이 있었다. 어떤 큰 공장의 실내에 천장이 있으며 천장에서 예비용 사다리가 있어 그 위쪽에는 모두 나무마루였는데 지금은 모두 없어졌다. 모든 기계나 설비도 모두 없어졌다.

1985년 6월 11일

제6장

안중근 의사 유해 찾기

1. 안중근 의사의 유해를 발굴하기 위한 방안

(1) 지표 투과 레이더 조사(GPR)

뤼순 감옥 공공묘지에 대한 '지표 투과 레이더 조사' 방안과 기 조사된 자료를 확보해야 한다. 2010년에 미국에서 군인을 조사하러 왔을 때 참여한 심양대학의 양징 교수의 자료를 확보해야 한다. 금년 2~3월에 모채널을 통하여 양징을 접촉한 결과 양징에게는 자료가 있는 것이 확실하다. 그러나 여러 가지 이유로 제공을 거부하고 있다.

또한 당시 참여한 미국 측 자료도 확보해야 한다. 그러나 미국 측 자료는 하와이에 소재한 미국의 유해발굴기관에 현재 없는 것으로 내부적으로 인지하고 있다. 공식적 채널을 통하여 다시금 확보할 필요가 있다. 또한 안중근 의사의 고향이 북한에 있기 때문에 통일부가 적극적으로 나서서 북한과 협의를 해야 한다. 중국 측에 안중근 의사 유해발굴 기초자료를 위한 지표 투과 레이더 협력도 요청해야 한다.

더 나아가 한국 외교부는 북한과 중국의 협조를 얻어 뤼순 감옥 공공묘지의 지표 투과 레이더를 가지고 안중근 의사 매장 상황에 대한 정확한 정보를 확보해야 한다.

(2) 한국과 중국의 유해발굴공동위원회 설립

한국과 중국의 유해발굴공동위원회를 설립하여 지속적으로 가동할 필요가 있다. 중국의 관계 문화를 이용하여야 한다. 한국의 유관기관에서 일 년에 한두 번, 이삼 일간의 출장으로 자료를 확보하려는 것은 말이 안 된다.

이처럼 소극적인 방법으로는 양국의 유해발굴 관계자와 친해지기도 전에, 업무 파악도 제대로 하기 전에 끝날 것이다. 또한 한국 측의 관련 기관 담당자의 잦은 교체로 연속성을 확보하기도 어렵다.

한국과 중국의 유해발굴위원회를 상설기구화하여 뤼순 감옥이나 다렌 영사관에 상주하여 지속적 관계를 위한 세미나 개최나 사료 발굴 등을 통하여 누적 자료를 확보해야 한다. 또한 더 나아가 한국, 일본, 러시아, 중국에 현지 전문가들을 활용한 해외 사료발굴위원회를 설립하여 사료의 발굴과 공동 자료 제공, 관심사 토론을 하는 외곽조직도 필요하다. 무엇보다 안중근 의사 유해발굴을 위한 구체적인 상설기구의 설립이 가장 우선이다. 현재에도 안중근 의사 유해발굴단이 있기는 하지만, 대부분 2008년에 안중근 의사 발굴에 참여했던 한국 내 유관 전문가들로 구성되어 있고, 부정기적인 회의를 개최하고 있을 뿐이다.

(3) 안중근 의사 유해 매장에 관련된 일본 측 자료 확보

안중근 의사 유해 매장에 관련된 일본 측 자료를 확보하는 것이다.

외교 경로를 통해 한국은 일본에 안중근 의사 유해발굴에 대한 협조를 요청했던바, 일본 정부의 답변은 다음과 같았다.

"현시점에서 관련 자료는 발견되지 않았으나, 계속해서 조사를 해 나가겠다."

위는 2010년 5월 16일 경주에서 한중일 외교장관 회의시 일본 오카다 일본 외무대신의 답변이었다. 그간 한국에서는 수차에 걸쳐 일본 외무성 외교사료관, 국립공문서관, 국립국회도서관, 일본 현지 고서점, 지도 전문서점 등을 방문하여 안중근 의사 관련 자료를 수집하였지만 현재까지 안중근 의사 유해에 대한 자세한 기록은 발견하지 못하였다. 일본 내 재일 한국인들의 주요 관심을 동원할 필요가 있다. 사료 발굴에 대한 민간인 인센티브를 부과하여 일본 내 재외국민과 재일동포들을 사료 발굴에 동참시킬 필요가 있다. 또한 일본 내 안중근 의사 수감 당시 근무했던 관동도독부 직원과 관동도독부 감옥서 직원들의 후손을 지속적으로 발굴 추적해서 조사를 수행하여야 한다.

(4) 중국 측 당안관 자료 확보

중국 측 자료를 확보하는 것이다. 중국은 안중근 의사의 유해가 처리된 뤼순지역을 관할하고 있어 유해발굴시 적극적인 협조가 요구되는 지역이다.

"중국은 양국간 우호관계의 관점에서 그간 안중근 의사 유해발굴에 여러 차례 적극적으로 협조한바, 현재로서는 별다른 진전이 없으나 새로운 실마리가 있다면 계속 필요한 협조를 제공할 것이다."

위는 2010년 5월 15일 한중일 외교장관회의에서 양제츠 외교부장의 답변이다. 우선 다롄의 당안관 자료를 확보할 수 있어야 한다. 1955년 뤼다 당안관 정리시 뤼순관동도독부 고등법원에서 인계한 1,248명의 정치범 사진과 명단이 다롄 당안관에 보관되어 있다. 뤼순 감옥 최후 감옥소장인 타고지로가 1945년 8월 16일부터 18일까지 태웠던 뤼순 감옥 자료가 1971년 4월에 발견되었으나 불에 탄 재 형태로 현재 다롄 당안관에 보관되어 있다. 다롄 도서관에는 그 당시의 수많은 신문자료가 보관되어 있다. 특히 《만주일일신문》은 공개되어 있지만, 당시 발간되었던 《태동일보》는 아직 외부인들에게 1910년 3월 시점이 공개되지 않고 있다. 반드시 확인해야 될 사항이다. 만주철도 자료도 관심 대상이다. 아울러 중국 국가 제1당안관도 중요한 관심 지역이고, 길림성 당안관에도 관심을 가져야 한다. 중국 내 재외국민과 재중동포의 인센티브를 부과하는 방안을 마련하여 가치 있는 사료의 시급한 발굴이 요구된다.

(5) 뤼순 감옥 공공묘지의 지속적 검토와 관찰

뤼순 감옥 공공묘지에 대한 지속적 검토와 관찰이 요구된다. 현재 중국은 안중근 의사의 유해 매장과 관련해서 정확한 자료 제공과 남북한이 공동으로 발굴을 요청한다면 적극적으로 검토한다는 입장이다. 뤼순 감옥 공공묘지는 현재 문물 보호지역으로서 문화재법에 의거 임의로 훼손할 수 없다. 그러므로 정식 외교 채널을 이용하기 위한 노력이 필요하다. 현재 뤼순 감옥 주변의 민간인 탐문조사와 더 나아가 뤼순과 다롄지역의 민정국 협조를 통해 과거 근무자의 후손들, 수감자들의 후손들을 찾는 노력을 지속적으로 해야 한다.

이후 유해발굴을 시도했을 때 뤼순 감옥 공공묘지에서 안중근 의사의 유해가 발굴되지 않는다면 중국에서 계속 허락해 줄지 우려가 되기 때문에 만반의 준비를 갖춘 후에 신중하게 접근해야 한다. 충분한 자료와 사료를 확보하여 다각도로 검토한 후에 결론을 내려야 한다. 2008년의 전철을 다시 밟아서는 안 된다.

(6) 안중근 의사 유해발굴의 신의병

안중근 의사 유해발굴의 신의병이 필요하다. 한국의 국민들이 안중근 의사 유해발굴을 위하여 정부에만 의지하지 말고 전 국민의 관심을 하나로 모아야 한다. 언론도 특정 날짜에 편승하지 말아야 하고 정부의 관계기관도 특정 날짜에 보도자료 생산보다는 지속적인 국민의 관심을 유도할 항구적이고 상설적인 국민들의 관심을 유도해야 한다. 혹 왜 이렇게 안중근 의사의 유해에 집착하느냐고, 이제는 가슴에 묻어야 할 때라고 주장하는 사람도 있을 수 있다. 그러나 국가가 어려울 때 살신성인으로 목숨을 바친 애국지사들을 국가와 후손이 책임지는 자세를 가져야 국민된 도리이다.

국가 차원에서든 민간 차원에서든 국가보훈처 주관으로 모두 모여서 난상토론, 또는 끝장토론을 해서라도 빠른 시일 내에 유해발굴의 방향을 설정해야 한다. 현재 국가보훈처의 입장은 1차로 안중근 의사의 정확한 유해 매장지 자료를 발굴하고, 2차로 유해를 발굴한다는 입장이다. 그러나 뤼순은 부동산 개발에 의하여 뤼순 감옥 주변에 속속들이 아파트가 들어서고 있다. 안중근 의사의 유해는 105년이나 지났다. 늦어도 너무 늦은 것이다.

현재 효창공원 삼의사 묘역에 안중근 의사의 가묘가 있다. 현재 이토의 무덤은 일본 동경 시나가와구(品川)에 300평 정도가 되는데, 일본의 개인 자산으로 일본의 야구치현회(山口県人会) 클럽이 소유하고 있고, 야구치현 클럽의 비준을 받아야만 들어갈 수 있다. 이토의 무덤을 관리하는 사람은 쿄다 세이코(許田靖子, 여)이다. 올해 70세이다. 3대에 걸쳐 묘지 관리인을 하고 있다. 제 일대 묘지 관리인은 일본 군인이었고, 당시 신분이 누군지 정확히 알 수 없지만 야마구치현의 모 인사의 부탁에 의하여 묘지 관리를 했다. 현재 4대 묘지 관리인을 찾지 못하고 있다. 그러나 이토 무덤 주변에는 이토소학교, 이토중학교 등이 있다. 마을 전체가 이토를 기념하는 듯한 분위기이다.

그러나 우리나라는 무엇을 하고 있는가? 덩그러니 빈 가묘만 만들어 놓고 일본에서 사료만 주기를 기다리고 있고, 중국에서 허가만 떨어지길 기다리고 있다. 안중근 의사의 말씀이 우리에게 방법을 제시해 주고 있다.

안중근 의사의 『안응칠 역사』에 따르면 의병 투쟁의 필요성을 연해주에서 설파하실 때 이런 말씀을 하셨다.

서울 일본 대사관 앞 안중근 의사 유해 촉구 앞에서

"스스로 할 수 없다는 생각은 망하는 근본이요. 스스로 할 수 있다는 것은 만사가 흥하는 근본이다. 여러분들에게 묻습니다. 앉아서 죽기를 기다리는 것이 옳습니까? 분발하고 힘을 내는 것이 옳습니까? 우리 모두 결심하고 각성하여 용감하게 싸웁시다."

안중근 의사는 이처럼 말씀하시고 국외 의병 최초로 국내로 진격하셨다. 현 시점에서 안중근 의사의 위기 돌파 방식을 다시금 새겨볼 필요가 있다.

2. 안중근 의사 유해의 단서는 무엇인가?

만약 안중근 의사의 유해가 수많은 사체 속에서 발견된다면 과연 우리는 안중근 의사의 유해를 식별해 낼 수 있을까? 이는 초미의 관심사이자 대단히 중요한 사항이다. 현재는 다섯 가지 정도를 예상하고 있다.

(1) DNA 검사

DNA(deoxyribonucleic acid) 검사를 통한 후손과의 유전 형질의 일치 여부 판별이다. 유전 형질이란 한 생물체가 갖고 있는 특징을 말하며, 이 중 부모로부터 자손에게로 전달되는 형질을 유전 형질이라고 한다. 이 물질은 산성을 띤다고 한다. 이미 안중근 의사 순국 100주년이었던 2009년에 안중근 의사의 손자 안웅호와 증손자 토니 안(Tony Ahan, Jr)의 DNA를 채취해서 보관하고 있다.

(2) 안중근 의사의 유해는 침관

안중근 의사가 돌아가신 관의 모양이 침관이다. 일반적인 뤼순의 사형수는 당시 일본 감옥법에 의하여 원통형 통관을 사용하였다. 1965년과 1971년 뤼순 감옥 공공묘지의 발굴 결과 모두 원통형 유골통을 활용하였다. 1943년 이후부터는 유골통 없이 그냥 사체를 매장했다는 뤼순 감옥 거주자의 증언이 있었다.

그러나 안중근 의사는 조선통감부 소노끼의 〈안 사형 시말보고〉에 의하면 침관이라고 명확하게 명기되어 있다. 1910년 3월 27일자《오사카 아사히신문(大阪朝日新聞)》뤼순 전보에 의하면,「안중근(安重根)의 사형」이라는 제목에서, "두꺼운 소나무판으로 만들어진 침관(寢棺) 윗면(上面)이 파풍형(破風形)으로 된 훌륭한 관 안에 안치되고"라고 보도되었다.

또한 1910년 3월 27일자《오사카 마이니치 신문(大阪日新聞)》뤼순 전보에도「안(安重根)의 최후(最後)」라는 신문기사에서 안중근의 시신은 특별히 쓴 관에 안치되어 감옥묘지에 매장되었다고 보도하고 있다.

다음은 관련 기사 내용이다.

안중근(安重根)의 사형은 미조부치(溝淵) 검찰관, 구리하라(栗原) 전옥(典獄) 등이 입회하여 당일 오전 집행되었다. 안(安重根)이 교수대에 올라간 것은 10시 4분으로 11분 후 숨을 거두었다. 당일 안(安重根)은 어머니로부터 보내어 온 조선소매의 하얀 상복과 검은 바지를 입고 새로운 조선신발을 신고는 형장에 들어가 구리하라(栗原) 전옥(典獄)이 집행문을 낭독하고 유언이 있는지 물었을 시, "내가 죽음에 이르고는 동양평화를 위하는 것이길 바라며 또한 유감은 없지만 여기에 입회한 일본의 관군은 오늘 이후 일한의 친화와 동양평화를 위하여 노력을 아쉬워하지 않길 간절히 바란다."고 말하며 마지막으로

교수대에서 동양평화의 만세를 부르고, 기도를 3분간 하고서는 그후 형대에
올라가 사형되었다. 그 이후 안중근의 시체는 특별히 쓴 관에 안치되어 감옥
묘지에 매장되었다.

(3) 안중근 의사 유해의 인식표

안중근 의사 유해가 발견된다면 유해의 인식표(성함)의 발견 가능성
이다. 일본의 감옥법 75조에는 반드시 사형자의 이름을 같이 관에 넣
어 매장하게끔 되어 있고, 사망장에 기록을 법률로 명시하고 있다. 제
75조를 보면, 사망자의 친척이나 친구가 사망자의 시신을 인수하기로
요청하면 반환해야 한다. 단, 요청자가 사망책에서 인정해야 한다. 간
수가 시신을 매장할 때 관으로 매장하고 관의 위에 한 폭 3인치 이하
길이 3척 5촌 이하의 이름표를 붙여야 한다. 또한 1971년 뤼순 감옥
공공묘지 발굴 당시에도 한 유골통에서 "장위엔팅(張原停)"이라는 이름
이 든 커피색 유리소독병이 발견되었다. 그 당시 이 병의 코르크 마개
는 초로 밀봉하였고 그 안에는 먹물로 죽은 이의 이름을 쓴 종이가 들
어 있었다. 이 종이는 발굴 과정에서 발견한 유일한 부장품이었지만
많은 시간이 흐르고 병 안에 물이 들어가 대부분 종이가 썩었기 때문
에 이미 빈병이 되어 있었다. 만약 유해와 함께 묻힌 병에서 〈안중근〉
이라는 이름이 발견된다면 그것보다 확실한 증거가 어디 있겠는가?
그날을 국경일로 지정해도 될 만큼 안 의사 유해를 발굴하는 일은 우
리 모두의 염원이고 의무이다. 기타 안중근 의사의 십자가, 단지동맹
으로 왼쪽 무명지가 잘려진 것들도 증거에 보태고 싶다.

3. 안중근 의사 유해발굴은 동양평화 실현의 실천기제

현재 안중근 의사가 그토록 염원했던 뤼순지역이 동양의 평화 경제 중심지가 현실화되고 있다. 현재 뤼순 개발구에는 세계평화공원이라는 곳이 있다. 뤼순과 산동성의 펑레의 해저 터널이 계획되고 있다. 해저 터널이 완공되는 2018년에는 중국 동북지방과 산동지방이 48분 만에 연결된다. 이는 뤼순이 물류의 중심지역이 될 것을 의미한다. 또한 다롄은 금융, 무역의 중심도시가 되었다. 아울러 세계경제의 방향을 결정한다는 세계경제 포럼(WEF · World Economy Forum)인 하계 다보스 포럼이 다롄에서 2년 간격으로 개최되고 있다. 하계 다보스 포럼은 중국이 주도해 지난 2007년 처음 열린 이래 7회째를 개최했으며, 2013년에는 '혁신: 피할 수 없는 추세'라는 주제로 세계 90개국의 정 · 관 · 학계 인사 1,500여 명이 참석해 경제 문제를 집중적으로 다루었다.

현재의 동아시아 정세와 국가들이 글로벌한 세계화를 지향하면서도 과거 어느 시대보다 강고해지는 민족주와 패권주 국가들의 출현이 예견되는 현실에서, 이러한 전망과 바람은 무망해 보일지도 모른다. 그러나 분명한 사실은 인류 역사에서 무력을 동원한 강압적인 수단과 방법으로 진정한 통일을 이룬 역사는 없다. 나폴레옹의 유럽 통일의 꿈도, 히틀러의 제국 건설도, 일본의 '대동아공영권' 획책도 모두 실패했으며 결과적으로 인류평화를 해치는 범죄 행위로 끝나고 말았다.

침략과 전쟁, 갈등으로 뒤엉킨 동아시아의 근현대사는, 화해와 평화에 대한 기대보다는 일본의 과거에 대한 편협하고 수정주의적인 역사 인식과 역사관은 동아시아의 역사 갈등을 해소하고 평화를 정책시키는 데 역행하고 있는 것이다.

동양평화협의체를 제안한 사상가이자 평화주의자 안중근 의사는 1910년 3월 10일 동생 안정근과 안공근 그리고 빌헬름 신부와 면담하는 자리에서 유언을 남기셨다.

"내가 죽은 뒤에 나의 뼈를 하얼빈 공원 곁에 묻어 두었다가 우리 국권이
회복되거든 고국으로 반장해 다오. 나는 천국에 가서도 또한 마땅히 우리나
라의 회복을 위해 힘쓸 것이다. 너희들은 돌아가서 동포들에게 각각 모두 나
라의 책임을 지고 국민 된 의무를 다하며 마음을 같이하고 힘을 합하여 공로
를 세우고 업을 이르도록 일러다오. 대한독립의 소리가 천국에 들려오면 나
는 마땅히 춤추며 만세를 부를 것이다."

안중근 의사의 유언은 죽어서도 조국 대한제국의 국권 회복에 대한
바람과 국민에 대한 의무를 당부하는, 국민으로서의 보편적 가치 실현
이 응축된 처절한 절규였던 것이었다. 자신의 목숨을 초개와 같이 버
리고 국가를 위하여 헌신한 것이다.

국권이 회복된 지 올해로 70년이 되었다. 광복 70주년이자 안중근
의사 순국 105주년이다. 2008년에 한중이 안중근 의사 공동 발굴 후
현재 안중근 의사의 유해발굴이 어려움에 봉착하고 있다. 한국정부는
외교 경로를 통하여 일본·중국·러시아에 안중근 의사의 유해발굴에
협조를 요청하였다. 특히 일본에게는 비록 선대(先代)의 일이지만 안중
근 의사 유해를 비밀리에 처리한 당사국으로서, 의사의 유해 매장 처
리에 관한 상세한 보고 자료가 있을 것이므로, 이를 적극 조사 제공해
줄 것을 촉구하였다. 이에 대한 일본의 답변은 다음과 같았다.

"관련 자료를 찾았으나 기 공개된 자료 외에 추가적인 자료를 찾지 못했고,
계속 조사를 해 나가겠다."

이러한 일본 측의 답변은 종전에 비해서는 다소 진전된 것이긴 하지

만, 그 결과가 없는 만큼 앞으로 구체적이고 가시적인 성과로 진정성을 보여주길 기대한다. 또한 일본 정부는 과거 어두운 역사를 정리하고 양국 간 새로운 미래를 열어가는 데 있어서, 안중근 의사의 유해발굴 문제는 꼭 풀고 넘어가야 할 중요한 사항이라는 점에 대하여 진지하고 현명한 통찰이 있어야 할 것이다.

인류의 문명이 융합과 발전을 위해 국제적인 대화와 협력이 이루어지고 있으며, 지역 정치와 경제가 통합되는 새로운 국면이 전개되고 있다. 한·중·일의 시민 단체는 국경을 초월하여 빈번히 교류하고 있으며, 긴밀히 연결되고 있다. 이러한 배경에 힘입어 국가관계에도 커다란 변화를 기대해 본다.

동아시아란 무엇인가? 동아시아 공동체는 어떤 모습이어야 하는가? 미래로 나아갈 필요성을 절감하기에 국경을 넘어선 대화가 필요하다. 동아시아의 미래를 이끌어갈 원동력은 바로 동아시아의 평화공동체 구축에 있기 때문이다. 이를 위한 공통과제의 하나로 안중근 의사의 유해를 찾아내는 공동의 노력이 평화 연대의 시금석이 될 수 있다. 이에 안중근 의사 유해발굴을 위한 〈동양평화협의체 부활〉을 제언한다.

인간은 인류의 보편적 가치인 평화를 모두 중요시한다. 자랑스러운 평화주의자 안중근 의사의 유해 발굴을 위하여 남북한도 이견이 있을 수 없으며 머리를 맞대야 한다. 중국에 안중근 의사 유해발굴을 위한 공동협의기구를 발족해야 한다. 중국에서도 주은래 전 총리가 1963년에 격찬한 동양평화주의이자 사상가인 안중근 의사 유해발굴을 위하여 중국의 당안관과 다롄도서관, 그리고 중국 국방부, 중국 국가 문물국이 적극적으로 협조하여 뤼순 감옥 공공묘지에 대한 지표 투과 조사를 기초적으로 협조하고, 적극적으로 남북한과 같이 안중근 의사 유해발굴위원회를 적극적으로 동참하여 가동하여야 한다.

또한 일본도 역사적 화해의 노력을 하여 적극적으로 1910년에 순국하신 안중근 의사 사형 관련 사료를 적극적으로 제공함은 물론 안중근 의사 유해발굴을 위한 사료조사위원회를 남북한과 일본이 공동으로 운영하여야 한다. 더 나아가 아직 발견되지 못한 미완의 『동양평화론』 원본과 『안응칠 역사』, 안중근 의사의 유묵마저도 일본이 찾아서 내놓는다면 이는 안중근 의사가 105년 전에 꿈꾸었던 뤼순에 동양평화협의체가 현재 실현하는 것이 아니겠는가?

안중근 의사 유해발굴 기구 설립은 남북한과 중국, 그리고 일본이 역사 갈등을 해소하고 평화를 정착시키는 계기가 될 것이다. 이를 계기로 동아시아의 역사 인식을 둘러싼 풍성한 대화와 교류의 물결이 일어나기를 기대한다. 국경을 넘어선 역사 인식이야말로 현재를 사는 우리 모두의 당면 과제이다.

4. 중국 내 외국인 유해발굴 사례에서 찾는 안중근 의사 유해발굴 방법

(1) 2010년 뤼순 감옥 공공묘지 미국인 발굴 조사

2009년 8월 7일 미국 주중 대사관 무관처 해군 소장 일행이 뤼순 감옥을 참관 방문하였다. 이는 바로 다음 해인 2010년 2월 겨울에 뤼순 감옥 공공묘지에 찾아올 특별한 손님을 위한 방문이었다.

2010년 2~3월경, 미국인 남자 3명(그중 한 명은 비행기 조종사이다)이 중국 측 단장인 선양(沈陽) 대학의 양교수와 함께 학생 2명을 통역 지원으로 구성한 학술조사단 형식으로 뤼순 감옥을 방문하였다. 이들은 뤼순 감옥 공공묘지 탐사를 3일 동안 진행하였다. 미국인이 발굴하려는 것은 미국인에 대한 유해 발굴이었다. 제2차 세계대전 당시 랴오양,

지금의 랴오닝성에 설치된 미국과 영국의 포로수용소에서 여러 차례 포로 탈출사건이 있었는데, 당시 탈출에 참가했던 미국 군인들이 뤼순 감옥에 수감되어 있었다. 증언자에 따르면 성명과 출생 연대 미상인 해군육지전투부대의 미국인 한 명이 1943년 가을에 랴오양의 원동동맹군 포로수용소에서 탈출에 성공하였으나, 결국 일본 헌병대에 다시 체포되어 뤼순 감옥에 수감되었다가 비밀리에 처형되었다고 한다. 당시 포로였던 미국인은 뤼순 감옥 국제전시관에 전시된 사진으로나마 확인할 수 있다. 이 발굴단은 지표 투과 탐사방식(GPR)으로 뤼순 감옥 공공묘지를 발굴하였다. 중국 외교부의 비준을 득하고 선양의 대학과 랴오닝성의 외사처 비준으로 학술 지질 발굴을 할 수 있는 차원으로 절차가 매우 간소하였다. 당시 중국 측의 자료는 저자가 요녕성 모처를 통하여 확보하기 위한 노력을 한 결과 당시 자료를 소장하고 있음을 확인하였다. 그러나 공식적으로 제공할 수 없다는 것이 선양 대학 모 교수의 입장이다. 민감한 문제라는 것이 그가 제공을 해주지 못하는 이유이다. 방법은 주변에 아직도 열려 있다.

(2) 단동(2005년) 미국인 조종사 유해발굴 성공 사례

「미국, 중국 랴오닝성 단동시 요수촌(辽宁丹东的榆树村)에서 미군 전사자 장병 유해 찾기」라는 《중국청년보》 기사가 있다(编辑 : 熊瑛 来源 : 中国青年报, 2006-10-10).

2006년 9월 말에, 미국 사관 3명이 중국 요녕성 단동시 요수촌에 와서 당지 촌민들의 안내를 받아 미군 비행기 잔해가 있는 것으로 추정된 3군데를 답사했다. 이틀 동안의 현장조사를 마치고 로버트 스포올딩(罗伯特·斯帕尔丁, Robert Spaulding) 중령 일행이 북경으로 돌아갔다.

중령 일행이 북경에서 중국 외교부, 국방부, 국가당안관, 그리고 적십자회의 관련자들과 회담을 했다. 동시에 회담을 통해 중국 각 측에게 고맙다는 뜻을 표하였다. 탐색 작업을 맡는 미국 국방부 아론 렐(阿隆·莱尔, Aron Lell) 분석자는 반세기를 지난 지금 유해를 찾는 것이 굉장히 어려운 일이라서 각종 인재들이 필요하다고 말했다. 보도에 따르면 발굴 작업은 고고학자, 인류학자, 폭탄 제거 전문가가 필요하고 위성항법장치와 금속탐지기, 지층 전파 탐지기 등 첨단 기술 장치도 갖추어야 한다. 1996년에 강택민 중국 전 국가 주석과 빌 클린턴 미국 전 대통령이 회담할 때 미국 장병들의 유해발굴 사업에 관하여 협력 업무를 상담했다.

1999년 중국 외교부 관계자는 미국 관계자와 만날 때 미국 장병 유해 찾기 사업에 도움을 제공하겠다고 표하였지만, 한국전쟁에 관한 당안은 중국인민해방군에 속하여 국방부의 허락을 받아야 한다고 했다.

2000년 중국 측에서 미국 측이 조선전쟁 포로수용소에서 일했던 노병을 방문할 수 있는 허락을 내렸다. 2003년에 미국의 유해 찾기에 중요한 돌파구를 마련했다. 미국 국방부 포로와 전쟁 실종 인원 사무처에서 중국 정부와 상담한 후 전문가팀을 파견하여 2004년 5월에 비행기 추락 지점을 발굴하고 비행기 잔해와 유해가 발견되었다. 10월에 이는 미국 공군 조종사인 트로이 쿠퍼(Troy cooper)의 유해로 확인되었다.

이 기사에 의하면 미국은 중국 단동에서 2006년에 위성항법장치와 금속탐지기, 그리고 지층 전파 탐지기를 동원하여 6·25 당시 미군인 트로이 쿠퍼의 유해를 발굴해 갔다. 이는 아주 중요한 내용이다. 우선 미군도 중국 내 전자장비를 동원하여 유해를 발굴하였다는 것이다. 이는 현재 한국에서 뤼순 감옥 공공묘지의 지표 투과 레이더 방식 발굴 요구에 중국 측이 뤼순이 군사기지라는 이유로 주저하고 있다. 이는 미국도 이미 시행한 사항이라 아무런 거리낌이 없다. 단동 또한 남북한의 중요한 군사지역이자 중국의 변경지역이 아닌가?

2008년에 한중 유해발굴 당시에 중국이 당안자료와 국방부 등의 협조를 하지 못하여 2008년 발굴 당시 군부대 안을 조사도 못하였고, 다롄 당안관에 대한 자료 조사 기회도 갖지 못하였다. 우리나라도 향후 안중근 의사 유해발굴을 하려면 미국처럼 중국 중앙 단위의 중국 외교부, 중국 국방부, 중국 국가문물관리국, 중국 당안관, 중국 민정부, 중국 적십자회의, 그리고 요녕성 외사처, 다롄시 외사처와 문물관리국, 심양군구 등과 공동으로 협의하여 접근할 필요가 있는 소중한 경험이다. 다시는 2008년의 전철을 밟지 말아야 한다.

5. 안중근 의사 가족의 유해는?

한국의 전통 가족제도는 기능적 측면에서, 엄격한 부계 혈연 중심의 직계가족 중심이었다. 부계 혈통 계승·조상 숭배를 목적으로 한 가부장제는 조선시대 후기에도 일부 그대로 유지되고 있었다. 한국의 가족은 오랫동안 개인과 사회를 위한 생산을 담당했을 뿐 아니라, 가족구성원들에게 복지를 보장하는 집단으로 기능했다. 가족 내지는 가까운 친족들은 하나의 혈연공동체를 이루고 있었고, 그 공동체는 동일한 가치를 공유하던 과정에서 일정한 경향성을 드러내기도 했다

이러한 사실은 한국의 독립운동의 과정에서도 확인된다. 일제시대 상해 임시정부에서 국무령을 지냈던 이상룡(李相龍) 가문이나, 위기에 처한 공동체에 책임을 다한 우당 이회영(友堂 李會榮) 집안, "나라 망했는데 家門이 무슨 소용"이냐며 全 재산을 팔아 만주에서 독립운동을 전개했던 이시영(李始榮)의 집안에서 확인된다.

이와 더불어 안중근 의사 집안도 대한제국의 독립을 위해서 투쟁한 대표적 가문으로 평가된다. 한국의 독립운동에 헌신한 인사들로서는

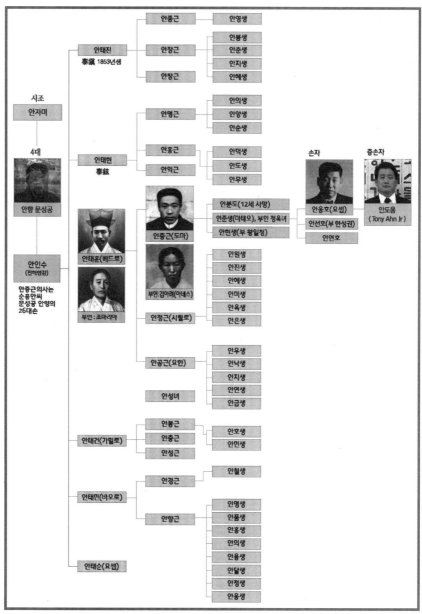

안중근 의사 가계도

안중근 의사의 형제들 중 친동생들인 안정근(定根), 안공근(恭根)과 사촌형제인 안명근(明根), 안경근(敬根)과 모친 조마리아 여사이다.

이러한 독립운동 가문인 안중근 가족의 유해는 어디에 있을까? 과연 우리는 안중근 가문의 유해에 대해서 얼마나 알고 있을까? 안중근 의사의 할아버지인 안인수와 부친 안태훈(1905년 12월 서거)의 죽음에 대해서는 『안응칠 역사』에서 소개하고 있다. 안중근 의사의 할아버지와 부친의 유해는 황해도 신천군 두라면 청계동에 있을 확률이 가장 크다. 그러나 할머니에 대한 기록은 『안응칠 역사』 어디에서도 언급되어 있지 않다.

1909년 10월 26일, 안중근 의사가 이토 히로부미를 격살하자 조선통감부에서는 즉시 진남포에 거주하고 있는 그의 동생 안정근과 안공근을 진남포 경찰서에서 취조하였다. 그러나 한 달 만에 무혐의로 풀려났다. 안중근 의사 순국 후 안정근과 안공근은 1910년 봄 원산을 거쳐 먼저 블라디보스톡으로 이주하였다. 의거 직전에 안중근 의사 가족들은 러시아로 이주하였는데 일제의 방해가 심했다.

결국 안창호의 도움으로 1911년 4월 흑룡강성 목릉에 정착하여 살게 되었다. 그후 1919년 상해 임시정부 설립 이후 안창호의 역할로 안중근 의사 가족은 상해로 거처를 옮긴다.

(1) 안 의사의 어머니 조마리아 여사

김자동 대한민국 임시정부 기념사업회장의 회고에 의하면, 안 의사의 모친 조마리아 여사는 1927년 7월 상하이에서 별세해 프랑스 조계 안의 외국인 묘지인 징안쓰(정안사) 만국공묘에 묻혔다고 한다. 이 묘지는 현재 도시 개발로 사라졌다. 김자동은 1950년대 말로 기억되는데, 홍콩에서 발간되는 《사우스차이나 모닝포스트》라는 영어 일간지에서

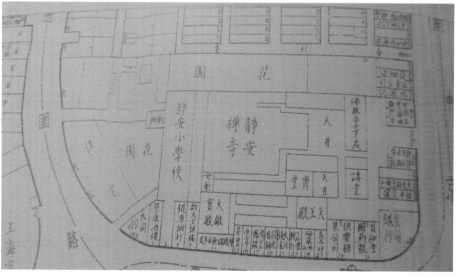

▲▲19세기 상하이 징안쓰의 모습. 후원에 안중근 의사 모친 조마리아, 부인 김아려, 동생 안정근이 매장
되어 있었음.
▲징안쓰의 후원을 표시하는 도면 지도

상하이시 정부가 외국인 유족들에게 묘소 이전을 요청하는 광고를 본 적이 있다고 했다. 그 뒤 당시 상하이에 살았던 교민들로부터 교민회가 주동이 되어 항일투사들의 유골을 화장 처리해 쉬자후이 만국공묘(현재의 송경령 능원)로 이장했다는 말을 들은 바 있다. 그러나 그때 조 여사와 혁명지사 유해 몇 분은 빠뜨렸던 것 같다고 회고하고 있다. 대한민국 정부에서는 2008년에 대한민국 애족장을 추서하였다.

(2) 안중근의 부인 김아려 여사

안중근의 부인 김아려(金亞儷, 1902~1949) 여사는 남편 안중근이 국채보상운동 황해도 지부장으로 있을 때, 애국운동을 위하여 자신의 금가락지, 금비녀를 모두 팔아 국채보상운동에 헌납하였다. 그러나 상해에서 외롭게 1949년 2월 27일 사망하였다. 조마리아 여사와 같이 만국묘지에 묻혔다고 전한다.

(3) 안중근 의사의 동생 안정근

안중근 의사의 동생 안정근도 1949년 3월 17일 중국 상하이에서 병사하였다. 안정근의 유해도 상하이 만국공묘에 묻혔으며 장례식 직후 부인 이정서와 딸 미생이 묘소에서 찍은 사진이 유족들에게 남아 있다. 그러나 징안쓰 만국공묘의 이장으로 안정근도 유해가 없다.

(4) 안중근 의사의 막내 동생 안공근

안중근 의사의 막내 동생 안공근은 더욱 기구하게 죽었다. 안공근은 중경에서 상하이 동제대학 출신 의사 유진동(劉振東)의 집을 내왕하면

196

서 지내다가 1939년 중칭에서 갑자기 행방불명되었다. 이에 대한 여러 가지 근거를 제시하는 설들이 안중근 의사를 사랑하는 사람들의 마음을 매우 아프게 한다. 이 사건을 안공근 실종 미스터리라고 한다.

(5) 안중근 의사의 사촌동생 안명근

'105인 사건'의 주모자로 10년 동안 복역하였던 독립운동가인 사촌동생 안명근의 유해도 없다. 안명근은 만주 길림성 의란현(依兰县) 토룡산진(土龙山镇) 원가툰(袁家屯) 빠후리(八虎力)에 묘소가 있었으나 현재 찾지 못하고 있다. 만주 시기와 지금과는 지명이 많이 바뀌었다. 현재 의란현은 흑룡강성이다. 현재의 흑룡강성 가목사시(佳木斯) 의란현에 가면 토룡산진은 태평진으로 바뀌었고, 빠후리는 팔호리라는 이름을 옮겨 적을 때 잘못 기록된 것으로 추정된다. 현재 흑룡강성을 방문하여 민족사무위원회를 통하여 의란현 조선족 집성촌 마을에서 1930년대의 상황을 조사하면 안명근 의사의 유해를 찾을지도 모르겠다.

(6) 안중근 의사의 여동생 안성녀

안중근 의사의 유일한 여동생이자 독립운동을 한 것으로 알려진 안성녀(1954년 작고) 여사의 묘지가 부산의 한 공동묘지에 초라하게 방치되고 있다. 부산 용당동 천주교 묘지. 도로 아래 50m에 '안누시아 성여지묘'라고 현재 묘지가 있다.

(7) 안중근 의사의 첫째 아들 안분도

안중근 의사의 첫째 아들 안분도는, 안중근 의사가 그의 부인과 어머니에게 보낸 유서에서 신부로 키워 달라고 유언을 했던 맏아들이었다. 1911년 여름 이 마을에서 안중근 의사의 맏아들인 분도가 일제의 밀정에 의해서 독살당해 죽게 되었다. 목릉에 묻혔다고 전해지는데 현재까지 유해를 확인할 길이 없다. 그러나 흑룡강성의 목릉은 조선족 분들의 집거지이고 이갑의 후손들이 살고 있던 지역이라 탐문 조사가 필요하다.

(8) 안중근 의사의 둘째 아들 안준생

안중근 의사의 둘째 아들 안준생은 홍콩에서 살다가 1950년, 전쟁의 와중에 귀국하여 1952년 11월 부산에서 폐결핵으로 병사했고, 혜화동 천주교 공원묘지에 안장되어 있다.

(9) 안중근의 손자 안웅호

심장병 전문의였던 손자 안웅호는 2013년 1월 타계하였다. 미국 캘리포니아에서 거주하였고 현재 증손자 토니안이 살아 있기에 손자 안웅호의 유해는 미국에 있을 것이다.

(10) 그 외 안중근 의사의 후손들

안공근의 아들 안우생은 북한의 혁명열사능원 묘지에 있다.

안현생은 이후 서울로 이주했다가 한국전쟁시 대구로 피난을 왔으며 1953~1956년까지 대구 카톨릭대학 불문학 교수로 근무하였다. 이후 서울로 옮겨 생활하던 중, 1959년 4월 5일 서울 북아현동에서 중풍으로 세상을 떠났다. 현재 수유리 아카데미 하우스에 묘지가 있다.

특히 아쉬운 부분은 안중근 의사 직계 가족의 유해 부분이다. 안중근 의사 조부, 부친의 유해를 북한을 통하여 확인할 필요가 있다. 또한 안중근 의사의 모친 조마리아, 부인 김아려, 두 동생 안정근과 안공근, 사촌동생 안명근, 그리고 첫째 아들 안분도의 유해가 아직도 이국만리 중국 상하이와 중경, 흑룡강성 이란현, 목릉현, 북한 황해도 신천군을 헤매고 있다. 이에 대한 유해발굴도 안중근 의사의 유해와 같이 병행해야 할 필요가 있다. 이에 대한 기록을 위하여 중국 상하이, 특히 만국공묘와 중경 등지에서 살았던 자료들을 시급히 발굴해야 할 필요가 있다. 상하이의 원래 만국공묘는 도시 개발로 현재 찡안사 뒤의 일본 구꽝(九光)백화점으로 사용되고 있다. 현재 상하이 외각 지역에 중국 열사 능원 형태로 분산되어 있을 가능성이 크다.

중국 자료에 의하면, 만국공묘는 문화대혁명으로 상당히 파손되었으며, 푸동공원에 외국인의 묘지역이 있다고 한다. 1976년에 이장하여 25개 국가의 640명의 인사가 매장되었다. 그중 한국의 박은식 선생도 있었다. 그후 다시 현재의 만국공묘로 이장해 갔다고 한다. 상해 푸동 공원의 외국인묘에서 재이장시 소실 여부도 확인해야 할 필요가 있다.

제7장

안중근 의사 유해발굴을 위해
꼭 찾아야 할 자료들

1. 뤼순 감옥에서 근무한 중국인의 후손 찾기

안중근 의사가 순국할 당시인 1910년 3월 26일 전후, 일본의 공식기구로는 관동도독부, 만주철도, 관동법원, 관동도독부감옥서(뤼순 감옥), 조선통감부, 뤼순공과대학 등이 건재하고 있었다. 안중근 의사가 쓰신 『안응칠 역사』나 『동양평화론』과 200여 점이라고 전해지는 유묵도 당시 관련자들의 후손들에게서 영인본이나 진본이 발견되었다.

반드시 안중근 의사 순국 당시 관련자 명단을 확보하고 후손을 찾는 노력이 선행이 되어야 한다. 〈안중근 의사의 유묵〉, 『안응칠 역사』, 『동양평화론』의 진품을 하루빨리 찾아야 하며, 안중근 의사 유해 매장에 관련된 기록 여부도 반드시 당사자의 가족이나 후손 또는 관련자들을 접촉하여 확인하여야 한다.

또한 뤼순 감옥에서 근무한 중국 직원과 수감자, 주변 거주자들의 가족이나 후손들을 찾아 나서야 한다. 당시 뤼순에 거주하던 조선인과, 뤼순 감옥에서 간수로 활동하던 조선인도 상당수 있다. 이들에 대한 자료도 확보해야 한다.

(1) 마본원

뤼순 감옥에서 근무한 중국인들은 주로 행정보조나 심부름, 통역, 잡역, 시체 운반 참여 등의 일을 한 것으로 보인다.

그 중에서 가장 대표적인 사람이 마본원이다. 마본원은 1924년 7월부터 1945년 8월까지 뤼순 감옥에서 사무원으로 근무한 중국인으로 이미 사망했지만 그의 후손을 찾아서 기록을 남겼는지의 유무를 알아봐야 한다. 마본원의 또 다른 증언이 안중근 의사 유해나 매장에 관련된 부분이 있는지도 반드시 확인해야 한다. 이는 중국의 민정부를, 특히 뤼순이나 다롄의 민정국을 통하여 호구를 가지고, 가족들을 찾아볼 필요가 있다.

당시 근무자들이 남긴 자료나 후손에게 남긴 말 등을 조사해야 한다. 다음의 표는 뤼순 감옥에서 근무한 중국 직원 일람표이다. 이 표는 1968년 뤼순구 사무실 〈적당안자료, 关于调查敌伪档案下落〉(日本殖民統治时期旅顺刑务, 일본강점기뤼순형무소), 〈뤼순형무소중국직원일람표(旅顺刑务中国职员一览表)〉와 1971년 뤼순 감옥구지 진열기획팀 조사기록을 토대로 작성된 자료이다.

뤼순 감옥 근무자의 조사 시점은 1968년과 1971년 시점이며 대부분 사망하였다. 모두 48명으로 집계되었다. 단, 중요자의 내용 위주로만 기재하였고, 주로 사형장이나 매장에 연관된 사람들이 주축을 이루고 있다. 일부는 진술자의 내용이 안중근 의사와 무관한 내용도 많이 있지만, 뤼순 감옥의 전체 상황을 현장감 있게 전하기 위해서 그대로 인용하였다.

뤼순 감옥에서 근무했던 48명의 일람표

성명	직무	소개인	근무 연한	이직 원인	원주소	향후 행방
최희신 崔喜晨	서무과 통역		1923년 4월		大连金州阎家楼	
마본원 马本源	회계과 직원		1924년 7월~1945년 8월 15일 이후		旅顺元宝房	旅顺长城李家 사망
양즉청 杨积清	서무과 사무직원	马本源	1939년 9월~1945년 8월 15일	원래계호계 1942년 4월 서무과로 도착	旅顺元宝房	뤼순위생관리 근무
왕덕성 王德成	계호과 압송원		1939년 9월~1945년 8월 15일			원보방 丰巨구 장녀와 결혼한 후 산동 거주
당국연 唐国连	계호과 압송원		1939년 11월~1941년 3월	张家口에 가서 근무	旅顺铁山鸦户嘴	旅顺铁山鸦户嘴
유청여 刘清汝	서무과 통역				大连沙河口区	
유홍은 刘洪恩	서무과 전달실 통역		1940년~1941년	순보를 합격한 후 대련관동청 외사과 형사로 입직	旅顺元宝房马营后	대련
장국재 张国财	의무과 의사		?~1945년 8월 전 떠남		旅顺水师营	사망
유기화 刘启华	서무과 전달실 번역		?~1940년		旅顺刘家沟	홍콩 구룡으로 이주
임배성 任培盛	서무과 전달실 번역		1942년		旅顺登峰街道	
이모국 李兄聚	회계과 소사		?~1942년	순보 합격	旅顺前夹山李家屯	사망
왕명유 王明有	서무과 전달실 번역		1943년~1944년	위만주국 군인	旅顺上台子	원래 日本宪兵队马夫孙德本의 사위
于新东 (여)	회계과 타자원		1943년~1945년 8월 5일			
서명연 徐明连	서무과 전달실 번역	杨积清	1944년 7월~1945년 8월 15일		旅顺龙头徐家屯	旅顺龙头徐家屯
유국봉 刘国凤	서무과 소사		?~1942년		旅顺铁山鸦户嘴	大连造船厂 대련선박회사
주사문 周士文	서무과소사		1945년 8월 이전		旅顺周家崴子	旅顺双岛周家

장수영 张秀英(여)	서무과 소사		1945년 8월 이전		旅顺三里桥	大连中山区石 道街196号
양량효 杨灵晓(여)	서무과 소사	杨积清	1945년 2월~ 8월 15일		旅顺元宝房	大连中山区民 生街12号, 杨 惠媛 개명
서길 薛吉(여)	서무과 타자원		1945년 8월 이전			
우심수 于心恕(여)	용도과 타자원		1944년 6월~ 1945년 8월 15일		旅顺得胜街道	金州七顶山
석옥진 石玉珍(여)	회계과 장부		1943년~ 1945년 8월 15일		뤼순	西安外语学院 근무, 사망
양수진 杨淑贞	회계과 장부		1944년~ 1945년 8월 15일		旅顺元宝房	北京
왕유빈 王有滨	회계과 사무원		?~1945년 8월 15일		뤼순	
곽옥유 郭玉祐	회계과 소사		?~1943년	1943년 형무 소 물건 훔쳐 해고	旅顺盐场郭家 沟	
무방유 穆方有	회계과 소사		?~1943년	1943년 형무 소 물건 훔쳐 해고	旅顺水师营	大连造船厂근 무, 中山区秀月 街 거주
마영양 马永让	회계과 소사		?~1944년			사망
손성본 孙成本	회계과 소사		1944년~ 1945년 15일		뤼순	
장기송 蒋基松	작업과 소사		?~1945년 8월 15일		旅顺三涧堡蒋 家屯人 거주 해방후 元宝房 거주	旅顺三涧堡洪 家村
김영부 金永富	작업과 소사		?~1945년 8월 15일		旅顺元宝房	사망
곽사준 郭士俊	계호과압송 작업과압송		1944년~ 1945년 8월 15일	1945년 계호 과에서 작업 과로 입직	旅顺元宝房	산동성, 사망
우영만 于瀛满	용도과 소사		1943년 3월~ 1945년 8월 15일		旅顺元宝房	旅顺电业局 근 무
장유장 张有长	작업과 운전		~1944년		旅顺三里桥	다롄에서 운전
서명성 徐明成	작업과 운전		?~1945년 8월 15일		뤼순용두서가 촌	1960년 사망

2. 안중근 의사 순국 당시 뤼순에 있었던 일본인과 그의 후손 찾기

안중근 의사가 순국하던 날 저녁에 뤼순에서는 희한한 만찬이 열렸다. 이 파티에서는 안중근 의사 순국에 공로한 일본인들에게 위로와 상금을 수여하였다. 이 관계자들의 후손을 찾아야 한다.

1910년 3월 29일자 《만주일일신문(滿洲日日新聞)》 보도에 의하면, 안중근 의사의 하얼빈 의거 후 일제는 재판을 시작하기도 전에 사형을 가할 것을 미리 결정하고 나서 재판을 통해 드디어 사형언도를 내렸는데, 관동도독부(關東都督府)는 안중근 사건에 공로가 있는 '재판관계자'에게 다음과 같이 보상금을 지급한 것으로 확인되었다.

관동도독부 법원에 지방법원장 마나베(眞鍋) 재판장 150원, 미조부치 검찰관 250원(圓), 소노키(園木) 통역 200원, 기시다(岸田) 서기 80원, 와타나베(渡邊) 서기, 武內 서기 80원이다. 관동도독부 감옥서(뤼순 감옥)의 감옥장 구리하라(栗原) 전옥 150원, 나카무라(中村) 간수부장 80원, 아오키(青木) 간수부장 50원, 다나카(田中) 간수 이하 6명 10원~45원이고, 요시다(吉田) 경시 50원, 사이토(齊藤) 경부 30원, 탄노(丹野) 부장, 히라바야시(平林) 판사, 토다(戶田) 판사 각 20원, 가마다(烟田) 순사, 시오가와(鹽川) 순사, 야마모토(山本) 경사, 나카무라(中村) 경사, 가미시모(神下) 경사 각 10원을 하사하였다.

또한 1910년 3월 29일 《만주신보(滿洲新報)》와 《만주일일신문(滿洲日日新聞)》 보도 내용에 의하면, 3월 26일 안중근의 매장이 끝났다는 보고가 있은 지 얼마 후인 5시에 안중근 재판의 최고책임자인 뤼순고등법원장(旅順高等法長) 히라이시 요시토(平石義人)의 관사에서 안중근 사건 관계자 위로만찬회(慰勞晩餐會)라는 이름으로 축하연을 개최하였는데, 안중근의 재판에 관여한 다음과 같은 인사들이 모였다.

내빈(內賓)으로는 관동도독부(關東都督部) 사토 경시총장(佐藤 警視總長), 요시다 경시(吉田 警視), 旅順監獄 구리하라 전옥(栗原貞吉 典獄) 辯護士 미즈노(水野), 가마다(鎌田) 그리고, 언론사(言論社) 나가노(中野, 自由通信), 안사이(安齋, 東亞通信), 부도우(武藤, 朝日通信), 기도우(鬼頭, 滿洲日日新聞), 쓰노다(角田, 遼東新聞), 야노(矢野, 滿洲新報)가 참석했다. 주최측(主催側)으로는 고등법원장(高等法院長) 히라이시(平石), 檢察官 미조부치(溝淵), 判官 다이와다(大和田), 通譯 소노키(園木), 書記 와다나베(渡邊), 다케우치(竹內), 오카다(岡田), 기시다(岸田) 등이다. 이상 주객(主客) 20명은 오후 5시에 집합하여 기념사진(紀念寫眞)을 촬영한 후 응접실에서 바둑을 두다가 6시가 넘어 악기 연주를 듣고 갈채를 보내었다.

다음 주최자 히라이시(平石) 법원장의 인사말에 이어 내빈을 대표한 사토 경시총장의 답사가 있은 뒤 곧 파성(巴城)과 미광(未廣)의 두 고급 요정에서 불러 온 미인(紅裙)들이 술잔치를 벌이고, 끝에는 각자 득의 (得意)의 숨은 재주(隱藝)를 뽐내는 등 매우 성황에 이르렀고 10시가 넘어 산회(散會)하였다.

당시 보도 내용은 위와 같다.

또 사형이 집행되고 유해를 비밀리에 처리한 뒤 법원장 집에서 재판 관계자에게 축하와 위로의 연회를 열었던 사실도 확인되었다. 안중근 의사를 교수형(絞首刑)에 처하고 매장을 끝낸 데 대해 재판에 관계했던 일본인 관리들은 마치 국경절(國慶節)을 맞은 듯 기뻐했던 것이다.

사형수에 대하여 사형을 집행하고 나서 재판관과 검찰관 공히 상여 금을 지급받고 축하연까지 개최했다는 것은 일찍이 들어보지 못한 천하의 웃음거리라고 할 수 있다. 이러한 사실은 일제가 안중근 의사에 대한 재판을 의도한 대로 조작하고 진행하기 위해 얼마나 긴장하였던 가를 암시하는 증거인 것이다.

사형수의 유해 문제에 있어서는 유족이 요청하면 돌려주는 것이 당시 법에 비추어 당연하고도 적법한 절차였음에도, 안중근 의사에 대하여는 그 유해를 유족에게 교부하기를 거부하고 그들 마음대로 처리한 후 만찬 축하연까지 가졌다는 이러한 사실로 추측하건대, 안중근 의사의 유해가 당일은 정해진 장소에 묻혔다 하더라도 그후 어떠한 조작이 가해졌는지 또한 알 수 없는 일이다.

또한 3월 26일 안중근 의사 사형집행과 매장 후 저녁 상황에 관한 이 보도 기사는, 그 직전의 안 의사의 유해 매장에 관한 진실을 알려줄 기록물도 분명히 존재할 것이라는 믿음을 더욱 굳게 가지게 한다. 그리하여 상기 전술한 자들의 후손과 가족들을 찾는 노력을 반드시 해야 한다.

(1) 뤼순고등법원장(旅順高等法長) 히라이시 요시토(平石義人)

히라이시는 안중근 의사가 순국할 당시 관동도독부 고등법원장을 역임하여 안중근 의사의 재판을 총괄하는 가장 중요한 위치에 있었다. 히라이시는 안중근 의사가 하얼빈 의거 후 뤼순으로 오자, 정치범으로 인식하고 안중근 의사에게 한국인과 외국인 변호인을 허락한다. 그러나 히라이시는 일본 외무성의 소환으로 동경에 가서 안중근 의사를 사형에 처하라는 명령을 직접 지시받고 왔다.

히라이시는 1910년 2월 17일 안중근 의사를 만나 동양평화에 대한 견해를 담은 〈청취서〉를 후에 남긴다. 히라이시는 안중근 의사를 사형에 처한 1910년 3월 26일 오후 5시부터 위로 만찬회를 개최한 인물로 안중근 의사와 직접적 관련이 있는 사람이다.

히라이시는 동경제국대학 법학과를 졸업하고, 명치 23년 10월 고베시 지방 재판소 판사, 명치 32년 5월 10일 나고야 공소원 부장 판사, 명치 37년 4월 7일 대심원 판사, 명치 42년 관동도독부 고등법원장 역임, 대정 13년 12월 15일에 뤼순시장으로 취임하였다. 중화민국 8년에 뤼순고등법원장 장관 히라이시 명의로 중화민국상 2등 훈장을 수여받았다. 대정 8년에는 명치훈장 2등을 수여받았다. 2011년 9월 12일에 일본여자대학 사학과 교수인 히라이시의 손녀와 일본 시티즌 회사에서 근무하는 이학박사 손자가 뤼순을 방문하여 할아버지의 자취를 돌아보았다. 그들의 연락처는 현재 저자인 내가 보유하고 있다. 히라이시의 손녀와 손자는 현재 모두 동경에 거주하고 있다.

(2) 뤼순관동도독부 민정장관 시라니 다케시(白仁武)

뤼순공과대학은 뤼순 신시가지에 위치한 공과대학으로서 만주 침략의 교두보 역할을 하였다. 안중근 의사가 순국할 당시에 시라니 다케시는 뤼순 관동도독부 민정장관으로 뤼순 감옥서의 상급부서 최고 위치에 있었다. 1909년 6월부터 뤼순공과대학의 학장으로 근무하다가, 1908년 5월 15일부터 1917년 8월까지 뤼순 관동도독부 민정장관으로 근무하였다.

시라니 다케시는 1863년 12월 1일(文久 3年 10月 21日)에 출생하였고, 1941년(쇼화 16년) 4월 20일에 사망하였다. 일본의 내무관료이자, 실업가였다. 야나가와(柳河)번주의 가정 시라니 세이죠(白仁成助)의 장남으로 출생하였다. 유나가와 중학(柳河中学) 공립학교(共立学校), 대학예비과를 걸쳐서, 1890년 7월에 제국대학 법과대학 정치학과(帝国大学 法科大学 政治学科)를 졸업하였고, 1890년 7월에 내무성에 내각시보로 회계국에 배속되었다. 1890년 11월에 현치국(県治局)에 근무하다가 내무성 참사관(内務省参事官) 홋가이도도청 참사관(北海道庁参事官), 내무부 군치과장(内務部郡治課長), 내무부 지리과장(同部地理課長), 문부서기관(文部書記官), 척식서기관(拓殖務書記官), 내무사무관(内務事務官), 내무 서기관(内務書記官), 대신

관방홋카이도과장(大臣官房北海道課長), 내무성신사국장겸총무국홋카이
도과장(内務省神社局長兼総務局北海道課長)을 역임하고, 1904년 1월에 토치
키현 지사에(栃木県: 関東 지방 북부의 현으로 현청 소재지는 宇都宮市) 취임하였
다. 1906년 8월에 문부성 보통학무국장에 전보하였다. 이후 관동도독
부 민정장관(関東都督府民政長官), 내각척식국장관(内閣拓殖局長官), 제철소
장관(製鉄所長官)을 역임하였고, 1924년 11월에 퇴직하였다. 그후 일본
우편선사장(日本郵船社長)에 취임하고, 1929년 5월까지 근무하였다.

(3) 관동도독부 도독 오시마 요시마사(大島義昌)

안중근 의사가 순국할 당시 관동도독부는 관동지역의 최고 권력기
관이었다. 관동도독부 밑에 민정장관이 있고, 관동도독부 감옥서(뤼순
감옥)과 관동도독부 법원이 있었다. 관동도독부의 도독인 오시마 요시
마사는 안중근 의사 순국의 정보를 가장 빨리 취할 수 있는 위치에 있
었다. 1850년 9월 20일(가에이 3년 8월 15일)에 일본의 야마구치의 죠슈번
에서 출생하여 1926년(다이쇼 15년) 4월 10일에 사망하였다.

메이지 시대와 다이쇼 시대에 활동한 일본 제국의 군인이었다. 관동
도독으로서 1906년 9월 1일부터 1912년 4월 26일까지 안중근 의사가
순국할 당시에 최고의 위치에 있었다. 1894년 6월 청일전쟁 시기에 혼
성 제9여단장(제1군 소속)으로서 4천 명을 이끌고 조선 출병에 파견되
어, 경복궁을 습격하여 고종을 사로잡고 청군 작전에 진입하였다.

청국 육군과의 서전인 성환 전투에서 승리를 거두었고, 그후 평양육
전, 압록강 공방전. 요동의 우장(牛莊)전투 등에서 활약하였다. 1895년
에 남작에 봉해졌다. 1898에는 제3사단장으로서 러일전쟁에 출정,
1905년 육군대장에 올라 관동도독으로서 1906년 9월 1일부터 1912
년 4월 26일까지 관동도독을 역임하였다. 1907년 자작에 올랐고 1912

년까지 점령지의 군정 실시로 신설된 관동총독(다음 해 관동도독으로 명칭 변경)에 취임하여 만주 경영을 담당했다.

1921년에는 군사참의관을 겸하였고 제3사단장 등을 역임하였다. 관위는 육군대장 정이위 훈일등 공이급 자작이다. 둘째 사위가 육군군의감 혼토(本堂恒次郎)이며, 혼토의 딸 시즈코(靜子)가 일본 현 수상 아베신조(安倍晋三)의 조모이다. 즉 아베 신조는 증손 뻘이 되는데, 아베신조의 외고조부가 오시마가 된다.

(4) 안중근 의사 순국시기 뤼순 감옥의 일본인 명단

대련민정서 서장 力石雄一郎(재임시기 1907.12.6~1910.2.3), 마나베(眞鍋: 관동도독부 지방법원장으로 안중근 의사 사형을 언도한 재판장), 미조부치(溝淵, 안중근 의사를 하얼빈에 가서 조사 후 뤼순에 이송하여 사형을 구형한 검찰관 또한 안중근 의사가 유묵을 써주었음), 소노키(園木, 조선통감부로 통역으로 안중근 의사의 통역 역할을 하고, 안중근 의사 순국당시 사형시말보고서를 쓴 장본인, 또한 안중근 의사가 유묵을 써주었음), 기시다(岸田, 관동도독부 서기로서 안중근 의사 재판 당시 서기로 참여하고, 1910년 2월 17일 히라이시와 청취서를 작성시 배석한 인물), 와타나베(渡邊, 관동도독부 법원 서기), 武內(관동도독부 법원 서기), 구리하라(栗原, 관동도독부 감옥서(뤼순 감옥)의 전옥으로 안중근 의사의 수감생활을 실질적으로 총괄하고 감독한 자로서 안중근 의사 순국시 사형장에 참여하였고, 그의 딸인 이와이 마사꼬가 준 추도식 사진을 토대로 2008년에 뤼순 감옥 뒷산에서 안중근 의사 유해 발굴 1차 시도), 나카무라(中村, 뤼순 감옥 간수부장으로 안중근 의사가 안응칠 역사에서 나카무라가 잘해준다고 평을 남김), 아오키(青木, 뤼순 감옥 간수부장), 다나카(田中, 뤼순 감옥 간수), 등이 당시 뤼순 감옥에 연루된 인물들이다.

다음의 경찰은 당시 관동도독부 헌병 뤼순 분대 소속으로 추정되는 인물들이다. 요시다(吉田, 경시), 사이토(齊藤, 경부), 탄노(丹野, 부장), 히라바야시(平林, 판사), 토다(戸田, 판사), 가마다(烟田, 순사), 시오가와(鹽川, 순사), 야마모토(山本, 경사), 나카무라(中村, 경사), 가미시모(神下, 경사) 등이다.

안중근 의사 사형 집행 후 위로 만찬에 등장하는 이름으로, 관동도독부(關東都督府) 사토(佐藤, 관동도독부 경시총장)가 있고, 미즈노(水野)와 가마다(鎌田)는 모두 안중근 의사의 변호를 맡았던 일본 측 국선 변호인이다. 이외에 나가노(中野, 자유통신(自由通信) 기자), 안사이(安齋, 동아통신(東亞通信) 기자), 부도우(武藤, 아사이통신(朝日通信) 기자), 기도우(鬼頭, 만주일일신문(滿洲日日新聞) 기자로서 만주일일신문은 안중근 의사의 공판과정 및 매장지 등 대련에 본사를 두고 안중근 의사 관련 기사를 대량으로 생산하였다), 쓰노다(角田, 遼東新聞 기자), 야노(矢野, 만주신보(滿洲新報) 기자) 등이 있으며, 다이와다(大和田, 통역), 다케우치(竹內), 오카다(岡田), 기시다(岸田) 등의 인물의 후손과 가족들도 줄기차게 찾아야 한다.

3. 뤼순 감옥 당시 근무했던 간수들의 명단, 직위, 고향

안중근 의사의 순국 시기와 연관이 있는 1909년에서 1910년 사이에 근무했던 사람들의 명단이라면 더할 나위 없이 좋겠지만 현재 확보되어 있는 명단은 1917년~1943년 시기의 뤼순 감옥 직원 명단뿐이다. 본 책에는 1917년 시기의 명단을 제시하고자 한다. 본 자료는 일본관동도독부관방비서과에서 제작하고 『뤼순일아감옥실록』에 수록된 내용이다.

성명, 근무시기, 직급, 직위, 고향순이다.

渡辺友次郎—1917, 5등 5급, 전옥겸감옥직원징법위원장, 島根
島根三浦义英—1917, 3급, 감리, 감옥직원징벌위원겸통계주무, 大分

町田德次郎—1917, 4급, 감리 및 감옥직원징벌위원, 高知

泽田宗兵卫—1917, 5급, 감리및물품회계관사, 滋賀

大森貞信—1917, 6급, 감옥직원징벌위원, 福島

中島三雄—1917, 초빙인원, 熊本

佐藤近良—1917, 초빙인원, 大分

陶山光海—1917, 초빙인원, 大分

山根福吉—1917, 초빙인원, 島取

桦泽纠能—1917, 초빙인원, 兵库

泽田晳—1917, 고용원, 广岛

山吉省三—1917, 고용원, 爱暖

中村万喜—1917, 고용원, 熊本

石金声—1917, 中国

掏田岩追—1917, 약제配药, 福冈

　　한국 정부에서는 단 한 차례도 안중근 의사 순국 당시 일본인과 중
국인들의 후손이나 가족을 찾기 위한 노력을 하지 않았다. 일본에 계
셨던 몇몇 분들은 헌병 치바도시치와 구리하라를 중심으로 찾아보았
고, 대체로 외교 사료관, 고서점 등 도서관에 의존하여 자료를 찾아보
았다. 시간이 지날수록 많은 자료는 이제 민간이나 후손의 손에서 찾
아내기 어려울 것이다. 그러나 가장 늦었다고 생각할 때가 가장 빠른
것이다. 안중근 의사님이 뤼순의 지하에서 기다리고 계신다.

4. 뤼순 감옥 관련 법률에 나타난 안중근 의사 유해발굴의 암시

안중근 의사 유해 관련 법률은 일본 감옥법(명치 34년, 1902년)과, 관동도독부, 민정부 감옥서 기록 규칙(명치 39년, 1907년), 관동도독부 설치법, 그리고 현재 중국의 문물보호법에서 암시를 찾을 수 있다.

일본 감옥법의 감옥 실행세칙에는 안중근 의사 사형시 사용한 법률로서 사형장, 사형 방법과 사체 시신 반환 인도 여부, 합장에 관한 내용을 알 수 있다.

제 74조에 사망록 기록이 있다. 아주 중요한 조항인 제75조를 보면 다음의 내용이 나온다.

> 사망자의 친척이나 친구가 사망자의 시신을 인수하기를 요청하면 반환해야 한다. 단 요청자가 사망책에서 인정해야 한다. 간수가 시신을 매장할 때 관으로 매장하고 관의 위에 한 폭 3인치 이하 길이 3척 5촌 이하의 이름표를 붙여야 한다. 사망자의 친척이나 친구가 사망자의 시신을 인수하기 요청하면 간수가 허락해야 한다. 단 꼭 요청자를 사망책에 서명하고 도장을 찍고 시신을 인수하는 것을 인정한다. 간수는 시신을 매장할 때 애도하는 뜻으로 짧은 의식을 열기도 해야 한다. 사망자의 평생이 극악하지만 죽음으로 갚을 수 있어서 인도적으로 대해야 한다. 그래서 시신을 관 안에 매장한 후 사망자의 표식을 묘 안의 위에 세워야 한다.

모든 매장시에는 사망자의 이름을 표시한 것을 알 수 있다. 1971년에 뤼순 감옥 공공묘지에서도 일부 유해 발굴시 유골통에서 "장위엔팅"이라는 이름이 담긴 유리병이 나왔다. 만약 안중근 의사의 이름이 유해에서 나온다면 이보다 더 정확한 증거는 없을 것이다. 관동도독부, 민정서 감옥서 기록 규칙에 의하면 안중근 의사 시기의 각종 기록의 보존과 폐기와 관련된 자료로서 일본이 안중근 의사의 자료를 반드시 보관하고 있다는 것을 확신할 수 있다. 아울러 현재 중국의 문물보호법은 만약 뤼순 감옥의 공공묘지를 지표 투과 레이더 방식으로 기초조사를 할 때 응용할 수 있다.

5. 다롄시에서 확보해야 하는 자료들

(1) 다롄 당안관

중국에서는 한국의 국가기록원처럼 당안관이라는 곳이 있다. 이곳에서는 국가의 중요한 기록과 역사 기록 등을 보관한다. 다롄시에도 다롄 당안관이 있다. 다롄 당안관에는 뤼순 감옥에서 1945년 8월 16일, 17일, 18일 3일 동안 소각되고 발견된 뤼순 감옥 자료가 있다. 1971년 초에 뤼순 감옥을 개관하기 위하여 현재의 주차장 부지에서 발견된 불탄 자료가 있다. 불에 탄 당안은 1905년부터 1945년까지 일본이 다롄을 강점한 시기에 일본 다롄 헌병대, 관동주 청, 경찰부 및 경찰서의 탄화된 당안이라고 일컫는데, 이런 당안을 수장하고 있는 당안관은 다롄시 당안관밖에 없다.

1945년 일본은 투항 전에 경찰, 헌병, 스파이 기관은 증거를 파괴하기 위하여 당안을 방공호에다가 놓고 불태웠지만 완전히 태워버리지 못하고 흙으로 묻어 탄화되었다.

또한 1955년 뤼다시에서 다롄 당안관으로 옮겨진 뤼순 감옥 정치범 명단도 다롄 당안관에 1,248명이나 있다. 1955년 뤼다시에서는 위만 시대 뤼순 당안관을 정리하던 중 뤼순 감옥에 수감된 수감 인원의 금

뤼순 감옥에 수감된 정치인 명단

판 1,248매를 발견하였다. 사진번호와 촬영 특성을 분석하면 정치인 수감자인 것을 알 수 있다고 한다.

이 자료에는 신채호 선생, 박희광(朴喜光) 의사(예명 박상만으로 기록), 이필현(李弼鉉), 김병헌(金秉憲), 유상곤, 최흥식 등의 이름이 나타나고 있다. 많은 한국 항일 독립투사가 있을 것으로 추측되며 박씨가 25명, 김씨가 84명이나 된다. 이 금판은 일부 뤼순 감옥의 자료실과 다롄 당안관으로 이전 보관되어 있다. 이에 대한 자료를 찾아야 한다. 향후 공개되어 뤼순 감옥 내 한국인 항일 독립투사의 연구 자료로 활용되어야 한다. 이 자료도 반드시 확보해야 한다. 신채호 선생의 사진도 다렌 당안관에서 발견된 것이다. 현재 신채호 선생의 사진은 당시 근무자였던 판마종 선생의 기지로 소장하였고, 2000년 초 한국의 모 인사에게 신채호 선생의 사진을 전했다고 증언하였다.

(2) 다렌시의 다렌도서관

다렌시에는 다렌도서관이 있다. 다렌도서관은 만주철도 주식회사 당시의 만철도서관을 그대로 이어받아 만든 다렌시 노쉰로에 있는 만철도서관과 동북로에 있는 다렌도서관이 있다. 만철도서관에 있던 자료도 이제는 동북로의 다렌도서관 본원으로 옮겨와 보관하고 있다.

다렌도서관 6층의 고문서실에서는 마이크로필름 등으로 만주철도 자료도 검색 가능하지만 아직은 외국인에게는 제한을 두고 있다. 신문자료는 중산(中山)구 루쉰(魯迅)로에 있는 다렌도서관 분관 지하실에 보관되어 있다. 다렌도서관은 백여 년의 유구한 역사를 가지고 있다. 다렌도서관의 전신은 1907년 창립한 만철(滿鐵), 만주철도 다렌도서관이고 1981년 다렌도서관으로 개명했다.

최근의 다렌도서관에서 확보된 안중근 의사 시기의 중요한 자료들의 제목들을 열거하고자 한다. 이 자료의 제목은 다렌도서관 목록에는 있지만 소장하지 않은 것도 있고, 소장하지 않는 것은 동북3성의 다렌도서관에 있을 수 있다는 것이 도서관 관계자의 설명이다. 일부는 다렌도서관에 있는데 아직 마이크로 필름화되지 못해 공개가 불가하다는 것이다.

시급히 확보해야 하는 자료를 보면, 관동도독부 주보(명치 39~대정 7년, 안중근 의사 시기의 관동도독부 관보), 관동국시정30년사(쇼와 12년), 뤼순사정(뤼순민정서편, 대정 9년), 관동주 사정 상하(관동청 토지 조사부, 1923, 1930년),

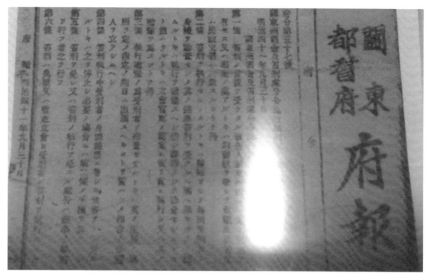

관동도독부 주보

관동도독부 법규제요(명치 40, 42, 43), 대련민정31년 기념집(쇼와 13년),
뤼순의 현세와 장래의 발전(뤼순민정서편, 쇼와 3년), 뤼순(뤼순시역소 쇼와 11
년), 대련 민정서서보(1912~1917년), 감옥주간(대동 2년), 감월월간(신경출판
사, 대동 2년), 역사지리(동경, 명치 32년~쇼와 18년), 관동청 청보(대정 3년~쇼와
7년), 관동국보(쇼와 10~19년) 등 안중근 의사 시기와 겹치며 뤼순을 알
수 있는 중요한 목록이다. 한국의 외교 채널을 통하여 다롄도서관에서
확보하길 바란다.

(3) 《만주일일신문》과 《태동일보》

이제 안중근 의사 기록이 있는 《만 일일신문》과 반드시 확인되어야
하는 《태동일보》를 소개하고자 한다. 이들을 확인해야 그동안 알려지지
않은 안 의사 유해 관련 사실의 실마리를 찾을 수도 있으리라 본다.
《만주일일신문》은 이미 모두에게 공개되어 있다. 그러나 《태동일보

(泰東日報)》는 전혀 공개되지 않은 상태이다.《태동일보》는 일본 식민통치 시기에 다롄 지역에서 발간된 최초의 일문 신문이다. 1908년 3월 다롄화상회의 회장인 리우자오이(劉肇億), 부회장인 궈쉬에순(郭學順) 등이 창간했다. 첫 번째 이사회 회장이 리우자오이이다. 주로 국내외 기사, 시세, 금융 동태 등을 실었는데 중국 상인들에게 업무에 관한 참고로 활용되었다. 일본 사람들과 교제하기 위하여 일본인 가네코 헤이키치(金子平吉)를 부사장으로 임용했는데 그후 그는 실권을 쥐어 사장을 맡았다. 그후《태동일보》 사장은 전부 일본인이었다. 이 신문은 처음에는 두 판이었으나 1938년부터 10판으로 증가되었다.

《태동일보》는 안중근 의사의 공판기록과 수감 상황, 그리고 사형 당시의 상황, 사형 후의 상황에 대한 소중한 내용들이 기록되어 있을 가능성이 높다.《만주일일신문》에 의하면 안중근 의사의 공판과 사형후, 안정근과 안공근의 처리에 대하여 소상히 밝히고 있다. 그리하여《태동일보》에 대한 열람이 하루속히 요구되는 것이다.

6. 뤼순 감옥에 수감되었던 한국의 독립운동가들

(1) 최흥식, 유상근(柳相根)

뤼순 감옥(뤼순 형무소)에서 옥사하거나 사형으로 순국하신 한국인 독립운동가는 현재 뤼순 감옥 내 소개되고 있는 분들로 안중근, 유동하, 조도선, 우덕순, 신채호, 한인애국단의 최흥식, 유상근(柳相根)이었다.

일본 제국주의 침략을 반대하는 투쟁은 안중근 의사로부터 시작된다는 주은래 전 중국 총리의 말처럼 이토 히로부미를 저격한 것은 한국, 중국, 일본 등 극동 삼국의 100년의 기간 중에 가장 중요 사건이라고 할 수 있다.

뤼순 감옥은 안중근 의사만 투옥되었던 것이 아니다. 역사학자이며 독립운동가인, 무정부주의자 단재 신채호 선생과 이회영 선생은 모두 알고 있지만, 국내에서는 거의 알려져 있지 않은 한인애국단 유상근과 최흥식이 있었다.

두 사람은 김구의 지령으로 영국의 국제연맹조사단을 마중 나온 일본 관동군사령관 혼조시게루를 폭살시킬 계획을 추진하다가 체포되었다. 다롄 형무소에서 복역 중 태평양전쟁이 일어나자 뤼순 형무소로 이감되어 13년간 옥고를 치르다가, 안타깝게도 일본 패망을 코앞에 둔 1945년 광복절 하루 전에 옥중에서 살해되었다. 이 사실은 뤼순 감옥 내 국제 전사관에 소개되고 있다.

(2) 황덕환

만주지역 항일 독립단체였던 신민부의 군자금 모집대장인 황덕환과 정의부 의용소대장인 김원국이라는 한국 항일 독립운동가가 있었다. 두 분 모두 1920년대 일제강점기 동토의 만주벌판에서 조국의 광복을 위하여 항일운동을 하다가 뤼순에서 형장의 이슬로 사라진 분들이다.

① 신민부의 항일독립운동

1926년 9월 신민부의 모연대장(募捐隊長) 황일초(黃一樵, 본명 황덕환, 黃德煥)는 하얼빈(哈爾濱)에서 무기를 구입하여 동부로 운반 중 중일합동 관헌(中日合同官憲)에게 피체되어 다롄(大連)으로 압송되었다. 1926년 10월 다롄지법(大連地法)에서 무기형을 언도받고, 1929년 5월 사형 판결을 받았다. 1929년 9월 20일 뤼순형무소에서 사형을 당하셨다. 신민부의 소개는 다음과 같다. 신민부는 1925년 3월 10일 북만주 닝안성(寧

安城)에서 결성된 독립운동단체다. 북만주의 항일단체들이 효율적인 투쟁을 위해 단체를 통합해 발족했으며, 중심 세력은 대한독립군단과 대한독립군정서였다.

공화주의와 민족주의를 기본 사상으로 하며 행정기관으로 중앙집행위원회, 입법기관으로 참의원, 사법기관으로 검사원을 각각 설치해 삼권분립을 추구했다. 그러나 실제로는 참의원과 검사원이 활동을 제대로 하지 못해 중앙집행위원회 중심으로 움직였다.

중앙집행위원회 위원장은 김혁(金赫)이, 중앙집행위원회 위원은 조성환(曺成煥)과 김좌진(金左鎭) 등 9명이 각각 선출됐다. 또 참의원 원장은 이범윤(李範允), 참의원은 김이윤(金裏潤), 양재헌(梁在憲) 등 15명, 검사원 원장은 현천묵(玄天默), 검사원은 강규상(姜奎尙), 노호산(盧湖山) 등 10명이 각각 맡았다.

500여 명의 무장 별동대와 보안대를 두었는데 이들은 군사부 위원장 겸 총사령인 김좌진이 통솔했다. 성동사관학교를 설립, 500여 명의 졸업생을 배출해 독립군 간부로 활동하게 했다. 지방에는 군구제(軍區制)와 둔전제(屯田制)를 실시하고 공농제(公農制)를 도입했으며 식산조합 및 소비조합을 설치했다. 한인 자녀의 의무교육을 위해 소학교 50여 개를 세웠으며 노동 야간 강습소도 설치했다. 1925년 4월부터 기관지 《신민보(新民報)》를 발행했다.

1927년 8월에는 이중삼(李重三) 등 특수공작대를 한국으로 보내 일본 군경의 주둔 상황을 살피고 관련 지도를 완성했다. 북만주지역 친일 반역자를 처단하고 한국으로 사람을 파견해 조선총독 암살을 꾀하기도 했다.

1926년 12월 황일초(黃一樵) 등이 하얼빈에서 군자금을 모으다 일본 경찰에 체포되고 이듬해 2월에는 일본 경찰과 중국군의 습격을 받아 김혁, 유정근(兪正根) 등 간부가 잡혀가면서 조직이 큰 타격을 받았다.

1927년 12월부터는 조직이 군정파와 민정파로 나뉘어졌지만 양측은 끝내 갈등을 해소하지 못했다. 결국 군정파는 1928년 12월 해체된 뒤 한족총연합회에 들어갔고, 민정파 역시 1929년 3월 해체돼 국민부에 참여함으로써 신민부는 와해되고 만다.

② 신민부의 황덕환

황일초의 국가보훈처 공적조서(관리번호 11173)의 내용은 다음과 같다. 본명은 황덕환으로서 때로는 황건(黃鍵)이라는 이명을 쓰기도 하였다. 본적은 함경남도 원산이다(咸南元山府元町二丁目13). 그러나 독립운동을 할 당시의 주소는 전라남도 영광군 남면 양덕리(全南 靈光郡 南面 陽德里 236)이다.

1919년 3월 상해 임시정부 군자금 조달차 입국하다가 부산항에서 피체되어 대구법원에서 5년형 언도받고 대구형무소에서 3년 복역 후 가출옥을 하였다(《東亞日報》, 1922.3.16, 1928.5.26 7~303).

1923년 1월 신민부군정위원회 부위원장, 별동대장(別動隊長)으로 일경(日警)과 투쟁(抗日殉國義烈士傳, p.365; 韓獨運史, p.326; 東亞日報, 1928.5.20), 1924년 9월 별동대원(別動隊員)을 대동하고 악질 주구(走狗)인 해림조선민회장(海林朝鮮民會長) 배두산(裵斗山)을 교살(抗日殉國義烈士傳, p.365; 韓獨運史, p.326), 1926년 9월 하얼빈에서 무기 구입 후 동부로 운반 중 중일합동관헌에게 피체되어 대련으로 압송, 1926년 10월 대련지법에서 무기형을 언도받았다. 1927년 9월 상소 뤼순고법(旅順高法)에서 무기형 언도, 옥중에서 日人罪人 看守打殺(《東亞日報》 1928.5.20), 1929년 5월 사형 판결, 1929년 9월 20일 뤼순형무소에서 사형당함(韓獨運史, p.326; 抗日殉國義烈士傳, p.365). 대한민국 정부는 1963년에 대한민국 독립장을 포상했다. (국사편찬위원회 한국사데이터베이스 http://db.history.go.kr)

황덕환이 부산에서 군자금을 모집하다 체포된 당시《동아일보》

1922년 3월 16일 신문 기록을 보면 다음과 같다.

〈상해가정부 명령으로 군자금을 모집하고자 돌아오는 황덕환 부산에서 체포〉

부산 육상경찰서에서 지난 8일 밤 돌연히 활동을 개시하여 조일여관에서 한 명의 모 중대범과 일치하였다는 임의 보도한 바 있다. 그 범인을 엄중히 취조한 결과 그 범인은 본적을 원산부원령에 두고 상해 프랑스 조차지 후덕리에 거주하는 황덕환으로 밝혀졌다. 그는 조선 통감정치에 불만을 품고 작년 11월 경에 상해에 건너가 임시정부 재무총장의 부하가 되어 독립운동에 열심히 하던 바 지난 3월 3일에 재무총장의 명령을 받고 조선에 건너와 군자금을 모집할 계획으로 재무총장에게서 받은 군자금 모집 취지서와 공채 응모권 및 신임장 그리고 지령 통지서 등을 가방속에 넣어 가지고 일본 나가사키와 시모노세키를 걸쳐 지난 7일 오전 8시 30분에 연락선 신라환으로 부산에 상륙하여 조일여관에 투숙한 것이라 하며 여관에 근거를 두고 부산의 유지에게 다수 권유하여 금전을 모집하고자 하다가 발각되어 부산경찰서에 체포되었다. 그의 연루자로 시내에서 다수가 검거되었다.

《동아일보》, 1922년 3월 16일)

황덕환의 재판을 보도한 《동아일보》 1928년 5월 20일자 기사는 다

음과 같다.

"新民府員 李永祥·崔晋萬·蔡世允·朴秉燦·黃德煥 5名의 公判이 大連法
院에서 열려 최고 無期에서 최하 10年을 言渡 받다. 신민부원 판결"

신민부원으로 대련에서 잡힌 이영상, 최진만, 채세윤, 박병찬, 황덕
환 등 5명에 대한 판결 언도는 17일 오전 아홉 시 삼십 분에 대련법원
제1호 법정에서 최고 무기징역에서 최하 10년의 언도되었는데, 방청
석에는 일본인 소학생 남녀 200여 명과 기타 각국 인사 50명으로 만
원을 이루어 입추의 여지가 없었다. 피고인들은 법정 좌우를 돌아보
며, 오랫 동안 창백한 얼굴이었다. 안주 재판장을 비롯하여 삼곡 검찰
관과 배석 판사 두 사람과 서기가 참석한 후 피고인 5명을 연명하여(연
이어 이름을 불러) 판결을 언도하겠다고 선언한 후, 피고인들은 강도 살인
급 치안유지법 위반으로 그간 3회에 걸쳐 사실 심리와 증거조사가 있
었으나 피고인들은 신민부원으로 중앙부위원장 김혁 외에 11인의 명
을 받아 일본 정치를 변혁하고, 조선 ○○을 복역하며 또는 공산주의
선전을 하며 하얼빈 및 기타 각지에서 군자금을 탈취한 치안유지법에
위반되는 모든 행위는 증거가 충분하므로, 피고 이영상은 징역 15년,
최진만은 12년, 채세윤, 박병찬은 각 10년, 그리고 황덕환은 무기징역
에 처하는데 황덕환은 대정 8년에 제7호 위반으로 부산법원에서 5년
징역의 판결을 받아 복역한 전과자로서 무기징역을 언도한다. 고발을
마치고 피고 이영상의 출판법 위반과 박영찬의 군자금 모집 협박 편지
사건은 증거가 없음으로 본 사건에서 제외해야 한다고 했다. 그러나
피고인들은 묵묵히 앉아 공소 여부를 생각해야겠다고 말했다(대련)(《동
아일보》, 1928년 5월 20일).

당시 신문상에서는 무기징역이었지만 국가보훈처의 공적조서상에서는 실제 1929년 5월 사형 판결을 받고, 1929년 9월 20일, 뤼순형무소에서 사형당한 것을 기록하고 있다. (근거: 韓獨運史, p.326; 抗日殉國義烈士傳, p.365)

일설에 의하면 뤼순 감옥에서 복역하던 중 1929년 제3공장(第三工場 : 行利工場)에서 일인(日人) 죄수와 같이 노동하고 있을 때, 그곳 일인이 한국인에 대하여 매일같이 모욕적인 언사를 하므로 적개심에 불타 작업용 칼로 일인을 찔러 죽였다. 이에 다시 사형 언도를 받게 되어 1929년 9월 20일 교수형으로 순국하였다. 이는 구체적인 이름이 나타나지 않았지만 1929년에 곽부돈의 『뤼순일러감옥실록』(p.110)에 기록이 보

당시 황일초의 사건을 보도한 《동아일보》 1928년 5월 20일자 신문

이고 있다. 현재 대한민국 전라남도 영광군에는 황덕환 선생을 기념하여 추모비를 1985년 11월 건립하였다.

(3) 정의부 의용대장 김창림의 독립운동과 뤼순 감옥

① 정의부(正義府)와 항일 독립운동

독립운동의 구심체의 하나인 대한통의부(大韓統義府)가 와해되어 갈 무렵인 1924년 11월 24일을 창립기념일로 삼은 정의부는 창립 결의문에서 '개국 기원(紀元: 단군기원)을 연호로 사용하고 구(區)의회, 지방의회, 중앙의회를 설치'했다. 또한 '각 단체는 명의 취소 성명서를 작성해 대표가 연서해서 공포하고, 각 단의 사무는 폐회일로부터 2개월 이내에 정의부로 인계한다'는 내용을 결정했다(채영국, 「정의부 연구」, 박사학위 논문, 1998).

이 결의에 따라 서로군정서는 1924년 12월 31일 가장 먼저 통합 선포문을 발표하고 해산했다. 서로군정서가 선포문에서 "오직 우리 독립운동의 유일무이한 정의부라는 기관을 조직한 후 헌법 전문을 새로이 준비한다"고 밝혔듯이 정의부는 군정부(軍政府)를 지향했다.

정의부는 하얼빈 이남에 거주하는 한인들의 대표 기관을 자임했는데 입법·사법·행정의 3권이 분립된 민주공화제였다. 법률 제정권은 의회에 있었고, 중앙행정위원회(행정부) 산하에 민사·군사·법무·학무·재무·교통·생계(生計)·외무 등 8개 부서를 두었으며, 사법부에 해당하는 사판소(査判所)가 있었다.

지방은 촌락의 크기에 따라 '중앙→총관구(總管區: 1000호)→지방(地方: 500호)→백가장(百家長: 100호)→구(區: 50호)→십가장(十家長: 10호)' 등으로 나누고 지방자치제를 실시했다. '지방'이나 '구'에서 호수(戶數)를 비율로 중앙의회 의원을 선출하면, 의원들은 재만(在滿) 한인사회에 신망이 높은 독립운동가들 중에서 중앙행정위원회 위원들을 선임했다. 선출된 위원들은 위원장 및 각 부 위원을 상호 투표로 선출했다. 민주공화제를 운영한 경험이 전무했던 상황에서는 경탄할 만한 민주적 조직 운영 방식이었다.

본부를 지린성 화전현(樺甸縣)에 두었다. 중앙집행위원장 이탁(李沰: 뒤에 변절), 총무위원장 김이대(金履大: 뒤에 변절), 군사위원장 지청천(池靑天), 재무위원장 오동진(吳東振), 민사위원장 김호(金虎), 법무위원장 이진산(李震山), 외무감 현익철(玄益哲), 총무감 최명수(崔明洙), 사령장(司令長) 지청천, 참모장 김동삼(金東三), 사령부관 정이형(鄭伊衡) 등이다.

군사행동을 주목적으로 하고, 관할지구 교포의 경제기관·문화기관을 설립하고 교육기관으로 각 부락에 초등학교를 설립하여 초등교육을 의무적으로 실시하였다. 싱징현(興京縣)에 흥화중학(興和中學), 류허현(柳河縣)에 동명중학(東明中學)를 설치하고, 화성의숙(華成義塾: 塾長 崔東旿)을 두어 혁명간부를 양성하였다. 기관지로 잡지 『전우』, 신문 《대동민보》를 발행하였고, 농민조합과 농업공사(農業公司)를 설립하여 황무지를 매입, 개간해서 독립운동자 가족을 안주시켰으며, 무기를 구입해서 국내 진입 준비를 하였다.

정의부는 창립 선언서에서 "……광복사업의 근본 문제인 경제 기초를 공고히 하기 위해서 산업 진흥을 시도하며 민족발달의 유일한 요소인 지식 정도를 향상시키기 위해서 교육 보급을 실시한다"고 선언했듯이 산업 부흥과 교육 우선, 그리고 무장투쟁을 병행했다.

정의부는 양기탁(梁起鐸)의 주도로 만주 여러 곳에 수전(水田)농업을 하는 '이상적 농촌 건설 계획' 등을 계획했지만 토지 구입 대금을 마련하지 못해 실패했다. 정의부 학무국은 1925년 소학(小學)·중학(中學)·여자고등·직업·사범학교 등으로 구성되는 학제를 발표하면서 소학교 의무교육 제도를 선포했다. 정의부는 각지에 설립되어 운영 중인

학교를 인가하기도 하고 새로 설립하기도 했다.

정의부 본부가 있던 유하현 삼원보의 동명중학교를 필두로 홍경현(興京縣) 왕청문(旺淸門)의 화흥(化興)중학과 남만주학원 등을 설립했으며, 그 외에 화성(華成)의숙, 부흥(復興)학교, 삼흥(三興)학교 등도 모두 정의부에서 운영했던 학교였다. 일제는 1920년대 후반 정의부에서 22개 학교를 경영하고 있다고 기록하고 있지만 1932년 숭실전문학교 경제학연구실의 이훈구(李勳求)는 이보다 2~3배 이상 많을 것으로 분석하고 있다.

1925년 6월 조선총독부 경무국장 미쓰야(三矢宮松)와 장작림(張作霖) 군벌정권의 경무국장 우진(于珍)이 '삼시협약(三矢協約: 미쓰야협약)'을 체결하면서 중국은 독립운동가들을 체포해 총독부에 넘겼다. 그래서 처음 삼원보에 중앙행정위원회를 두었던 정의부는 계속 이주해야 했다. 삼원보에서 화전현(樺甸縣) 공랑두(公郞頭)와 밀십합(密什哈)으로, 다시 길림현 대차와 신안둔(新安屯) 등으로 계속 옮겨간 것이다.

정의부는 산하에 의용군 사령부가 있었는데, 1925년 9월 군사위원장 겸 사령장(司令長)은 한말 무관학교와 일본 육사 출신의 지청천(池靑天)이었다. 압록강 대안에 있던 참의부보다 더 북쪽에 자리잡은 정의부도 여러 차례 국내 진공작전을 전개했다. 마지막 황제 순종의 인산일인 1926년 6월 10일에는 2개 대의 유격대를 국내로 잠입시켜 서울에서 무장투쟁을 전개하려고 했다. 비록 일제의 삼엄한 감시망 때문에 만주로 퇴각했지만 여건만 허락하면 다시 진입할 수 있었다.

정의부 의용군 제1중대장이었던 정이형은 1927년 만주에서 체포되어 해방 때까지 18년 동안 장기 복역한다. 그의 혐의 중 하나는 참의부 독립군이 평북 초산(楚山)경찰서에게 당한 고마령 참변에 대한 보복 투쟁이었다. 일제 신문조서는 "정이형이 김석하(金錫夏), 김정호(金正浩) 등 의용군 간부들과 다수의 독립단원이 초산경찰서 경찰관에게 피살된 일을 복수하기 위해 초산경찰서 추목(楸木)출장소(김석하)와 외연(外淵)출장소

(김정호), 벽동(碧潼)경찰서 여해(如海)출장소를 각각 습격했다"고 판결했다. "정이형은 6명의 의용군과 함께 1925년 3월 19일 압록강을 건너 새벽 5, 6시쯤 여해경찰관 출장소를 습격해 순사 서천융길(西川隆吉)과 임무(林茂)·신현택(申鉉澤)의 두부를 저격해 즉사시키고 다수를 부상시켰다"고 전하고 있다(출처, 이덕일, 『중앙선데이』 2012년 3월 11일, 근대사를 말하다).

압록강을 건너 벽동(碧潼)·초산(楚山)·철산(鐵山) 등 국내 일경(日警) 주재소 등도 습격하여 맹위를 떨치다가, 1927년 참의부·신민부(新民府)와 통합하여 임시정부 산하의 군민의회(軍民議會)와 한국독립당으로 재편성하고 그 군대조직은 독립당군으로 편입되었다.

② 정의부와 김창림

1926년 9월 8일에 정의부(正義府員) 의용대 제2소대장이었던 김창림은 친일파 신한철 일가를 피살한 후 통화 일본 영사관에 체포되어 1928년 11월 9일 뤼순 감옥에서 사형 순국하였다.

정의부와 김창림이 의거한 배경은 다음과 같다. 김창림(金昌林)은 1903년 생으로 본명이 김원국(金元國)이며, 김창식(金昌植)이라는 이명으로도 불렸다. 1919년 3·1운동 후에 중국 운남군관학교(雲南軍官學校)를 졸업하고 1925년경부터 남만(南滿)에서 정의부(正義府) 6중대 2소대장으로 있으면서 1926년 9월 8일 통화현(通化縣) 쾌다모자(快大帽子) 등지에서 친일파 신한철(申漢哲) 등을 사살하고 친일단체인 상조계(相助契)를 토벌한 후 1926년 9월 14일 대원 서상진(徐尙眞), 김용호(金龍浩), 심영준(沈永俊) 등과 함께 중국 警(保)甲隊에 체포되어 1927년 3월 9일 다롄지방법원(大連地方法院)에서 사형을 언도받고 순국하였다. 1995년 대한민국 독립장이 추서되었다. (국사편찬위원회 한국사데이터베이스 http://db.history.go.kr).

당시 김창림 관련 일본 기록은 다음과 같다.

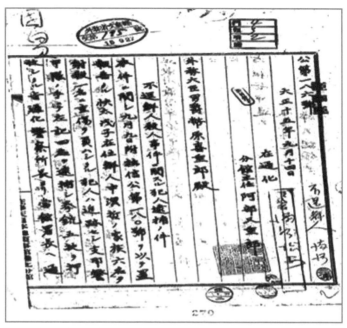

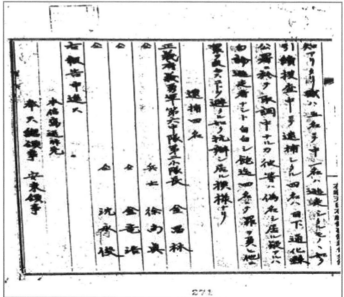

일본 외무성 문서
부 제195호, 한국
역사정보시스템
소장 자료

일본 외무성 문서부 제195호(外務省文書課受 第195號)에 의하면 불량단 관계잡건 조선인부 재만주의 부(43)(不逞團關係雜件-朝鮮人의 部-在滿洲의 部)의 문서 제목 〈불량선인살일사건에 관한 범인납포의 건(不逞鮮人殺人 事件에 關한 犯人逮捕의 件)〉에 기록되어 있다. 문서 발송자는 봉천영사관 통화분관 아부요중랑 주임(阿部又重郎, 奉天總領事館 通化分官 主任)이고, 발 송일은 1926년 09월 14일이다. 수신자는 외무대신 弊原喜重郎이고, 수신일은 1926년 09월 27일로 되어 있다.

> 申漢哲, 金昌林(正義府義勇軍 第六中隊 第三小隊長), 徐尙眞(正義府義勇軍 第六中隊 第三小隊 兵士), 金龍浩(正義府義勇軍 第六中隊 第三小隊 兵士), 沈 永俊(正義府義勇軍 第六中隊 第三小隊 兵士)
>
> (국사편찬위원회 한국사데이터베이스 http://db.history.go.kr)

당시에는 김창림을 정의부 의용군 제6중대 제3소대장으로 보고하고 있다. 이외에도 뤼순 감옥에서 순국한 김창림 의사에 대한 신문 보도 내용을 통해 자료 누락의 심각성을 확인할 수 있다. 김창림은 다음과 같이 독립운동사에 기록되어 있다.

> 1926년 9월 8일에 正義府 제6중대 제2소대장 金昌林, 대원 徐尙眞, 金龍 活, 沈永俊(9. 6. 친일파 申漢哲家 습격 일가족 사살), 중국 保甲隊에 피체.
>
> (『한국독립운동사』 4, p.823, 『일제침략하36년사』 8, p.250.)

> 1926년 11월 18일 《동아일보》는 독립단원 金昌林, 徐尙華, 間島 通化 일본 영사관 경찰에 피체, 라고 보도하였다.
>
> (《동아일보》, 1926.11.27, 『일제침략하36년사』 8, p.308)

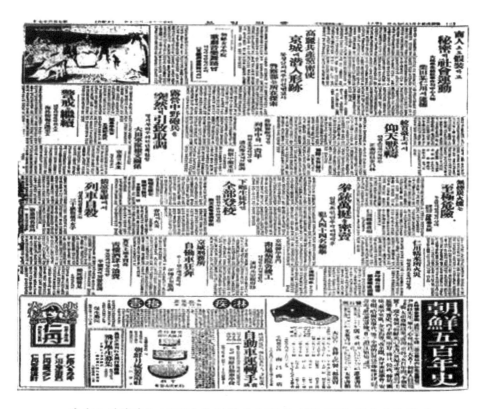

　실제로 김창림은 1926년에 11월에 18일에 일본 통화 영사관에 붙잡
인 후 다롄에서 약 2년간의 법정투쟁과 뤼순 감옥에서 옥고를 치르던
중 1928년 11월 9일에 뤼순 형무소 감옥에서 순국하였다. 약 2년 간의
뤼순 형무소에 수감되었는데 1928년 11월 20일자 《동아일보》 보도에
의하면, "정의부원 金昌林(본명 : 金元國), 旅順 형무소에서 25세 청춘을
일기로 사형 집행"이라고 되어 있다. 구체적인 내용은 다음과 같다.

〈밀정일가를 척살한 정의부원 사형집행 뤼순형무소에서 25세 청춘을 일기로〉
　만주에 근거를 두고 ○○운동[1]을 하는 정의부원 평안북도 벽동군 군부면
동하동 김창림 본명 김원국(25세)는 유하현 방면에서 ○○운동을 하여 오다

가 삼년 전에 통화현 등지로 가서 ○○운동을 하던 중 쾌대무자가에서 거주
하던 신한철(申漢哲)이라는 사람이 ○○운동을 탐정하여 일본 경찰에 밀고한
다 하여 동지 서상화(徐尙華)와 공모한 후 대정 15년 9월 5일 밤에 신한철의
집으로 습격하여 신한철과 그의 모친 및 삼남매 등 다섯 명을 몰살한 사실로
대련지방법원에서 사형을 선고받고 공소를 하여 뤼순 감옥으로 이감되었으
나 복심판결로 역시 사형을 선고받아 죽을 날만 고대하던 중 지난 9일 오전
10시에[2] 뤼순형무소 사형대에서 대련지방법원 지내 검찰관, 조천(助川春玉)
감옥장, 통려순 서장의 입회하에 25세의 청춘을 일기로 교수대의 이슬로 사
라졌는데 절명 시각은 13분이라더라.

(장춘통신)(1928년 11월 20일《동아일보》)

또한 1928년 11월 26일자《중외일보》보도에 의하면 다음과 같다.

〈교수대 상에서 천연스럽게 사형받은 정의부원 김창림〉

　본적 평안북도 벽동군 군부면 동하동 김창림 본명 김원국(25세)은 만주에
서 ○○운동을 하던 정의부원으로 쾌대무자가에서 신한철(申漢哲)과 그의 모
친 등 5명을 대정15년 9월 5일 밤에 서상화(徐尙華)와 총살한 사실로 얼마 전
에 대련 지방법원에서 사형을 선고받고 뤼순 감옥으로 이감되어 치안유지법
과실죄로 형 판결을 받고 지난 9일 오전 10시에 뤼순 감옥 사형대에서 대련
지방법원 지내 검찰관, 조천(助川春玉) 감옥장, 통려순 서장의 입회하에 사형
집행을 받았는바, 하늘을 향하여 묵도를 하고 13분에 절명하였다더라

(장춘지국)(1928년 11월 20일《중외일보》)

　그러나 곽부돈의『뤼순일러감옥실록』(p.110)에 의하면 1928년에 한국

---

1 ○○운동은 독립운동을 의미함.
2 1928년 11월 9일 10:00시를 의미함.

인 사형 기록이 나타나지 않고 있다. 기록의 누락으로 추정된다. 위 사실로 미루어 보면 기록되지 않은 더 많은 사상자가 있음을 알 수 있다.

(4) 뤼순 감옥내 수감 및 옥사한 것으로 확인되는 독립운동가들

상기 전술한 독립운동가 이외에도 현재 한국 국가보훈처 자료에서 찾을 수 있는 뤼순 감옥에 투옥 또는 사형을 당한 분들을 살펴보면 백여범, 손기업, 이창용, 박민항, 박희광, 채세윤, 이필윤 등을 확인할 수 있다(국가보훈처, 독립유공자 공훈록, www.mpva.go.kr/narasarang).

① 백여범(白汝範)
백여범은 1903년에 12월 22일 평안북도 정주에서 태어났다. 1981년 8월 10일 사망하였다. 1919년 강계(江界)에서 3·1독립운동에 참가한 후 만주로 망명하여 신흥무관학교를 졸업하고, 1920년 3월 군자금 모집을 목적으로 정주로 돌아왔다. 동지들과 같이 군자금을 모집하여 만주로 밀송한 후, 동년 9월 초 다시 관전현(寬甸縣)으로 가던 도중 친구 김규진(金奎珍)의 밀고로 일경에 체포되어 평양복심법원에서 실형을 받고 옥고를 치렀다고 한다.

출옥 후 다시 중국 광주(廣州)를 거쳐 상해(上海)로 가서 강창제(姜昌濟)의 주선으로 흥사단과 한국독립당에 가입하여 활동하다 대련(大連)에서 다시 체포되어 뤼순 감옥에서 옥고를 치렀다고 한다. 정부에서는 고인의 공훈을 기리기 위하여 1990년에 건국훈장 애국장(1977년 건국포장)을 수여하였다.

② 손기업(孫基業), 박민항(朴敏杭), 이창용(李昌用)
손기업은 1905년 2월 5일 황해도 장연(長淵) 출생이다. 1985년 9월

21일에 사망하였다.

1928년 북경에서 이상일(李尙逸)과 함께 주구(走狗) 숙청과 일제 고관의 암살을 목적으로 조선혁명당총동맹(朝鮮革命黨總同盟)을 조직하였다. 북경 책임자로 이상일이 선출되었고 그는 천진 책임자로 선출되었다. 당시 교포 중에는 일병(日兵)의 밀정 노릇을 하는 한국인 주구들이 다수 있었는데, 이중에도 천진에 있는 이태화(李泰華)는 악질이었다고 전해진다. 그의 명령으로 동년 8월경에 동맹원 전창국(全昌國)이 천진 일본조계 내에 잠입하여 이태화를 총살 제거하였다. 또 1930년 동맹원 장기준(莊麒俊)을 지휘자로 동맹원 수 명은 백주에 천진 일본은행을 습격하고 거액의 돈을 탈취한 뒤, 이를 군자금에 충당하였다.

1931년에 야기된 만주사변을 계기로 일본의 대륙 침략이 노골화하자, 중국 국민의 대일감정을 극도로 악화되어 있었다. 이 기회를 포착한 총동맹간부들은 비밀회의를 열고 일본 제국주의 침략을 방지하기 위해서는 세계대전이 일어나 민주진영이 승리하는 것만이 최선의 해결책이란 점에 의견의 일치를 보았다. 따라서 세계대전 유도책으로 열강의 조계가 많이 있는 천진에서 일본조계를 점령할 계획을 세워 제일착으로 만주전권대사(滿洲全權大使) 무등신의(武藤信義)를 총살코자 동맹원 이창용(李昌用)·박민항(朴敏杭)·최윤식(崔潤植)을 선출하였으며, 이 계획을 손기업이 총지휘하게 되었다.

이 결사대 3명은 폭탄 4개, 권총 3정 등을 휴대하고 만주에 가서 무등신의 전권대사의 뒤를 따라 장춘(長春), 봉천(奉天) 등지를 전전하며 총살로 제거할 기회를 예의주시하고 있었다. 그러나 불행히도 장춘 중앙여관에서 무기가 발각되어 일본 헌병대에 이창용·박민항이 체포 구속되었다.

일제의 악랄한 고문 끝에 지휘자인 손기업의 비밀장소가 발각되어 천진에서 체포됨으로써 그 자신도 장춘으로 압송당하였다. 이때 일본은 장춘, 봉천 등 중요지를 점령하고 만주와 중국 본토의 경계지대인

열하(熱河)를 점령하고 전쟁 구실을 찾고 있던 차 산해관(山海關) 안 북경에 있는 장학량군(張學良軍)이 부하를 시켜 이들을 구출할 목적으로 일본 헌병사령부를 포위 습격하여 온다고 허위 책략을 꾸며내어 열하작전을 야기하였다.

총지휘자인 손기업을 위시하여 동맹원 이창용·박민항 등은 일본 헌병에게 갖은 야만적인 고문을 당하고, 1933년 5월 27일 장춘 일본군법회의 임시관동군법무부(長春日本軍法會議臨時關東軍法務部)에서 재판관 단우소좌(丹羽少佐)로부터 소위 폭발물 취체규칙위반(取締規則違反)으로 각각 징역 10년형을 받고 뤼순형무소에서 옥고를 치르던 중 박민항은 동년 10월에 옥사하고, 손기업과 이창용은 만기 출옥하였다. 한국정부에서는 고인의 공훈을 기리기 위하여 1963년에 건국훈장 독립장을 수여하였다

③ 채세윤(蔡世允), 이필윤(李弼鉉)

통의부 요원이었던 박희광(朴喜光), 황덕환과 같이 독립운동을 거사한 신민부 채세윤(蔡世允), 이필윤(李弼鉉)이 있다.

④ 뤼순 감옥에서 사형을 당한 한국인 숫자

『뤼순일아감옥실록』(곽부돈, 2002, p.110)에 의하면 1906년부터 1936년까지 사형을 당한 한국인은 안중근 의사를 포함하여 총 12명이다.

연도별로 보면 1910년 1명, 1926년 1명, 1929년 1명, 1930년 1명, 1932년 2명, 1933년 1명, 1935년 4명, 1936년 1명이다. 그 중 연령별로 분류하면 25세 이내는 1명, 26~30세 이내 5명, 31세~35세 이내 2명, 36세~40세 2, 41세~45세 1명, 51세~55세 이내 1명으로 기록되어 있다.

⑤ 뤼순 감옥에서 병사한 한국인 숫자

신채호 선생을 포함한 37명으로 기록하고 있다. 1936년 말 당시의

수용 인원을 보면, 한국인 본소 216명, 지소 125명으로 총 441명으로 기록되어 있다. 또한 1955년 뤼대시에서는 위만시대 뤼순 당안관을 정리하던 중 뤼순 감옥에 수감된 수감 인원의 금판을 1,248매를 발견하였다. 그중 사진 번호와 촬영 특성을 분석하면, 신채호 선생을 비롯하여, 많은 한국 항일 독립투사가 있을 것으로 추측된다. 박씨가 25명, 김씨가 84명이나 된다. 이 금판은 다롄 당안관으로 이전 보관되어 있어 향후 공개되어 향후 뤼순 감옥내 한국인의 항일 독립투사의 연구자료로 활용되어져야 한다.

뤼순 감옥에 수감된 정치인 명단 또한 나라를 위해 독립투쟁을 하며 일평생 조국의 광복과 독립을 위해 노력하거나 희생을 당했으며, 체포돼 끝까지 옥중에서 투쟁하다 형장의 이슬로 사라지거나, 사형 또는 일제의 만행과 손에 의해 처형을 당하신 항일 독립운동가의 기록을 찾아내고 발굴해야 한다.

나라를 위해 목숨을 바친 애국은 시간이 흘러도 세월이 바뀌고 정권이 변해도 불변사항이며, 따라서 국민은 나라를 위한 나의 희생 뒤에는 반드시 국가가 있다는 확신을 주기 위하여 미발굴 기록을 더욱 정리하고 찾아낼 필요가 있다. 국가는 어떠한 경우라도 국가를 위해 목숨을 바친 고귀한 희생은 끝까지 책임을 진다는 역사의식과 책임의식이 국민의 마음속에 정착될 수 있게 해야 한다고 본다.

그러기 위해서는 다롄에 있는 뤼순 감옥을 더욱 한국 독립운동의 역사적 기능을 더할 수 있도록 하여야 한다. 더 많은 한국인들이 와서 보고 조국애를 느낄 수 있는 교육의 장으로 한중 교류의 기념비적 역할을 할 수 있도록 해야 하고, 더욱 많은 독립운동가의 기록을 발굴할 필요가 있다.

제8장

안중근 의사의 유해를 찾아
10여 년간 발로 뛴 나의 간양록

■ **2005년 12월 20일**

처음 하얼빈 땅을 밟았다. 영하 20도의 날씨에 하얼빈 역과 중앙대가의 칼바람은 동토의 땅을 실감할 수 있었다. 하얼빈 역, 조린공원(하얼빈 공원), 채가구 역, 하얼빈 조선 민족 예술관내 안중근기념관 전시실, 일본 영사관 옛터, 고려가(현 중앙대가 서 7도가) 등은 안중근 의사께서 11일간 투쟁하신 곳이고, 어느새 나에게는 제2의 고향이 되어 가고 있다.

관동도독부 고등(지방)법원, 관동도독부 민정서 감옥서 일아뤼순감옥구지박물관, 관동도독부 민정서 감옥서 묘지인 공공묘지 등이 있는 다롄과 뤼순은 황해와 발해가 만나는 곳으로 안중근 의사님이 144일 동안 옥중 투쟁과 문필 투쟁을 하고 장렬하게 순국하신 곳이며 동양평화협의체를 염원하신 안중근 의사님의 유훈이 남아 있는 곳이다.

나는 안중근 의사를 존경하여 뤼순 감옥 근처 다롄외국어대학에 자원하여 가게 되었다. 지난 3년 동안 뤼순 감옥 공공묘지와 관련된 자료를 조사하기 위하여 뤼순 감옥 직원들과 바이주 잔을 기울이면서, 중국인들도 안중근 의사에 대한 존경심을 많이 갖고 있다는 것을 알 수 있었다.

나와 친구가 되어 감옥 내 자료와 1986년의 북한의 유해 발굴과정의 사진과 주변 탐문 조사를 편안하게 주셨던 판모종 주임은 38년 동안 뤼순 감옥에서 근무했다. 1965년과 1971년의 과거 공공묘지 유해 발굴에 대해 알려주신 주상영 초대 관장은 26년간이나 관장을 역임했다. 2008년 한중 유해발굴 보고서 및 과정과 2008년 뤼순 감옥 단독 안중근 의사 유해발굴 과정에 직접 참여하여 소상한 자료 제공과 저간의 견해를 말씀해 주신 왕진인 부관장, 그리고 미국인의 유해발굴 사진과 과정을 기꺼이 제시해준 쉬즈강 직원, 1950년대 뤼순 감옥 공공묘지 사진을 주신 주애민 주임 등 뤼순 감옥의 수많은 직원들에게 진심으로 감사를 드린다.

■ 2014년 1월 19일
하얼빈 역 안중근 의사 기념관 개관

2014년 1월 19일 하얼빈 역에 안중근 의사 기념관이 정식으로 개관을 하였다. 물론 개관 전에도 여러 차례 방문한 안중근 의사 하얼빈 의거의 현장인데 그 현장에 기념관을 개관한 후에도 여러 차례 방문하였다.

예전의 하얼빈 안중근기념관은 하얼빈 도리구 안성가 85호 번지에 위치한 하얼빈시 조선민족예술관 2층에 있었다. 그곳에 안중근 의사 기념전으로 2007년 7월 1일 개관하여 운영되고 있었다. 하얼빈은 2005년 12월 20일 기점으로 7년간 내가 살았던 곳이다. 항상 마음속으로 제2의 고향이라는 생각을 하는 곳이다. 하얼빈 안중근기념관 연구위원으로 활동하면서 자주 방문하고 (사)매헌 윤봉길 월진회와 자매결연을 이끌어 내어 매년 상호방문을 하고 있다.

시민들을 위한 서울영상자료원 강의.

KBS 라디오에 『안중근은 애국, 역사는 흐른다』 책 소개

KBS 라디오에 『안중근은 애국, 역사는 흐른다』 책을 소개했다. KBS 라디오에 해외 동포와 재외국민을 전담하는 라디오 프로이다. 작년 판마종 선생하고 공저한 『안중근 애국, 역사는 흐른다』를 발간한 사실을 어떻게 알고 인터뷰를 요청하였다. 방송에서는 상당수 내용이 빠졌지만 아래에 인터뷰 내용을 소개하고자 한다.

해외에 살면서 한국을 알리는 동포들을 만나는 이 시간, 오늘은 중국의 학자와 함께 『안중근은 애국, 역사는 흐른다』라는 책을 펴낸 중국 다롄외국어대 김월배 교수를 전화로 만나 봅니다.

문 안녕하세요?

답 안녕하세요. 김월배입니다.

문 외국어대에서 어떤 학과를 지도하고 있나요?

답 이번 학기에는 현지에서 대학원생들에게 한국 역사인물연구라는 과목으로 안중근 의사를 강의하고 있습니다.

문 한국어를 배우는 중국(한족) 학생은 어느 정도나 되나요?

답 모두 한족 학생들로 대학생 600명, 대학원생은 40명 정도 됩니다.

문 이번에 펴낸 책 『안중근은 애국, 역사는 흐른다』가 연구서인 것 같은데, 어떤 내용들이 실려 있나요?

답 최근 연구되는 안중근 의사의 연구 경향을 알린 것으로서 안중근

의사 일대기인 교육자, 의병, 신앙인, 문학인, 평화주의자, 경제인, 사상가로서의 모습을 반영하였습니다. 특히 안중근 의사 가족의 근황, 외국인 기자의 안중근 의사 재판 참관기, 그리고 안중근 의사 유해 발굴에 대한 과정과 최근의 소식들이 수록되어 있습니다.

문 김월배 교수님과 함께 책을 쓴 중국의 학자는 누구인가요?

답 안 의사가 순국한 려순감옥 부속 려순일아감옥구지(旅順日俄監獄舊址) 박물관에서 진열연구부 주임으로 일하는 판마종 국제안중근기념협회 대련분회 부회장으로서, 22살에 근무를 시작하여 올해 12월에 정년퇴임을 맞이하는 38년 동안의 연구 결과가 담겨 있습니다.

문 그분과 어떻게 나눠서 연구를 했나요?

답 총 17개 부분으로 반무충 주임은 주로 이토 히로부미의 동북 방문 내역과 안중근 의사의 144일 간의 뤼순 감옥 생활 내용을 중심으로 저술하시였고, 저는 안중근 의사 일대기와 안중근 의사 유해 발굴과정 및 애국주의 경제관을 중심으로 2년간에 걸쳐서 자료 조사를 하였고 지난 6개월간 정리 발간하였습니다.

문 인터뷰 시간이 길지 않아 아쉽지만, 연구해 오신 안중근 의사에 대한 이야기를 나눠 볼 텐데요. 안중근 의사가 어떤 인물인지 소개를 해주시죠.

답 안중근 의사는 젊은 인생을 바쳐 꺼져 가는 대한제국의 독립을 회복하시고자 인류의 보편적 가치인 동양평화를 이룩하고자 살신성인한 순국선열이며 살아 있는 대한민국의 자존심입니다. 특히 안중근 의사는 청년 시기에 이미 선각자적인 교육자였고, 고도의 지성을 겸비한 지식인이었으며, 스스로 의병부대를 편성하여 항일의병전쟁을 감행한 의병대장이며, 사상가이자, 행동하는 양심이었습니다.

문 안중근 의사가 이토 히로부미를 사살하기까지의 과정은 어떻게 되나요?

답 1910년 2월 뤼순 관동도독부 검찰관 미조부치 다카오에게 공개
재판에서 안중근 의사께서 말씀하시길 의병을 조직하여 3년간이나 분
투하다가 끝내 하얼빈에서 이토 히로부미를 격살하였다고 말씀하셨습
니다. 1909년 10월 26일 아침 7시에 하얼빈 한민회회장인 김성백의
집에서 마차를 타시고 하얼빈 역에 도착한 안중근 의사는 경계를 하는
러시아인들의 별다른 제지 없이 하얼빈 역으로 들어가서 일등 대합실
중간에 위치한 찻집에서 차를 마시면서 두 시간쯤 이토 히로부미가 탄
열차를 기다리고 있었습니다. 9시 정각에 이토 히로부미가 탄 열차가
하얼빈 역에 들어서자 하얼빈 역에는 대기하고 있는 의장대와 환영대
가 환영을 하였습니다. 바로 러시아 재정대신인 코코프체프가 이토가
탄 열차로 가서 20분 정도 환담을 하고 사열을 권하자, 이토는 기차에
서 내려서 러시아 군악대, 각 국 영사단, 중국 의장대, 그리고 일본 관
원 및 민간인을 차례로 사열하였습니다. 안중근 의사가 대합실에서 플
래포옴 쪽으로 걸어가 러시아 군대 뒷줄로 갔습니다. 사람들은 모두
이토에게 시선이 쏠려 있어 안중근 의사를 발견하지 못하였습니다. 정
면에서 겨누면 발각될 것이 염려되어 안중근 의사는 이토가 2~3보,
약 5m 정도 지나간 후, 거총을 하고 있는 러시아 병사 사이로 가서 이
토의 오른쪽 가슴을 겨누고 총을 연속으로 세 발을 발사하여, 이토의
오른팔을 관통하여 폐, 가슴, 옆구리를 명중시켰습니다. 또한 수행하
는 일본인들에게 네 발을 추가로 발사하였습니다. 안중근 의사는 사격
이 끝난 후 하늘을 향해 러시아어로 "코레아 우라"라고 큰 소리로 세
번 외쳤습니다. 당시 수행하던 일본인 의사와 러시아 의사가 이토를
응급조치를 하였으나 30분 만에 내장 출혈로 사망하였습니다. 이토는
9시에 의장대와 군악대의 환영을 받고 하얼빈 역에 들어왔지만, 10시
쯤에 사망한 채 관에 누워 있었고 11시 15분에 코코프체프가 열차의
귀빈 칸으로 들어가 "영혼과 고별하여"라는 애도사를 읽었습니다. 오

전 11시 40분에 군악대의 처량한 장송곡 속에서 이토를 실은 특별열차는 하얼빈을 떠나갔습니다.

문 일본의 일부 극우 정치인은 안중근 의사를 테러리스트라고 폄하했지만…… 실제로 안 의사가 이토 히로부미를 저격한 이유는 뭔가요?

답 안중근 의사는 자서전인 『안응칠 역사』에서 15개의 이토 히로부미의 죄악을 밝히셨습니다. 이토는 1894년에 청일 전쟁 시기에 총리대신으로 정무를 총괄하였고, 1905년 11월 9일 대한제국의 외교권을 일본에 넘기라며 고종의 날인도 없는 을사늑약을 대한제국 정부에게 강압하였습니다. 1906년 3월에는 친히 대한제국의 통감부의 초대 통감이 되어 각국의 외교 공사를 추방 및 수만의 대한 제국의 의병들을 공격하였고, 1907년에는 고종황제를 강제 폐위시킨 장본인이었습니다. 특히 1909년 4월에는 한일 병합 강점에 대하여 이미 동의를 하고 일본 천왕의 자문기관인 추밀원 의장으로서 1909년 10월 26일에 러시아 재정대신 코코프체프와 대한제국과 만주에 대한 지배력을 강화시키기 위한 하얼빈 회담을 하기 위한 것이었습니다. 이토의 정치적인 생애는 중국과 대한제국의 흥망에 아주 밀접한 관계를 가지고 있던 장본인이었습니다. 안중근 의사의 하얼빈 의거는 일제의 간도 침탈이라는 목적을 무력화시키는 효과를 가져왔으며, 또한 일본 제국주의의 침략에 대해 온몸으로 저항한 반 침략 평화의 사자로 안중근 의사의 하얼빈 의거를 평가해야 합니다. 당시 중국의 신문인《민우일보》의 논평에서는 "100만 대군의 혁명에 버금가는 것으로 세계의 군주 정치 및 인도 철학에 관한 학설을 일변시킬 위대한 사건"이라고 평하였습니다. 재미있게도 이토 히로부미의 현재 무덤이 있는 동경의 이토의 묘지 안내문에도 안중근 의사를 조선의 독립운동가로 명기하고 있습니다.

문 안중근 의사는 독립군 장군이기도 했죠?

답 네, 안중근 의사는 1907년 북간도를 거쳐 연해주로 망명하시어, 1908년 6월 의병부대를 조직하여 참모중장으로 300명의 의병부대를 이끌고 두만강 부근의 러시아 령 연해주에서 훈련을 하시다가, 함경북도 경흥군에 국내 진공작전을 펼쳐, 일본군 수비대를 급습하여 일본군을 수 명을 사살하고, 수비대의 진지를 파괴하는 전과를 가져왔고, 7월에는 제2차 국내 진공작전을 전개하여, 함경북도 경흥과 신아산 일대에서 10명의 일본군과 일본 상인들을 생포하는 성과를 거두었습니다. 바로 이 시기에 하얼빈 의거의 동지인 우덕순 의사와 같이 의병을 같이 도모하였습니다.

문 안 의사 가문은 독립운동가를 40명이나 배출한 가문이라고요?

답 네. 안중근 의사는 한국 독립운동을 위하여 헌신한 위대한 가문이었습니다. 가장 대표적으로 친동생인 안정근과 안공근과 사촌 동생인 안명근, 안경근을 꼽을 수 있습니다. 안정근은 대한민국임시정부 특파원, 임시의정원으로 활동하였고, 김좌진 장군의 청산리 전투에도 참가하였습니다. 1987년에 건국훈장 독립장을 추서받았습니다. 둘째 동생 안공근은 1919년 임시정부의 외무차장으로 임명되어 1921년에 모스크바에서 외교관으로 활동하였고, 상하이 교민단장, 특히 김구 선생의 한인애국단 단장이 되어 이봉창 의거와 윤봉길 의거를 계획하는 등 임시정부에서 김구 선생의 최측근으로 활동하였습니다. 1995년에는 대한민국 건국훈장 독립장을 추서받았습니다. 이외에도 안중근 의사의 여동생 안성녀, 모친인 조마리아 여사 등 사촌, 조카를 망라하여 40여 명의 독립운동가를 배출한 가문으로서 대한제국의 독립운동을 위하여 투쟁한 대표적인 가문입니다. 안중근 의사뿐만이 아닌 독립운동가문으로서 전체를 평가해야 합니다.

문 안중근 의사가 주장한 『동양평화론』은 요즘의 동북아 시대에도 맞는 부분이 많을 텐데요. 어떤 내용을 담고 있나요?

답 안중근 의사는 1910년 2월 14일 사형이 확정되시자,『동양평화론』의 집필을 시작을 하셨습니다.『동양평화론』은 시간이 촉박하고 약속을 지키지 않았던 법원장인 히라이시 때문에 미완성으로 남았습니다. 그러나『동양평화론』전감에서 "동양평화를 위한 위대한 전쟁은 하얼빈에서 개전하고, 담판하는 자리를 뤼순구에서 정했으며, 이에 동양평화문제에 관한 의견을 제출하는 바이다"라고 말씀하셨습니다. 즉, 안중근 의사는 하얼빈 의거의 뜻과 동양평화에 대한 사상을 저술로 남겨 사후에 전하려고 자신의 사상이 응축된 인류의 보편적 가치를 실현하고자『동양평화론』을 구상하였습니다. 안중근 의사는 서문에서 '합성산패(合成散敗) 만고정리(萬古定理)' 즉, 합하면 성공하고 흩어지면 패한다는 것은 만고(萬古)의 정한 이치임을 설명하고, 약육강식과 적자생존 논리 속에서 서구 열강이 약소국을 제물화하는 시대적 상황과, 같은 인간끼리 전쟁이란 폭력을 통해 패권을 장악하려는 일본의 침략정책을 통렬히 비판하는 내용을 담고 있습니다. 또한 안중근 의사가 1910년 2월 17일 관동도독부 히라이시(平石) 고등법원장과 면담한 기록인 〈청취서(聽取書)〉 내용 중에는 안중근 의사가 쓰고자 했던『동양평화론』의 부분에 대한 기록이 일부 남아 있습니다.

동양의 중심지인 뤼순(旅順)을 영세중립지대로 정하고 상설위원회를 만들어 분쟁을 미연에 방지하고, 한중일 3개국이 일정한 재정을 출자하여 공동은행을 설립하고 공동화폐를 발행하여 어려운 나라를 서로 돕고, 동북아 공동 안보체제 구축과 국제평화군을 창설할 것과 로마 교황청도 이곳에 대표를 파견하여 국제적 승인과 영향력을 갖게 하자는 것 등이었습니다. 안중근 의사가 그토록 염원했던 바와 같이 뤼순 지역이 동양의 평화 경제 중심지로 현실화되고 있습니다. 현재 뤼순 개발구에는 세계평화공원이라는 곳이 있습니다. 또한 다롄은 금융, 무역의 중심도시가 되었습니다. 아울러 세계 경제의 방향을 결정하는 세계경제 포럼(WEF · World Economy Forum)인 하계 다보스 포럼이 다롄에서 2년 간격으로 개최되고 있습니다. 지금으로부터 104년 전 인류의 보편적 가치와 행복을 추구하고자 했던 안중근 의사의 '동양평화사상'은 벨기에 브뤼셀에 본부를 두고 유로화를 주조하며 공동으로 나토(NATO) 방위군을 운영하는 오늘날의 유럽연합(EU)과 매우 유사하며, 아시아태평양경제협력체(APEC)와도 일맥상통합니다. 또한 『동양평화론』은 독일 철학자 칸트의 『영구 평화론』 사상과 비견되고 있습니다. 우리는 안중근 의사가 이미 100여 년 전 시대를 앞서간 위대한 사상가였다는 사실을 알 수 있습니다. 안중근 의사는 1910년 3월 26일 순국할 때 유언을 묻는 마지막 순간에도 거듭 '동양의 평화'를 강조하셨습니다. 그리고 사형장에 배석했던 일본 관리들을 향해서도 '동양평화를 위해 마음과 힘을 합해 달라'고 당부한 것은 동양의 평화가 어느 한 국가의 노력으로 될 수 없기에 안중근 의사의 진심을 분명하게 보여주는 대목입니다. 안중근 의사의 『동양평화론』은 인류의 보편적 가치인 자유와 행복을 파괴하는 일본 제국주의에 맞서서 평화를 실현하기 위한 의연한 투쟁인 것입니다.

문 안중근 의사는 뤼순 감옥에서 사형을 당했는데, 사형이 집행되던 당일에도 의연한 모습이었다고 하지요?

답 안중근 의사는 1910년 3월 26일에 순국하셨습니다. 안중근 의사의 순국은 《만주일일신문》 1910년 3월 27일자와 조선통감부의 통역인 소노끼가 보고한 〈사형집행전말보고서〉에 자세하게 소개되어 있습니다. 오전 10시에 미조부치(溝淵) 검찰관(檢察官), 구리하라(栗原) 전옥(典獄)과 소관(小官) 등이 형장 검시실에 착석과 동시에 안중근 의사에게 사형 집행의 취지를 고지하고 유언의 유무를 물었습니다. 안중근 의사는 동양의 평화를 도모하고자 하는 성의에서 나온 일이므로, 바라건대 오늘 참석하는 일본 관헌 각위도 행여 나의 진심을 양지하시어 피아

(彼我)의 구별 없이 합심 협력해 동양의 평화를 기도하기를 간절히 바랄 뿐이라고 말하였습니다. 또 지금 '동양평화 만세'를 삼창하고 싶으니 특별히 허락해달라고 주장했으나 전옥(典獄)은 그 일만은 해서는 안된다는 뜻을 타이르고 간수로 하여금 즉시 백지와 백색 천으로 눈을 가리게 하고 특별히 기도는 허가해 주었으므로 안 의사는 약 2분 남짓의 묵도(默禱)를 올리고, 이윽고 두 사람의 간수에게 억지로 끌려가면서 계단으로부터 교수대에 올라 조용하게 형의 집행을 받은 시간이 10시를 지나고 정확히 4분에서 15분에 이르자 감옥의(監獄醫)는 외상을 검시해 절명한 취지를 보고하였습니다. 안중근 의사의 복장은 어젯밤 고향에서 온 비단 조선복(상의는 白無地의 것이고 바지는 흑색의 것)을 입고 품속에는 성화(聖畵)를 넣고 있었는데, 그 태도는 매우 침착해 색깔이나 언어에 이르기까지 평소와 조금의 차이도 없이 떳떳하고 깨끗하게 그 죽음에 임했습니다. 이렇게 일본인의 공식적 기록에 기록되어 있습니다.

문 안타깝게도 안중근 의사의 유해가 아직도 발굴되지 못했죠?

답 네. 1910년 3월 10일, 안중근 의사는 동생 안정근과 안공근에게 최후의 유언을 남겼습니다. "내가 죽은 뒤에 나의 뼈를 하얼빈 공원 곁에 묻어 두었다가 우리 국권이 회복되거든 고국으로 반장해 다오." 그러나 안중근 의사의 유해는 순국 즉시 가족에게 인도되지 않고 뤼순 감옥 공공묘지에 묻혔습니다. 일제는 감옥법까지 어겨가며 동생들에게 유해를 인도하지 않고 극비리에 매장하고 통치자료로만 이용한 것입니다. 이렇게 안중근 의사가 돌아가신 지 올해로 104년이 되었습니다. 안중근 의사의 영혼은 아직도 뤼순에서 찬비를 맞으시며 을씨년스런 이역 하늘을 헤매고 있습니다. 그동안 광복 이후 안중근 의사의 유언에 따라 꾸준히 노력하였으나 허사였습니다. 한국에서는 효창운동장에 가묘를 만들어 놓고 안중근 의사 유해가 반장되기를 고대하고 있습니다.

문 한국과 중국 양국에서 현재도 유해발굴 노력은 하고 있나요?

답 1910년 안중근 의사가 순국하신 후 해방이 될 때까지 어느 누구도 안 의사의 시신을 찾으려는 노력을 하지 못하였습니다. 당시 안중근 의사의 가족들은 대부분 상해에 살고 있었습니다. 마침내 일본이 항복하고 조국이 독립되자 백범 김구 선생은 안 의사의 유해를 찾기 위해 노력하였습니다. 그후 1979년·1986년의 북한의 안중근 의사 유해발굴, 우리도 2008년 3월부터 4월까지 유해발굴에 착수하였으나 결국 발굴에 실패하였습니다. 2008년 4월 2차 발굴 실패 이후 현재 정부는 안중근 의사 유해 행방에 관한 확실한 문건이 나오기 전까지는 더이상 발굴을 할 수 없다는 입장으로 돌아섰고, 따라서 발굴 작업은 답보 상태였습니다. 2010년 3월, 안중근 의사 순국 100주년을 맞아 이명박 대통령은 "안중근 의사 유해를 모셔오는 데 최선을 다할 것"이라고 천명하였습니다. 2013년 5월에는 국가보훈처 관계관이 뤼순 감옥 공공묘지를 방문하여 증언자의 증언을 청취하고, 또한 2013년 10월 27일 한국 외교부가 다롄에서 안중근 연구학자들의 중국 당안관과 유해발굴에 대한 의견을 청취하여, 새로운 희망을 가지고 있습니다. 2014년에는 안중근기념관도 안중근 의사 유해발굴에 대해 관심을 보이고 있고, 민간 차원의 〈안중근 의사 뼈대 찾기〉라는 단체가 가동되어 현재 활발하게 움직이고 있습니다.

문 안 의사의 유해는 어디에 있을 거라고 예상하나요?

답 안중근 의사의 유해는 소노끼 〈안중근사형시말보고서〉 원문에 보면, 1910년 3월 26일 오후 1시에 감옥서 공공묘지에 묻었다라고 공식적으로 기록하고 있습니다. 또한, 다른 기록을 보면, 1910년 3월 27일 《오사카 마이니치 신문(大阪每日新聞)》에 뤼순전보 26일 발을 인용한 "유해는 오후 1시 공동묘지에 매장"이란 기사가 있습니다. 1910년 3

월 27일《오사카 마이니치 신문》에 의하면 "안중근의 시체는 감옥묘지에 특별히 침관에 넣어 매장", 1910년 3월 27일《모지신보》"유골은 감옥전 공동묘지에 매장"(뤼순전보 26일 발 인용), "안중근의 시체는 감옥묘지에 특히 관에 넣는 특별 대우를 받고 매장"(대련전보 26일발), 1910년 3월 28일《도쿄일일신문(東京日日新聞)》"유해는 뤼순 감옥묘지에 매장"(대련 전보), 1910년 3월 29일《만주신보(滿州新報)》"사체는 오후에 감옥공동묘지에 매장", "안중근의 사체를 오후 감옥공동묘지에 묻었다"(26일 뤼순지국 발), 1910년 3월 27일《만주일일신문(滿州日日新聞)》에 의하면 "안중근 사체는 오후 1시 감옥공동묘지에 묻었다"라는 수많은 신문보도가 있습니다. 이것을 보면 당시 관동도독부 감옥서 묘지에 묻히신 것은 분명합니다. 아직 안중근 의사 유해가 뤼순 감옥 공공묘지에 묻히셨다고 누구도 사료가 없기에 단언할 수 없습니다. 그러나 다른 대안이 없다면 뤼순 감옥 공공묘지는 1907년부터 대략 1942년까지 사용한 동산퍼(东山坡), 마영후(马营后)라고 하는 뤼순 감옥시기 묘지가 있습니다. 이곳은 2001년 1월에 다롄시 문물관리위원회가 "뤼순감옥구지묘지(旅順監獄旧址墓地)"라는 비석을 설치하고 "전국 중점 문물보호기관"으로 지정하였습니다. 이는 뤼순 감옥 민정부 공공묘지로서 뤼순 감옥에서 현재 공식적으로 인정하고 있는 것입니다. 대략 면적은 2,000평방미터 정도로서 300여 명 정도를 매장할 수 있는 규모에 이르고 있습니다. 뤼순 감옥 공공묘지는 뤼순 감옥 정문을 나와 왼쪽으로 상향가를 올라 가다보면 1.2킬로미터 지점에 위치한 노블포레스트라는 아파트 바로 뒤편입니다.

문 김월배 교수님이 안중근 의사를 연구한 이유는 무엇 때문인가요?

답 2006년 하얼빈에 안중근 의사 동상을 설립하였습니다. 그때 실무자로서 참여하였습니다.

문 듣고 보니까 하얼빈에 안중근 의사 동상을 세우려고 했던 소식,

저도 기억이 나는데…… 지금 그 동상은 국내에 모셔져 있나요?

답 네. 3년 동안 하얼빈 상가 지하에 있다가 현재 부천의 안중근 기념공원에 모셔져 있습니다.

문 얼마 전에 중국이 한국의 요청에 화답하는 뜻에서 하얼빈에 안중근 의사 기념관이 세워졌죠? 가보셨나요? 기념관에 전시된 자료나 물품도 소개해 주시죠.

답 네, 2014년 1월 19일 하얼빈 역, 즉 안중근 의사가 이토 히로부미를 저격한 바로 그 장소 앞에 안중근 의사 기념관이 새로 세워졌습니다. 하얼빈 안중근기념관에는 안중근 의사 일대기에 대한 기록과 안중근 의사 흉상, 입체감 있는 유묵, 그리고 중요한 것은 안중근 의사가 이토 히로부미를 실제 저격하신 1번 플랫폼을, 과거에는 삼각형과 사각형의 도형 모형만을 표시하였으나, 지금은 공식적으로 안중근 의사가 이토 히로부미 저격한 사건이 발생한 지역이라는 표지가 걸려 있습니다.

문 안중근 의사를 연구한 학자로서 인간 안중근은 어떤 인물이라고 생각하나요?

답 31년 6개월의 짧은 인생을 살다 순국하셨지만, 안중근 의사가 몸소 실천하시고 남기신 뜻은 가히 한국 독립운동사의 상징이라고 할 수 있습니다. 인간적인 측면에서의 안중근 의사는 실천하는 사상가, 교육가, 신앙인, 동생들에 대한 우애, 모친에 대한 사랑, 자녀에 대한 아버지로서의 바람, 그리고 부인에 대한 지고지순한 사랑 등이 안중근 의사가 순국하시기 전 6통의 편지를 남기신 곳에 고스란히 담겨 있습니다.

문 안중근 의사를 이야기할 때 어머님을 빼놓을 수 없죠?

답 네, 모친 조마리아 여사(趙瑪利亞, ~1927)도 독립운동가였습니다. 배천 조씨로 본명은 조성녀(趙姓女)로서, 아들 안중근이 이토 히로부미를 사살한 뒤 일제에 의해 사형 판결을 받자 항소하지 말라고 권했다는

'조마리아의 전갈'이라는 일화가 널리 알려져 있습니다. 국채보상운동에 적극적으로 협조하였고, 대한민국 임시정부 경제 후원회에도 가담했습니다. 당시 대한민국 임시정부 인사들에게 여러 가지로 도움을 주어 독립운동의 정신적 지주로 불릴 정도였습니다. 대한민국 정부에서는 2008년에 대한민국 애족장을 추서하였습니다.

문 안 의사의 후손은 어떻게 살고 있나요?

답 한국독립운동사에서 안중근 의사 가족 40여 명은 한국 독립운동을 위하여 헌신한 위대한 가문이었습니다. 그렇지만 후손들은 아직도 일부가 한국과 북한에 있을 뿐 미국, 독일, 중국, 파나마에 뿔뿔이 흩어져 살고 있습니다.

문 우리 후손들이 안중근 의사의 희생을 보면서 어떤 점을 느꼈으면 좋을까요?

답 격동의 한국 근대사에서 조국의 운명이 풍전등화인 상태에서 자신의 목숨을 초개와 같이 희생하신 용기르르 보면서 오늘을 사는 우리는 안중근 의사의 후손된 도리가 무엇인지를 알아야 할 것입니다. 국가가 국난 극복의 위기에 있을 때 국민이 무엇을 해야 하는지를 몸소 실천하여 가르쳐 주셨습니다.

문 앞으로 계획은?

답 부끄럽게도, 임중도원이라고 말할 수 있습니다. 저 스스로 맡은 책임은 무겁고 도는 멀지만 최선을 다하고자 합니다.

우선, 첫째로 안중근 의사의 유해를 모셔 오는 데 최선을 다하고자 합니다. 현재 뤼순 감옥에 오시는 국민들에게 뤼순 감옥 공공묘지를 알려 드리고, 유해발굴의 당위성을 설명 드리고자 합니다. 또한 안중근 의사 유해발굴 관련 사료나 자료를 발굴하여 한국에 전달해 드리고자 합니다. 금년 3월에 『안중근 의사 유해를 찾아라』라는 책을 공저하여, 국민적 여론을 환기시키고 민간 차원을 넘어서 정부 차원에서 안중근 의사의 유해가 단 1%의 가능성이라도 있다면, 노력해 달라고 당부하고 싶습니다.

둘째, 안중근 의사의 직계 가족의 유해 부분과 자료 발굴도 노력하고자 합니다. 특히 아쉬운 부분은 안중근 의사 직계 가족의 유해 부분입니다. 안중근 의사의 모친, 두 동생, 여동생, 그리고 가족들까지 한국의 독립운동을 위하여 헌신을 하였습니다. 그러나 모친인 조마리아 여사, 부인 김아려, 안정근, 안공근의 유해는 아직도 이국만리 중국 상하이와 중경을 헤매고 있습니다. 이에 대한 유해발굴도 안중근 의사의 유해와 같이 병행해야 할 필요가 있습니다. 이에 대한 기록을 위하여 중국 상하이, 특히 외국인묘지(만국공묘)와 홍콩, 중경 등지에서 살았던 자료들을 시급히 발굴해야 할 필요가 있습니다.

문 오늘 말씀 고맙습니다. 앞으로도 많은 활동 부탁드립니다.

답 감사합니다.

자랑스러운 한민족, 오늘은 중국의 학자와 함께 『안중근은 애국, 역사는 흐른다』라는 책을 펴낸 중국 대련외국어대 김월배 교수를 만나 봤습니다.

■2014년 5월 9일
대한민국 정부 공식적으로 하얼빈 안중근기념관 방문

하얼빈 역에 새로 생긴 안중근 의사 기념관을 축하하기 위하여 한국 정부대표단이 공식적으로 방문하였다. 국가보훈처장과 안중근 의사 숭모회 이사장, 안중근 의사 기념관장, 안중근 의사 증손자 토니 안을 비롯한 하얼빈 시민과 하얼빈 안중근 의사 기념관 강월화 관장, 안중근 의사 연구가이신 서명훈 선생, 그리고 나를 비롯하여 50여 명이 참석했다. 안중근 의사에 대하여 한국 정부가 공식적으로 방문하고 기념

활동을 한 역사적인 순간이었다. 애국가는 원래 계획되어 있었으나 외부 중국 내 환경을 고려하여 울리지 못하였지만, 안중근 의사 약전이 봉독되었다. 하얼빈 역을 방문하는 모든 하얼빈 시민들의 가슴속에도 안중근 의사의 105년 하얼빈 의거가 재현되는 듯하였다. 그후부터 하얼빈 시민들도 꾸준히 찾아오는 공간이 되어 이제는 하얼빈의 명소가 되었다.

현재는 하얼빈 역 증설 관계로 원래의 위치인 조선민족예술관으로 잠시 이전했다가 2018년에 하얼빈 역 현재 장소로 복원할 계획을 가지고 있다.

■ 2014년 6월 29일

제주대학교와 제주 한라대학교 강의.

■ 2013년 하반기와 2014년 상반기

다롄외국어대학과 대학원에서 안중근 의사 강의

다롄외국어 대학교 대학원생들과 정규 학습과목으로 2013년 하반기와 2014년 상반기 〈한국 역사인물 전문 연구〉라는 과목으로 수업을 진행하면서 중국 학생들의 안중근 의사에 대한 이해와 열정에 대단히 놀랐다. 수강 인원 13명은 수업계획서 대로 각각 안중근 의사에 대한 책과 논문을 읽고 발제하여 발표하였다. 또한 자신의 견해를 담은 레포트를 훌륭하게 제출하였다.

한국 안중근기념관에서 안중근 의사 홍보대사를 양성하는 안중근 아카데미가 뤼순 감옥을 방문하였을 때, '안중근 의사는 테레리스트인가? 안중근 의사는 범죄자가 아니다'라는 논지로 한국 안중근 아카데미 수강생들을 상대로 발표를 하게 해서 흡족한 평을 받았다.

한국 안중근 아카데미 수강생들을 상대로 발표를 하는 다롄외국어대 대학원생

■ 2014년 4월과 6월

힘들고 지칠 때, 찾아와 힘을 주는 소중한 친구들

내 스스로 짊어진 안중근 의사 유해 찾기에 대한 길에서 고향에 대한 그리움과 친구에 대한 그리움이 가장 크다. 방문객을 맞이할 때마다 공항을 찾으면서 이번에 오시는 분을 최대한 잘 모셔야겠다고 다짐을 하지만, 막상 일정을 끝내고 공항으로 배웅하러 갈 때면 늘 아쉬움을 느낀다.

바쁜 일상에서도 뤼순 감옥 직원들과 안중근 의사 유해 관련에 대한 견해 차이로 언쟁을 할 때면, 몹시 속이 상할 때가 한두 번이 아니었다. 뤼순에서 3년이 넘는 기간 동안 뤼순 감옥 직원들과 미운 정 고운 정 다 들었지만, 그래도 가슴 한 켠에 늘 허허로운 바람의 정체는 고향에 대한 그리움이라.

그럴 때마다 찾아와 준 인생의 길동무들이 있다. 고등학교 친구 희태와 재구, 고향 친구이자 동창인 영화감독 김동국, 늘 카톡에서 응원

지칠 때 찾아와 준 고마운 친구들

과 격려를 아끼지 않는 친구 봉희 그리고 경란, 한국에서 집안의 애경사를 챙겨 주며 매일 카톡을 통하여 응원을

아끼지 않는 기헌, 보경, 선녀, 현희 같은 중학 친구들, 모두 현재의 거주지인 대전의 중학교 동창들이다. 대전시청 강의도 준비해 주고 경청해 준 고마운 중학교 동창들, 고등학교 친구이자 이제는 부부간에도 서로 만나면서 우거지 모임을 하는 친구들의 뤼순 방문은, 나에게 뤼순에서 의욕을 되살리는 불쏘시개 같은 존재들이다. 이 친구들은 앞으로 살면서 많은 마음의 빚을 갚아야 하는, 안중근 의사 신의병이 되어 준 대한민국 국민들이다. 모두 한국으로 돌아가 안중근 의사 유해 찾기 홍보대사 역할을 자처하고 있다. 이들은 모두 나와 함께 안중근 의사, 영웅의 조국 귀환을 기대한다.

■2014년 7월 14일

한국지질자원연구원에서 지표 투과 레이더 방식을 검증

한국지질자원연구원에서 지표 투과 레이더 방식을 검증하였다. 새벽부터 비가 엄청 퍼부었다. 대전 연구단지에 소재한 한국지질자원연구원에도 비가 내리고 있었다. 오전에 2008년 안중근 의사 유해발굴에 참여한 모 연구원과 당시 상황에 대한 간단한 견해를 묻고 소감을 들었다. 그러나 이번 방문의 주요한 목적은 뤼순 감옥 공공묘지의 지표 투과 레이더에 대한 견해와 가능성을 문의하는 게 목적이었다. 흔쾌하고 명쾌한 답변에 감사를 드린다.

현재 안중근 의사의 매장지에 대한 구체적인 사료를 일본에서 제공하지 않고, 발견되지도 않는 입장에서는 안중근 의사의 유해발굴 사업은 요원하다. 그렇다고 마냥 사료만 기다릴 수는 없다. 가장 유력한 추정지인 2008년 발굴 당시 빠졌던 뤼순 감옥 공공묘지를 지표 투과 레이더(GPR: Ground penetration Rader)로 안중근 의사의 유해 매장에 대한 기초 조사를 해보는 것이 급선무다. 기존 뤼순 감옥 사형수들은 원통형의 통관에 매장되었으나 안중근 의사는 침관에 누워서 돌아가셨다는 공식적인 기록이 있다. 지표 투과 레이더 방식을 이용하면 기존 죄수의 유골은 원형의 검은 형태로 기록이 될 것이고 안중근 의사의 유해가 있다면 일반적인 매장 형태로 누워 있는 유골이 나타날 것이다. 나는 그 자료를 근거로 중국 외교부에 발굴 조사를 신청하려는 기본적인 아이디어를 갖고 있다.

한국지질자원연구원의 국내 탐사발굴의 권위자이신 모 연구원께서는 사막이나 심해 같은 곳에서는 장애물이 없기 때문에 얼마든지 가능하다고 말했다. 그러나 뤼순 감옥 공공묘지는 일반 나무와 잡석이 혼재되어 있어 깊이까지는 들어갈 수 없지만 1.5M 정도는 충분히 반영할 수 있다는 것이다. 매우 고무적인 의견이었다. GPR은 한국에서도 지하 매장물이나 맨홀 등을 탐사할 때 자주 활용하는 것이다.

다음은 2008년에 다른 루트를 통하여 발굴에 참여하였고, 실제 뤼순 감옥 공공묘지에 오셨던 연구원에게 GPR에 대해서 문의한 내용을 요약한 것이다.

① 2008년도 안중근 유해발굴시 참여하셨나요?

당시 실제로 참여했다. 요청받은 지역에 대해서는 탐사를 다 해봤다.

② 당시 지질자원의 역할은 무엇인가요? 혹시 듣기론 기계 반입이 늦어져서 조사가 잘 안 된 걸로 아는데 늦어진 이유는요?

한국지질연구원에서는 다롄에서 안중근 의사 유해발굴 지역을 3천여 편이 되어 전자 장비를 동원하여 발굴 범위를 좁혀 보는데 있었다. 하지만 당시 아파트 공사로 주변이 헤쳐져 여건이 좋지 않았다. 당시 GPR방식하고 자력탐사, 전기비저항조사 등 3가지가 동원됐다. 일반적으로 유해발굴 등에 동원되는 기법들이다. 자력탐사는 철제제품 등의 부장물이 있을 때 유용하다. 전기비저항조사는 물체의 전기적 특성이 다른 경우 사용한다. GPR과 자력탐사를 주로 하고 일부만 전기비저항조사를 벌였다. 조사에서 특별하게 도움이 된 것은 없었다.

③ 최근 뤼순 감옥 공공묘지가 GPR조사 계획이 있다고 하는데 현실적으로 조사가 가능할까요? 즉 GPR로 안중근 의사 유해 형태를 구분할 수 있을까요?

현재 지원 요청을 받고 있는데 하게 된다면 3D GPR 검사를 할 것이다. 일반 죄수들은 통관에 묻히고, 안 의사가 침관에 묻혔다는데 그런 차이가 있을 경우 그걸로 구분할 가능성은 있다. 하지만 그것은 하나의 가설이다. 미국도 자국 군인의 유해를 찾을 때 중국 쪽에 의뢰해 이 방법을 활용한 것으로 알고 있다. 하지만 전에 그런 방식으로 원하는 유해를 찾아낸 선행 사례 등은 알지 못한다. GPR방식은 매장물의 분포를 아는 데 유용하다. 하지만 주변 여건에 따라 정확도의 편차는 심하다.

④ GPR 수행시 뤼순 감옥 공공묘지에 유의사항이나 고려할 점은 무엇인지요?

일부에서는 공공묘지가 조성된 시기가 안 의사가 사형을 당한 시기와 다르다는 주장이 있는 걸로 안다. 여러 가지 민원들이 있는 걸로 안다.

⑤ GPR 이외에 또 다른 탐사 방법이 있나요? 그리고 뤼순 감옥 공공묘지 GPR 수행시 소요시간과 비용은 어느 정도 필요한가요?

그래도 GPR 방식이 가장 유용할 것으로 본다. 대상지역이 넓지 않아 소요시간은 많이 걸리지 않을 것으로 본다. 비용은 관련업체들이 더 잘 안다.

■ 2014년 8월 2일

(사)매헌 윤봉길 월진회원과 매헌바로미 단원과 함께 안중근 의사 제사 모심

매년 윤봉길 의사를 선양하는 한국 충남의 덕산고등학교에서 매헌바로미를 운영하고 있다. 학생들에게 윤봉길 의사의 정신을 함양하고 애국을 배우는 훌륭한 단체이다. 매헌 바로미는 매년 여름에 동북지역 항일운동유적지를 탐방한다. 2014년 8월 2일에는 특별한 행사가 열렸다. (사)매헌 윤봉길 월진회원과 매헌바로미 단원, 그리고 공저자들이 참여하여 뤼순 감옥 공공묘지에서 안중근 의사 유해발굴을 염원하면서 제사를 모시었다. 안중근 의사의 유해는 어디에 계신지 알 수 없지만 한국에서 오신 안중근 의사의 후손들의 진심을 들으셨을 것이다. 매년 3월 26일 나는 개인적으로 여러 차례 제사를 모셨지만 단체로 모시긴 이번이 처음이다.

다음은 (사)매헌 윤봉길 월진회 김영우 국장이 낭독한 제문이다.

안중근 의사 순국 104년 8월 2일 사단법인 매헌 윤봉길 월진회와 매헌바로미 일동은 머리 숙여 의사님의 무덤 앞에 작은 정성으로 제를 올립니다.

의사께서는 암흑천지로 변해가는 민족의 앞날을 의로운 투쟁으로 등불이 되어주셨고 일제의 침략전쟁과 서구열강들이 침탈이 극에 달하던 시기에 동아시아의 평화를 외치셨습니다.

의사님의 하얼빈 역 총성은 조선 민족을 깨운 소리였고 이곳 뤼순 감옥에서 남기신 글은 후손들이 가야 할 길을 알려주는 이정표가 되었습니다.

안타깝게도 그 후손들은 의사님의 꿈을 이루지 못하여 민족이 남북 분단으로 고통을 겪고 있으며 그로 인해 안타까운 참사와 비극이 되풀이 되고 있습니다.

어린 학생들이 영문도 모른 채 바닷물 속에 죽어가고 군대 내에서는 폭력이 극에 달하고 있는 너무도 안타까운 현실에 의사님 앞에 선다는 것조차 부끄럽습니다.

지금 이 어려움을 극복해 낼 말씀을 일찍이 의사께서는 인심단합론을 펴시며, "나라가 곤경에 처하여 국권이 백척간두의 위기에 이르고 있으니 우리 동포들은 지역감정을 없애고, 상하 귀천의 신분을 들추어 서로 다투지 말고, 노소의 권위로 서로 신뢰를 무너뜨리지 말고, 돈의 많고 적음으로 서로 차별하지 말고, 힘의 강약으로 서로 윽박지르지 말고, 모두 마음과 몸을 함께하여 나라의 독립과 융성을 위하여 애써야 한다"고 하셨습니다.

다시 한 번 우리 모두 가슴에 새겨야 할 말씀입니다.

저희는 모양도 없는 의사님의 무덤 앞에서 다짐합니다.

의사님이 바랐던 진정한 대한독립과 세계평화를 위해 새롭게 각오하고 배우며 실천하겠습니다. 비록 유해조차 찾지 못했지만 여기 모인 우리들은 가슴 속에 의사님의 유해를 간직하겠습니다.

작은 정성으로 준비한 술과 음식을 흠향하옵소서.

하얼빈의 〈흑룡강 텔레비전 국제 채널〉에서 안중근 일대기 다큐 인터뷰

안중근 의사의 의거 현장인 하얼빈의 〈흑룡강 텔레비전 국제 채널〉에서 안중근 의사 일대기를 기록한 다큐멘터리를 제작하고 있다. 뤼순 감옥에 와서 안중근 의사에 대한 순국 과정과 뤼순 감옥, 유해 문제, 또한 전반적인 일대기에 대해서 취재를 하였다. 인터뷰도 진행하였다. 주상영 관장과 왕진인 부관장, 주애민 진열부 주임과 나를 인터뷰했는데 방송은 2015년 9월 2일 중국 전승 기념일 전후로 방송할 예정이다. 아래는 인터뷰 내용이다.

① 安重根的出身，重点解释一下两班家庭。(안중근의 출신, 양반 가정에 대해 중점 해석)

안중근 의사는 1879년 9월 2일(음력 7월 16일) 황해도 해주부 수양산 아래 광석동에서 부 안태훈과 모 배천 조씨 사이에서 3남 1녀 중 장남으로 태어났다. 태어날 때 배와 가슴에 북두칠성 모양의 7개의 흑점이 있어 북두칠성의 기운을 받고 태어났다고 해서 아명을 응칠이라 하였다. 본관이 순흥으로 고조부, 증조부 모두 무과 급제자이고, 할아버지인 안인수는 진해 현감을 지냈고, 부친인 안태훈은 과거에 급제한 진사였다. 문무를 겸비한 양반 가문에서 안중근 의사는 태어났다.

② 少年安重根受到的教育以及个人性格如何。(소년 안중근의 교육이 개인 성격에 어떤 영향을 미쳤나?)

청소년시절에 할아버지의 사랑을 받으며 성장하였고, 집안에 마련된 서당에서 학문을 9년간이나 수학하였고, 그 중 사서삼경과 자치통감, 맹자 그리고 세계사, 한국사, 일본 근대사도 공부했다. 안중근 가문의 가훈은 "정의"이다. 일제의 한국 병탄이 압박해 오고 있는 시기에

민족 위기와 국가 위기에 있어서 가훈인 "정의"는 안중근 의사의 성장에 중요한 작용을 하였다. 안중근 의사는 자서전에서 말씀하길 친구와 의(义)를 맺는 것을 중요시한다고 말하였다. 이와 같이 안중근 의사는 용감하고 호방하며, 정의감 있는 문무를 겸비한 청년이었다.

③在韩国被日本吞并前，韩国从官方到民间，对日本所谓 "和平" 理论的误解。(일본에 국권이 침탈되기 전 한국은 정부부터 민간에 이르기까지 일본의 소위 평화이론에 대한 오해)

일본은 청일갑오전쟁 때, 중국에 보낸 선전서에서 "동양평화를 유지하다"와 "한국의 독립을 공고히 하다"라는 말을 하였다. 이를 대한제국에서는 그대로 믿었다. 이는 대한제국을 이용하기 위한 전쟁 명문의 명목상의 평화였다. 그러나 러일전쟁 시기부터 일본 정부가 말하는 전쟁명목과 진정한 목적의 차이가 현격하였다.

④日本吞并韩国过程中，对韩国的高压统治。(일본의 한국 침탈 과정 중 한국에 대한 고압통치)

러일전쟁 후, 일본은 1905년에 을사늑약을 체결하여 한국의 외교권을 박탈하고, 1906년에는 조선 통감부를 설치하여, 조선을 내정 간섭하였다. 1907년에는 고종황제를 폐위하였고, 한미 신협약을 강제로 맺고, 한국 군대를 해산시켰다. 이는 일본 제국주의의 침략자의 본성을 그대로 드러내었다.

⑤韩人流亡在俄国的情况，包括数量、生活情况、对待韩国独立的态度等。(망국의 시기 러시아의 한인 상황, 수량, 생활 상황 그리고 한국 독립의 태도 등)

1860년 러시아 연해주 지역에 조선인 13가구가 정착함으로써 연해주 한인의 역사가 새롭게 시작되었다. 이후 수차례에 걸쳐 대규모 이민이 진행되었는데 그 이유는 조선 내의 경제적 문제(대기근 등) 혹은 정치적 문제(경술국치 등) 등에 의한 것이었다. 1869년 한반도에 큰 흉년이 들어 농토가 적은 동북부에 특히 심한 타격을 주었다. 이때 기근으로 굶주린 수많은 한인들이 연해주로 이주하였고, 이주 인구가 계속 증가하면서 여러 지역에 한인 마을이 형성되었다.

1905년 일본의 외교권 강탈은 한인의 연해주 이주에도 큰 영향을 주었다. 당시 일본은 한인의 해외이주를 억제하였는데, 이에 따라 이전까지 러시아로 향했던 순수 농업이민은 소위 불법적인 망명이민으로 전환될 수밖에 없었다. 한편 이 시기에 연해주로 이주한 수많은 한인들은 연해주 각지에서 국권회복운동에 적극적으로 나섰다.

1908년 한 해에만 총 69,804명의 의병이 1,451회의 무장출동을 했으며, 이와 더불어 최재형을 비롯한 연해주 한인 지도자들은 교육과 언론을 통한 민족혼 고양을 목적으로 연해주에 11개 학교와 《대동공보》, 《해조신문》 등의 언론사를 설립하였다. 1910년 조선이 일본에 8월 한일병합이 전해지자 러시아 한인들도 이를 규탄하고 국권 회복의 노력을 전개했다. 일례로 러시아 한인 모임인 성명회 회원 700명은 블라디보스토크 신한촌의 한인학교에 모여 한일강제늑약 무효를 선언한 후, 이를 블라디보스토크의 각 영사관에 통보하고 거리에 격문을 붙이는 한편 한국독립선언서에 8,624명의 서명을 받아 미 국무장관에게 발송했다.

⑥ 韩国国内义兵斗争的整体情况。(한국 국내 의병 투쟁에 대한 전반적인 상황)

한국 근대사에서 의병 투쟁은 일본 제국주의의 침탈에 맞선 자발적인 투쟁 과정이었다.

한말의 의병은 크게 1895~1896년의 제1차 의병전쟁(乙未義兵)과 1905~1910년의 제2차 의병전쟁(乙巳義兵과 丁未義兵)으로 나누어볼 수 있다

제2차 의병전쟁은 1904년 러일전쟁이 일어나 또다시 일제가 한국에 대한 군사적 지배권을 장악하려 할 때에 일어났다. 즉, 1905년 9월 러·일 간의 휴전이 성립될 무렵부터 시작하여 이듬해 여름까지 역시 삼남 지방을 중심으로 하여 일어났다.

1907년 이후에는 전국의 유생과 농민이 봉기하여 가히 독립전쟁이라 할 수 있을 정도의 큰 저항 운동으로 발전하였다. 이때 일어난 의병의 중심 세력은 지방의 가난한 유생(寒士)들과 포군(砲軍), 그리고 빈농(破落戶)들이었으며, 평균 40~50명 정도로 편성된 소부대들이 많았다.

1907~1910년간의 의병전쟁에서 특기하여야 할 사실은 노령(露領) 의병의 국내진격작전이었다. 노령 연해주는 제정 러시아의 진출기지로서 약 4만 명의 병력이 극동에 배치되어 있었고, 일본군은 1개 사단 병력으로 두만강 국경을 수비하고 있었다. 따라서 이 지역에서 의병이 국내진격작전을 시도한다는 것은 거의 불가능에 가까운 일이었다.

1908년 두 차례나 노령 의병이 두만강을 건너 공격했고 국내에 독립군 기지를 건설하려 했다는 사실은 놀라운 일이 아닐 수 없다. 국내진공작전에는 연해주에서 한인들의 든든한 후원자였던 최재형과 간도 관리사 이범윤, 홍범도 장군 등이 대활약을 했다. 특히 이 작전에서 안중근 의사는 대한의군 참모중장의 자격으로 의병활동을 하였는데 이는 노령 의병에서 안중근 의사의 중요성을 말해 준다.

⑦ 安重根刺殺伊藤后，韩国国内对安重根的态度、评价。(이토 격살 후 한국 국내에서 안중근에 대한 태도와 평가)

안중근의 하얼빈 의거 후 당시 한국 내 반응은 두 가지였다. 순종을

중심으로 왕과 귀족들은 안중근에 대하여 우려를 표현하였으나 일반 백성들은 모두가 안중근 의사의 의거를 찬양하고 매우 기뻐하였다. 안중근 의사의 사진이 백성들 사이에 널리 소장되면서 사진이 품귀 현상을 빚기도 하였다.

⑧ 安重根刺杀伊藤，对韩国此后独立运动的影响。(안중근의 이토 격살이 한국의 독립에 미친 영향)

안중근 의사는 대한제국의 근대상에서 독립운동의 상징적 인물이었다. 김구 주석의 대한민국 임시정부 시기에도 안중근 의사의 정신을 이어받아 한인 애국단을 결성하여 윤봉길 의사가 상하이 홍구공원 의거를 결행하였고, 또한 대한민국 임시정부 부통령을 역임한 박은식은 『안중근전』을 저술하여 안중근을 널리 알렸다.

⑨ 寻找遗骸的过程。(안중근 의사 유해발굴 과정)

안중근 의사는 1909년 3월 10일 유언을 남겼다. "내가 죽거들랑 하얼빈 공원에 묻었다가 조국의 국권이 회복이 되면 조국으로 반장해 다오. 조국의 광복의 소리가 들려오면 하늘에서도 춤을 추며 노래하리라"라고. 그러나 일본은 안중근 의사의 유해가 하얼빈에 가면 대한제국 독립군의 성지가 될 것을 우려하여 당시 일본의 감옥법 제 74조의 사형자의 친척이 요구하면 언제든지 시신을 인도한다는 법을 어겨가며 동생 안정근과 안공근의 시신 인도 요구를 묵살하고 이행하지 않았다. 그리하여 당시 조선통감부의 〈안씨 사형 시말 조사보고서〉에 의하면 안중근 의사는 관동도독부 민정서(현 뤼순 감옥) 공공묘지에 묻혔다는 공식적인 기록이 있었다. 그러나 1986년 북한에서 대표단이 와서 유해발굴을 시도했으나 여러 번의 주변 탐문과 조사 후 성과 없이 돌아갔다. 그러나 2006년 남북한 공동으로 유해발굴을 결의하고, 당시 뤼순 감옥의 초대 감옥소장인 구리하라의 딸인 이와이 마사꼬의 사진에 의거해 매장 장소를 현재 뤼순 감옥 북대문의 아파트 부지로 선정하였다. 2008년에 한중이 공동으로 유해발굴을 하였으나 별다른 성과를 내지는 못했다. 안중근 의사의 매장지는 전술한 소노끼 보고서에서 관동도독부 감옥서의 공공묘지를 지목하였고, 당시 《만주일일신문》, 《도쿄일일신문》 등 8여 개의 신문이 여전히 감옥서 공공묘지에 묻혔다는 것을 지목하고 있다. 그리하여 현재 안중근 의사의 구체적인 자료와 다른 대안이 없다면 평화를 사랑하는 중국인들의 관심과 동의를 얻어 뤼순 감옥의 공공묘지를 발굴할 필요가 있다.

⑩ 今天, 韩国官方对安重根的纪念包括哪些? 民间自发的纪念情况如何
　(현재 안중근 의사를 기념하는 공식 단체와 민간단체의 상황은?)

안중근 의사를 기념하는 한국의 공식적인 단체는 남산 안중근 의사 기념관이다. 매년 3월 26일과 10월 26일 안중근 의사를 숭모하고 찬양하는 행사를 진행하고, 안중근 장학금, 안중근 의사 글짓기 대회를 하고 있으며, 안중근 의사 서적 편찬 보급과 세미나, 안중근 의사를 공부하는 한국의 지도층 인사로 구성된 〈안중근 아카데미〉를 운영하고 있다. 민간단체로는 〈안중근 평화 연구원〉과 〈안중근 의사 뼈대 찾기 사업회〉가 있다. 안중근 의사 뼈대 찾기 사업회는 국민들의 관심과 여론을 형성하여 길거리 모금을 통하여 유해발굴 자금도 마련하고, 특히 금년에는 『안중근 의사 유해를 찾아라』라는 책을 발간하여 국민들의 성원을 받고 있으며, 민간 차원에서도 안중근 의사 유해발굴을 위하여 노력하고 있다.

⑪ 东洋和平论在韩国国内的影响(동양평화론이 한국 국내에 미친 영향)

대한민국의 독립운동사에서 '英雄'으로 칭송받는 안중근 의사가 옥

중에서 집필한 미완성 유고(遺稿) 『동양평화론(東洋平和論)』은 안 의사가 국권회복운동을 하면서 세운 지표(指標)로 독립운동의 기초적 배경이 된 사상체계이며, 인류의 보편적 가치인 평화는 사상가 안중근 의사의 정신을 집대성한 것이다. 안중근 의사의 『동양평화론』은 한국의 역사 교과서에도 수록되어 대한민국의 평화에 대한 염원을 담고 있다.

⑫ 안중근 의거는 무슨 사건을 가리키는가?

1909년 10월 26일 오전 9시, 하얼빈 역에서, 한국의 민족 영웅인 안 중근은 한국의 독립과 동양 평화를 위해 당시 일본국 추밀원 의장인 이토 히로부미를 사살한 것을 〈하얼빈 의거〉라고 한다. 안중근 의사는 그 후 뤼순 감옥에 수감된 후에 관동도독부 법원에서 동양 평화를 위한 법정 투쟁을 전개하였다. 이를 〈관동도독부 공판 투쟁〉이라 한다. 또한 재판에서 사형을 받으시고는 동양평화에 대한 염원을 후세에게 알리기 위하여 책을 집필하기로 하였다. 이를 〈동양평화 집필 투쟁〉이라 한다. 즉 안중근 의사 의거란 하얼빈 의거와 관동도독부 법정 투쟁 그리고 동양평화론 집필 투쟁, 이 세 가지를 합쳐서 정의할 수 있다.

⑬ 하얼빈 안중근기념관에 대한 한국인들의 생각

금년 1월 19일 하얼빈에 설립한 하얼빈 안중근기념관은 한중 양국 국민들의 우정의 상징이요, 일본의 역사 부정에 대한 일침이다. 일본 에 대하여 공통으로 뼈아픈 과거를 가지고 있는 한중 양국의 공동 대 응의 결과물이다. 한국 국민들은 안중근 의사 기념관 건립과 수많은 중국 국민들이 안중근 의사 기념관을 방문하는 것을 보고 매우 감사하 고 기뻐하고 있다. 한중 양국의 우정이 한발 더 발전되는 계기가 되었 다. 아울러 안중근 의사 유해발굴이 이루어져 한중 관계도 가일층 격 상되고, 안중근 의사의 유언도 실현되기를 간절히 바라고 있으며, 이를 중국 국민들과 함께 하기를 호소하고 있다.

■ **2014년 8월 8일**

《동아일보》에 안중근 전도사로 소개되다

하얼빈시에서 조선민족 종교국 부국장으로 평생을 근무하시고, 현재 하얼빈시 조선족촉진회 명예회장이자, 안중근 연구가 이고, 『하얼빈에서 안중근 의사 열하루』의 저자이신 서명훈 선생님과 함께 영광스럽게도 저자가 《동아일보》에 소개되었다. 안중근 의사 유해발굴에 더욱 매진하라는 뜻으로 알고 있다.

다롄은 수 년 전부터 심양 총영사관에서 교민 보호와 안전, 중국인 비자 업무들을 수행하였다. 매번 심양까지 가야 되는 불편함이 있었다. 일반 기차로 6시간이나 걸리는 거리였다. 같은 요녕성이라도 한국과 가까운 다롄이 한국 교민도 많고 동북의 관문으로 주된 역할을 하였다. 그러나 3년 전에 다롄에 영사 출장소가 설립되었다. 많은 다롄 시민들은 환영하고 있다. 제18대 대통령 선거 투표도 개최하고 많은 다롄 시민들의 사랑을 받고 있다. 그러나 다롄 영사 출장소는 안중근 의사가 순국한 곳에 있다 보니 안중근 의사 선양과 유해발굴에 지대한 관심을 가지고 있다. 2013년 10월 26일도 다롄시 안중근 의사 연구 학자들과 저를 포함하여 안중근 의사 유해발굴에 대한 의견을 청취하였다.

《동아일보》 신문기사(2014.8.8)

〔대전/충남〕아베 망언에…… 더 바빠진 '안중근 전도사' 2人

중국 헤이룽장(黑龍江)성 하얼빈(哈爾濱) 시 조선민족사업촉진회 서명훈 명예회장(84)과 랴오닝(遼寧) 성 다롄(大連)외국어대 김월배 교수(48)는 '안중근 전도사'다. 조선족인 서 회장과 내국인인 김 교수는 공동 저술 등 각종 안 의사 선양 사업을 같이 펼치고 있다.

이들은 아베 신조 일본 총리의 과거사 망언이 이어지년서 더욱 바빠졌다. 김 교수는 18일 충남 아산시 청소년문화센터에서 '안중근 의사의 후손된 도리'라는 광복절 기념 강연을 갖는다. 아베 내각이 일본 패전일인 15일 야스쿠니 신사 참배를 강행한 시점에서 열리는 강연이다. 김 교수는 강연에서 아직도 위치조차 확인하지 못한 안 의사의 유해 발굴에 대한 관심을 촉구한다.

"'나의 뼈를 하얼빈 공원에 묻었다가 국권이 회복되면 고국으로 반장(객지에서 죽은 사람을 고향으로 옮겨 장사 지냄)해 달라'는 안 의사 유언을 아직도 들어주지 못하고 있습니다. 국가 존망이 위태로울 때 살신성인한 분들을 국가가 지켜 드리지 못한다면 누가 국가를 위하여 희생할 수 있겠습니까."

조선상업사로 박사 학위를 받은 김 교수는 2006년 1월 하얼빈 시에 세워진 안중근 의사 동상 건립 과정에 참여했다가 안 의사 연구에 뛰어들었다. 현재 안중근 뼈대찾기 운동본부 중국 지회장이며 올해 4월 안태근 한국외국어대 겸임 교수와 공동으로 『안중근 의사의 유해를 찾아라』를 펴냈다. 2011년에는 서 회장과 같이 『안중근 의사 지식문답』이라는 중국어 한국어 영어 등 3개 국어의 저술을 출간했다. 김 교수는 "정부가 2008년 안 의사가 사형을 당한 다롄시 뤼순 감옥 뒤편에 대해 유해 발굴을 시도했다가 실패했다. 근거가 충분하지 않으면 발굴 시도를 꺼리는데 세월이 지날수록 유해 찾기는 어려워 진다"며 "외교적 절차가 복잡하지 않은 지표 투과 레이더(GPR) 방식을 활용해 발굴 시도를 계속해야 한다"고 주장했다. 그는 다롄시 문물관리위(문화재발굴위원회 성격)가 2001년 안 의사 유해 매장 장소로 지목한 뤼순 감옥 공공묘지에 대한 조사를 제안했다.

서 회장은 요즘 안 의사에 대해 전에 없이 관심이 높아진 중국 언론에 안 의사 재조명의 방향을 제시하는 데 주력하고 있다. 서 회장은 "박근혜 대통령과 시진핑 주석의 정상회담을 계기로 '안중근 의사 기념관'이 1월 19일 하얼빈 역으로 이전 개관한 뒤 안 의사 열기가 뜨겁다"며 "기념관은 이전 개관 후 7개월 만에 방문객이 10만 명을 넘어서 하얼빈에서 가장 인기 높은 박물관이 됐다"고 소개했다. 언론의 안 의사 재조명 작업도 활발하다. 헤이룽장 성 TV의 국제채널이 안 의사 다큐멘터리 3부작 제작을 완성해 연말 방영을 준비 중이다. 북방문학이라는 저널은 안 의사 관련 논문과 글을 집중 게재하고 있다.

"중국 언론의 안 의사 재조명이 이토 히로부미 암살이라는 단편적 사건에 국한돼 있어요. 안 의사 의거 당시 아시아 모든 국가들이 식민지 상태였으니 의거는 중요한 사건임에는 틀림없죠. 하지만 안 의사의 진면목은 그의 동양평화사상에 있어요."

서 회장은 중국 내 최고의 안중근 연구가다. 하얼빈 시 종교민족국 부국장(공무원)을 지내면서 연구를 거듭해 '안중근, 하얼빈에서의 열하루' 등 4권의 저작을 펴냈다. 서 회장은 "안 의사 평화사상 연구가 부족하다 보니 일본에서 안 의사를 테러리스트라고 규정하고 한국 내에서도 일부가 일본의 입장에서는 그럴 수 있다는 태도를 보인 것으로 알려져 안타깝다"며 "일본은 당시 침략국이었고 안 의사는 무장독립투쟁 중이었으므로 테러가 아닌 정당방위였다"고 말했다.

■ 2014년 8월 18일

아산서 〈안중근 의사의 후손된 도리〉 강연

충남 아산시 의회에 있는 박성순 의원이 〈광복 69주년 안중근 의사 유해발굴 특강〉을 개최하였다. 여름의 장마에도 불구하고 입추의 여지없이 참여하신 아산시민들의 안중근 의사에 대한 관심과 격려는 중국 뤼순에 있는 나에게 힘찬 의지를 심어 주었다. 인생의 가장 소중한 동료이자 신의병을 자처하는 김희태 친구가 큰 역할을 하였다.

안중근 의사의 신의병을 자처하는 인생의 소중한 고등학교 동창

■ 2014년 8월 26일

안중근 의사 유해발굴 특별법 청원 입법해야

《예산 무한정보 신문》

중국 다롄외국어대학 김월배(안중근 의사 뼈대찾기 중국지회장) 교수가 18일 저녁 7시 아산시청소년교육센터에서 열린 통일교육협의회 아산지회 주최 행사에서 〈안중근 의사의 후손된 도리〉에 대한 강의를 했다. 김 교수은 "안중근 의사에 대한 일본의 언행과 역사 수정주의를 보면 그들의 이해가 부족함을 알 수 있다"고 지적한 뒤 "현재 안 의사 의거에 대한 정의가 새롭게 정립될 필요가 있다"고 강조했다. 그는 이어 안 의사의 의거를 하얼빈 의거, 뤼순법원 공판투쟁, 동양평화론 집필투쟁 세 가지로 정의했다. 안 의사의 하얼빈의거는 일본의 거짓 평화를 위장한 대동아 공영권의 침략 야욕을 직접적으로 기획했고, 대한제국과 중국, 나아가 동양평화를 교란시킨 이토 히로부미를 1909년 10월 26일 하얼빈에서 격살시킨 것이다.

안 의사는 뤼순 관동도독부 법원에서 온 세상에 하얼빈의거의 정당성을 알리기 위해 공판투쟁을 하지만, 일본의 의도되고 왜곡된 재판 방해로 실패, 이후 『동양평화론』을 집필해 후세의 기록에 남기기로 했으나, 집필 기간 보장 약속을 지키지 않은 일본인 고등법원장에 의해 미완의 『동양평화론』으로 남게 됐다.

그는 또 "일본 동경의 시나가와구에는 이토히로부미의 무덤이 200평 정도의 공원으로 구성돼 있고, 주변 이토 소학교, 중학교 등은 이토를 위한 추도를 하고 있다. 그러나 우리나라는 아직도 안중근 의사 유해발굴을 위해서는 자료조사와 방법론에 대해서 논쟁만 하고 있다"고 꼬집은 뒤 "방안의 코끼리(누구나 인식하고 있지만 애써 무시하거나 언급하지 않는 것)를 해소하기 위해 일반 국민들의 안중근 의사 유해발굴 특별법 청원 참여가 필요하다"고 강조했다

■ 2014년 8월 28일

다롄 영사관 주최 〈안중근 의사 세미나〉

2014년 8월 28일 새로 부임하신 총영사의 깊은 관심으로 안중근 의

사 세미나가 다롄 영사관에서 최초로 열렸다. 북경의 젊은 중국 학자와 한국에서 오신 학자들과 저는 〈안중근 의사 유해발굴의 신 시각〉이라는 주제로 논문을 발표하였다. 다롄 영사관의 관심에 감사를 드린다. 안중근 의사 선양과 유해발굴에 대해 지속적으로 관심을 가져 주시길 바란다.

■ 2014년 10월 25일
다롄외국어대학 지도 학생 안중근 웅변대회 금상 수상

2014년 10월 25일 안중근 의사 의거 105주년을 맞이하여, 다롄 세종학당이 주최한 한국어 말하기 대회에서 뤼순에 위치한 다롄외국어대학에는 별도의 주제가 공지되었다. 바로 안중근 의사 관련 주제로 중국 학생들의 웅변대회를 참가하는 것이었다. 이 학생지도의 책임을 맡았다. 당시 2학년 생이었던 중국 운남성(云南省) 출신의 업풍국(业丰菊) 학생과 요녕성 출신의 장서(张瑞) 학생을 선정하고 먼저 두 학생들의 안중근 의사에 대한 이해를 돕기 위하여 뤼순 감옥과 뤼순 감옥 공공묘지를 두 차례에 방문을 하였고 안중근 의사 관련 책을 일주일간 정독을 시켰다. 그리고 5분간에 걸친 웅변 문안을 작성하게 하였다. 결과는 대성공이었다. 운남성 출신의 업풍국 학생이 "뤼순은 동양평화의 중심"이란 주제로 금상을 수상하였고, 장서 학생이 "안중근 의사 유해를 찾아 주세요"라는 주제로 장려상을 수상하는 쾌거를 이루었다. 안중근 의사 웅변대회가 중국에서 처음 개최되었을 것이다. 난 하얼빈에 가야 했기 때문에 현장에는 다른 교수가 대리 참석하였다. 안중근의 열기가 중국에서 뜨겁게 달아오르고 있다.

■ 2014년 10월 25일
하얼빈 의거 105주년 기념 안중근 의사 백일장

105년 전 아침처럼 오늘 하얼빈은 매서운 추위와 약간의 눈발이 날렸다. 어제 25일은 하얼빈 안중근기념관 주최로 하얼빈 안승가 조선민족예술관에서 〈안중근 의사 하얼빈 의거 105주년 한중 청소년 백일장〉행사가 의거 105주년을 맞이하여 105명의 한중 고등학생이 참석하여 개최되었다.

중국의 하얼빈 조선족 제1고등학교, 하얼빈 조선족 제2고등학교, 하얼빈시 만방고등학교, 흑룡강성 오상시 조선족 고등학교, 흑룡강성 상지시 조선족 고등학교와 한국에서는 충남 덕산고등학교 10명, 충남 예산고등학교 1명이 참석하였다. 〈안중근, 그 이름을 떠올리면〉이라는 주제로 한중 청소년들이 열심히 안중근 의사를 떠올리면서 안중근 의사의 사상과 정신을 담아내기에 여념이 없었다. 심사위원으로 참석하면서 우수한 학생들의 글 솜씨를 보면서 행복한 고민을 하였다.

대상에는 흑룡강성 오상 조선족 고등학교의 김염 학생이 쓴, 안중근 의사 모친의 모성애에 빗대어 나약한 현재의 젊은 자신들의 모습을 채찍질하는 작품이 선정되었다. 한국에서도 덕산고등학교 박찬양 학생이 쓴, 안중근 의사 가문의 가훈인 '정의'를 자신의 의지에 담고 주변

하얼빈 안중근 의거 105주년 한중 글짓기 대회 모습

에 널리 알린다는 작품이 선정되었다. 안중근 의사의 사상을 자기화하는 한중 청소년들의 작품을 보면서 눈이 행복하고 가슴이 시원하였다.

오후 3시부터는 한중 청소년 안중근 의사 토론 겸 좌담회가 열렸다. 안중근 의사의 사상을 뽐내는 학생들의 수준이 높아 사회자로서 뿌듯하고 대견스러웠다.

특히 이번 참가자 중 4시간이나 버스를 타고 흑룡강성 상지시에서 온 뇌성마비 지체장애 학생이 할머니의 손을 잡고 같이 참석하여 안중근 의사의 정신이 더욱 빛나고, 강인한 사랑을 느낄 수 있었다.

이번 105주년 안중근 의거 기념 행사를 통해 안중근 의사가 뿌린 어린 묘목들이 훗날 푸른 거목이 되어 어깨를 견주는 날 대한민국의 자랑스러운 인재가 될 것이라고 확신하게 되었다. 의사님이 하얼빈에서 뤼순으로 일제에 의해 이감된 것처럼 나도 오늘 뤼순으로 돌아왔다. 돌아오는 길에 대상을 받은 김염 학생의 메일을 받고 피곤이 말끔히 녹아 내렸다. 이번 행사를 기획 주최하고 훌륭한 105명의 청소년 안중근을 배양한, 얼마 전 한국에서 대통령상을 수상하신 하얼빈 안중

하얼빈 안중근 의거 105주년 한중 청소년 좌담회 모습

근기념관 강월화 관장의 노고에 존경을 드린다.

안중근 의사를 기리는 후학들이 많이 나오기를 바라면서 내일 또 안중근 의사님이 수감되셨던 뤼순 감옥에 가련다. 안중근 의사의 후손된 도리는 과연 무엇일까.

■ 2014년 10월 27일

KBS 탐사보도팀을 맞다

어제 밤늦게 고속전철을 타고 하얼빈에서 와서, 오늘도 새벽에 눈을 뜨니 벌써 하루가 지나 저녁이다. 아침부터 머리도 안 감았는데 KBS 탐사보도팀이 다롄에서 출발해서 오고 있다.

오늘은 날이 추워서 대충 집에서 하루를 보내려나 했더니 꼴뚜기도 한철이라고 대목인 것 같다. 오늘은 월요일이라 뤼순 감옥도 휴일인데 고민이다. 주임에게 연락하여 우선 입관 동의를 받고 뤼순 역에서 기자 두 명을 맞이하였다. 뤼순 역은 1903년에 완공되어 1909년 11월 3일 안중근 의사가 오신 곳이라고 간단하게 설명하고 뤼순 감옥으로 갔다. 안중근 의사 사형장에서 우선 묵념을 하고 촬영에 들어갔다. 다음은 안중근 의사 감방을 직접 열고 들어갔다. 평상시는 엄두도 못 낸다. 오늘은 휴관이라 손님이 없었다.

같이 간 판모종 주임과 인터뷰 하고 내가 마음속으로 준비한 뤼순 감옥 공공묘지로 일정을 잡고 안중근 의사 유해발굴의 당위성과 대안을 설명했다. 대안 부재로 인한 주먹구구식 과거의 발굴 방식보다는 현실성 있는 지표 투과 레이더 방식에 대해 인터뷰하고, 유해발굴에 정부가 나서 달라고 간곡히 당부하였다. 난 유해발굴에 대해서만 인터뷰했다. 유해발굴이 현재 가장 중요하기 때문이다

점심 식사 후 관동도독부 법원에서 법정을 스케치하고, 다시 뤼순 감옥의 사무실에서 나의 저서인『안중근은 애국, 역사는 흐른다』의 발

간 동기와 집필 등을 소개하고 다시 안중근 의사 순국 사형장에서 보조 촬영을 했다.

뤼순 감옥 전경을 담기 위해 여기저기 고층 아파트를 헤매다 운 좋게 촬영하고 나니 벌써 해가 뉘엿뉘엿 넘어가고 있었다.

안중근 의사의 후손된 도리를 오늘도 한 부분 해냈다는 생각에 뿌듯했다. 내년 2015년 1월 방영될 KBS 특집의 2부작 프로그램이라고 했다.

■2104년 11월 16일
판모종 주임 퇴직하다

오늘은 뤼순 감옥에서 평생 동안 38년을 근무하신 판모종이 퇴직하는 날이다. 1976년 뤼순 감옥 근무를 시작으로 1983년에 안중근 의사 논문 집필을 시작으로 안중근 의사에 관심을 가졌다고 한다. 오늘 퇴직을 맞이하여 기꺼이 안중근 의사님 감방 앞에서 사진을 찍어 주셨다. 오늘 하루 종일 지난 과거를 기억하면서 뤼순 감옥의 역사를 설명해주셨다. 퇴직 후에도 계속해서 나와 함께 안중근 의사 유해발굴에 기꺼이 동참해 주시기로 하셨다. 저녁에 식사를 모실 예정이다.

■2014년 12월 1일
중대한 일을 준비하다

이제 중대한 사건을 내 손으로 해결해야 한다. 10년을 기다린 결실이다. 이번 주 시작한다. 내용을 다 공개할 수 없음을 이해해 주기 바란다. 어쩌면 나에게 멍석을 깔아 주고 지켜 보자는 계산도 있으리라. 난 그것은 중요치 않다. 반드시 설득해서 결과를 내기 위해 준비했던 시간들 아니었는가? 노력하자. 최선을 다해 보리라 채근해 본다.

■2014년 12월 4일

가자! 북경으로. 안중근 의사의 유언 실현의 첫 발걸음

새벽녘에 일어나 다시 한 번 내 스스로를 채근하고 논리를 가다듬었다. 한국 측 입장 고려. 중국 측 입장 고려. 문장보다는 이해가 편한 사진으로 가자. 실현 가능성 고려. 빠진 것은 없는지, 너무 많은 것은 아닌지 제한된 시간에 설득하기 위한 적절량 조절. 마음속의 다짐은 이제 끝났다. 가자, 북경으로. 안중근 의사의 유언 실현의 첫 발걸음을 내딛는다.

■2014년 12월 24일

성탄절 전야 뤼순의 이브

중국 뤼순의 성탄절 이브. 오늘은 그리 춥지 않다.

1909년 12월 24일은 무척 추웠으리라. 감옥규칙 11가지 중에 절대 말하지 말 것, 반드시 무릎을 꿇고 있을 것 등이 있었다. 겨울에 지급되는 형식적 모포는 추위를 가리기에는 턱없이 부족했으리라. 그 추위 속에서도 평화를 염원하며 손을 녹여가며 써 내려간 『안응칠 역사』와 안응칠 소회 속에 담긴 사상은 1910년 2월의 미완성 『동양평화론』의 기초가 되었다.

105년 후 오늘 뤼순의 중심가에는 인류의 보편적 가치인 사랑을 실천하다 순교한 예수의 탄생을 축하하는 크리스마스 트리가 찬란하다.

인류의 보편적 가치인 평화를 염원하신 안중근 의사의 유해가 조속히 발굴되어 유언이 실현되길 바란다.

105년 전, 추운 뤼순에 동양평화협의체를 간절히 바랐던 의사의 뜻이 실현되었다면 동양 평화의 중심지가 되었을 뤼순이다.

크리스마스 트리를 지나는 젊은이들의 마음속에도 안중근 의사의 염원이 전달되길 빌어 본다.

■ **2014년 12월 31일**

뤼순에서 송구영신을

오늘 새벽에야 밀린 숙제를 끝냈다. 내년 1월 19일 일본 기타큐슈대학에서 〈평화주의자 안중근〉과 〈뤼순 내 일본〉이란 제목으로 강의한다. 방금 전에야 강의자료를 완료했다. 1월 18일경 아들 종서하고 출국해서 특강을 하고 후쿠오카를 여행할 예정이다. 경비가 허락되면 이토의 고향에도 가볼 예정이다. 1월 25일에는 서울 영상 자료원에서 안중근 의사 유해발굴 현장 이야기도 강의가 잡혀 있다.

2015년 을미년, 양의 해를 맞이하여 남자 분들은 머리와 꼬리를 떼고 집안에서 왕처럼 대접받는 한 해가 되고, 여자님들은 꼬리만 떼고 일 년 내내 더욱 아름다워지는 한 해가 되길 기원한다. 내일 잠시 안중근 의사가 계신 뤼순 감옥에 가보려 한다.

■ **2015년 1월 1일**

광복 70주년을 맞이하는 첫날

1월 1일 아침에 뤼순 감옥 공공묘지를 찾았다. 안중근 의사가 주권이 회복되면 고국으로 반장해 달라고 유언하셨던 날이 오늘로 105주년, 광복 70주년을 맞이하는 2015년 1월 1일의 아침이다.

김구 선생은 나의 소원은 하나도 둘도 독립이라고 하셨다. 만약 누가 2015년에 나의 소원이 무엇이냐고 묻는다면 안중근 의사의 유언을 실현시키고 싶다고 서슴없이 말하리라.

뤼순 어딘가에 의연히 계실 영웅의 귀국을 기대하면서 뤼순 감옥 공공묘지를 밟는다.

겨울이라 잡풀이 하나도 없는 이곳은 찾아오는 이 없지만 따뜻한 햇빛이 비추고 있다.

■2015년 1월 12일

일본 대학생들에게 안중근 바로 알리기 특강을 준비하며

일본 대학생들에게 안중근 의사를 제대로 알리고 일본의 불편한 진실을 알리기 위한 특강을 위하여 1월 18일 아들 종서와 함께 일본으로 출발할 예정이다.

수개월부터 준비한 계획이다. 강의는 일본 기타큐슈 시립대학 국제관계학과 4학년생이 대상이다. 인원은 소수이다. 강의 내용은 〈평화주의자 안중근〉과 〈뤼순 내 일본〉이다.

1월 18일 부산 김해에서 출발하여 18일 후쿠오까 공항에 도착하여, 19일 기타큐슈 고쿠라에 도착하여 숙박을 하고, 1월 19일 오후 4시 20분부터 5시 30분까지 특강을 할 것이다. 1월 18일은 마침 일본의 고3 수능일이다. 기타큐슈 인근은 청일전쟁의 시모노세키가 인접해 있다. 19일 현지 교수 가족과 같이 만찬도 잡혀 있다.

1월 20일 아침에 JR선을 타고 시모노세키를 거쳐 야마구치현 하기시로 가서 정한론의 본고장이자 현 일본 우익의 원초적 탄생지역을 돌아볼 예정이다.

하기시는 올해 2015년 명치유신에 대한 유적들을 세계문화유산에 등재하기 위해 준비한다는 정보를 입수하였다. 나는 아들과 함께 명치유신의 현장을 보고 요시다 쇼인의 사숙과 이토 히로부미가 여덟 살 때부터 소년기를 보냈던 집터와 동경에서 옮겨온 별장을 참관할 예정이다.

21일 후쿠오카로 돌아와 일박을 하고 22일 김해로 돌아오는 과정이다.

나는 이번 여행에서 일본이 외면하고 싶은 침략의 불편한 진실을 일본의 대학생들에게 전달해 주고 젊은이들의 생각을 청취하고자 한다. 아울러 일본 우경화의 최고 극점인 수정헌법 9조를 넘어 명치 시대마

기타큐슈대학 국제관계학과 특강을 마치고

저 세계문화유산으로 등재하려는 현장을 확인하고자 한다.

주권이 회복된 지 70년. 늦었지만 안중근 의사의 유언을 실현시켜 후손된 도리를 다하는 한 해가 되고자 신들메를 다시 조여 본다.

■2015년 1월 18~22일

일본 여행―대학생들에게 안중근의 평화 사상에 대하여 강의를 하다

메이지 유신의 사상적인 스승 요시다 쇼인이 제자들에게 준 유훈이 바로 정한론과 제국주의 침략의 핵심이었다.

"노(러시아), 흑(미국, 검은 배인 흑선에서 유래)과 강화를 했지만, 우리가 이를 결연히 파기함으로써 이적(夷狄) 신뢰를 잃어서는 안 된다. 다만 조약을 엄히 하고 신의를 두텁게 하면서 그 사이에 국력을 배양해 취하기 쉬운 조선, 만주, 지나를 복종시키고 열강과의 교역에서 잃은 국토와 토지를 조선과 만주에서 보상받아야 한다."

이토 히로부미 캐리커쳐

요시다 쇼인이 제자들에게 준 유훈은 일본 제국주의의 기본전략이 되었고, 청일전쟁, 러일전쟁으로 이어지는 제국주의 국가 전략의 실천으로 대한제국의 운명이 결정되었다는 사실을, 바로 하기시에 있는 요시다 쇼인의 사숙인 쇼인 숀카쿠에서 확인했다. 요시다 쇼인이 이토 히로부미를 가르친 쇼인 숀카구의 입구에는 명치유신의 발생지라는 것과 일본 천황의 방문 기록이 있었다. 그 옆에 이토 히로부미가 여덟 살부터 살았던 고택과 동경에서 옮겨온 별장이 있었다. 동행한 아들 종서는 이토 히로부미가 살았던 고택을 이리저리 바쁘게 둘러보았다. 저 아이의 눈과 가슴에도 안중근 의사와 이토 히로부미를 생각하는 모습이 역력하다. 아들 앞에 서면 후손된 도리를 못 하고 있는 내 모습이 부끄럽다.

■2015년 2월 14일

안중근 의사 사형 선고일

안중근 의사 사형 선고일은 1910년 2월 14일 6번째 최종 결심 공판이었다. 오늘을 발렌타인데이와 비교하면서 많은 언론과 단체에서는 대대적으로 많은 정보를 생산하고 있다. 당시 최종 결심 공판의 정확한 내용은 아래와 같다.

방청인은 300명으로 대다수 일본인이었다. 한국인은 안중근의 동생 안공근, 안정근과 변호를 불허한 안병찬. 그리고 영국인으로 《the graphic》 기자 찰스 모리머가 있었다.

제6회 최종적인 언도 공판은 2월 14일 오전 10시에 개정, 재판장인 마나베 관동도독부 지방법원장이 만국국제공법이 아닌 일본 형법에 의해서 안중근 의사에게 사형, 우덕순 징역 3년, 조도선·유동하에게 징역 1년 6개월을 선고했다. 안중근 의사가 제1회 공판정에 처음 선 것이 1910년 2월 7일, 그로부터 불과 1주일 만에 안중근 의사와 관련자 3인에 대해 6회에 걸쳐서 전격적으로 처리되었고, 마침내 안중근 의사에게 사형이 선고되고 말았다.

사형 언도를 받은 안중근 의사는 얼굴빛조차 변하지 않고 "나도 이렇게 될 것을 예견한 지 이미 오래다. 나는 구차스럽게 목숨을 구걸할 필요가 없다. 이보다 더한 극심한 형은 없느냐?" 하며 일제의 법률을 비웃었다. 안 의사의 의기에 넘치는 담담하고도 굳센 자세는 6회에 걸친 공판—한때는 일제를 규탄하는 안 의사의 말씀에 비공개로 진행되기도 했음—을 통해서 국내외의 방청객은 물론 일제의 재판 하수인에게도 큰 감명을 주었다. 특히 사형이 확정된 뒤 안 의사가 보여준 최후의 모습에서도 우리는 안중근 의사의 고결한 인품과 영웅다운 강인하고 의연한 자세를 강하게 느낄 수 있다.

영국신문 《the graphic》 1910년 4월 16일자에 실린 찰스 모리머 (charles morrier) 기자의 안중근 공판기는 재판 기록의 전말을 소개하고 있다. 당시 찰스 모리머 기자는 당시 재판 결과에 대한 기사를 다음과 같이 마무리하고 있다.

"안중근은 달랐다. 기뻐하는 모습이 역력하였다. 그 재판을 받는 동안 법정에서 자신의 정당성을 주장하는 열변을 토하면서 두려워하는 것이 하나 있었다면, 그것은 혹시 이 법정이 오히려 자기를 무죄 방면 하지나 않을까 하는 의심이었다. 그는 이미 순교자가 될 준비가 되어 있었다. 준비 정도가 아니고 기꺼이 아니 열렬히 귀중한 자신의 삶을 포기하고 싶어 했다. 그는 마침내 영웅의 왕관을 손에 들고는 늠름하게 법정을 떠났다."

■ 2015년 3월 1일

3·1절에 뤼순으로 돌아가면서

2015년 1월에는 종서와 일본 여행을 했고, 2월도 종서와 함께 추억 만들기와 안중근 의사의 유해를 찾기 위한 초석 다지기로 보냈다.

한국에서의 방학은 매번, 중국에 돌아가서 무엇을 할 것인가 하는 전초전의 성격이 강했다. 그러다 보니 종서와는 잠시 머물고 가는 아빠의 존재가 되는 게 늘 미안하다. 짧은 일정을 잡아 한국에 나오면 늘 사람에 치이고, 술에 치이기 일쑤여서 방학이 끝날 때쯤이면 곁에 있는 가족을 느낄 사이가 없어 아내와 아들에게 항상 부족한 남편과 아빠의 자리를 절감한다.

때문에 올해는 미리 다롄에서 기획을 하였다. 외부적인 활동에 종서를 참여시켜 나의 생활 모습을 보여주고 사회 참여를 시켜서 종서에게 교육적 효과와 아버지와의 친밀도를 높이는 일거양득을 도모하기로 했다.

① 일본 여행

지난 1월 19일 기타큐슈대학의 방문 특강을 종서와 같이 다녀왔다. 일본 대학교의 모습과 학생들의 강의 수강 태도와 이토 히로부미의 성장지역과 명치유신 태동지역 하기시를 둘러보며 역사의 현장을 종서가 체험할 수 있게 했다. 큐슈와 야마구찌에서 일본이 한국과 불가분의 밀접한 관계로 얽힌 현실을 눈으로 보게 하고 불행한 한국 근대사의 불편한 진실이 무엇인가를 종서에게 있는 그대로 보여주며 느끼게 했다.

② 남산 안중근기념관 방문

종서에게 서울 남산 안중근기념관을 방문하게 했다. 종서는 어릴 때부터 하얼빈과 다롄 현지에서 안중근 의사의 유적들을 체험했다고 할 수 있다. 그런 종서가 국내의 안중근 의사 기념관의 선양시설을 참관하는 일도 중요한 일이다. 이미 종서는 하얼빈과 여순에서 어린 시절을 보냈기 때문에 안중근 의사에 대한 사상과 철학이 어린 나이에 약간은 체득되었다고 할 수 있는데, 국내에서 안중근기념관 관계자들의 환대를 받고 안중근 의사의 뜻을 공고하게 하기 위한 〈안중근 의거 순국 105주년 글짓기 대회〉도 참가하였다. 또 교보문고도 함께 돌아보고, 나의 지도교수를 만나 함께 식사도 하고, 내 친구들을 만나는 자리에도 함께 하면서 여러 가지 경험을 하게 했다.

③ 고향에서의 설맞이

고향 안면도에서 동심으로 돌아가 종서와 함께 설을 맞았다. 천수만 간척지에서 굴 따기 체험도 하고, 굴을 집에 가져와서 만든 굴 찜은 아들과 아버지 사이에 맛보는 최고의 간식이자 최고의 체험이었다. 쪽대를 이용한 그물질은 날씨가 추워 실패하였지만, 나무칼을 만들어 보는 과정에서 아빠와 함께 참여하는 기쁨이 소중하게 자리잡았을 것 같다.

④ 국가보훈처 안중근 의사 유해발굴단 관계자 회의 참여와 각종 특강

안중근 의사의 초석 다짐의 일환으로 국가보훈처 안중근 의사 유해

발굴단 관계자 회의 참여가 나에게는 안중근 의사 유해찾기의 중요한 전기가 되었다. 또한 기타큐슈대학 강의, 서울 안중근 의사 특강, 대전 시청 특강, 새로운 저술인 '내가 생각하는 안중근 의사', 서울교대 안 천 교수와의 토론, 대전 2008년 안중근 의사 사진 소장자 조사, 하얼 빈 안중근기념관과 731부대 방문, 동북항일 열사 기념관 방문 및 각 관장과의 오찬 등 이번 방학에 아주 중요한 발걸음들을 떼었다.

안중근 의사 순국 105주년을 시작하는 3월 첫날, 뤼순으로 가는 인 천공항버스에서 유관순 열사의 만세소리가 가득했던 흑성산 자락의 목천 독립기념관을 내려다본다. 저 멀리 차장 밖으로 3·1절 새벽의 여명이 밝아온다.

■ 2015년 3월

양징의 자료를 찾아라

2010년 2월에 미국 해군 3명과 심양대학의 양징 교수와 통역이 뤼 순 감옥으로 왔다. 양징 교수는 2차 세계대전 만몽포로수용소 연구 전 문가이다. 1944년 뤼순 감옥에 수감되었다 죽었던 미국 해군의 유해 를 발굴하기 위하여 미국 해군이 양징 교수에게 의뢰하여 뤼순 감옥 공공묘지를 지표 투과 레이더를 하기 위해서 온 것이다. 중국 외교부 의 비준과 심양외사청의 동의 아래 왕진인 부관장은 뤼순 감옥 직원에 게 협조를 지시하였다. 뤼순의 신기원호텔에 묵으면서 기초적인 지표 투과 레이더의 기능과 조사 목적을 설명하고, 바로 그 다음 달 뤼순 감 옥 공공묘지의 돌을 제고하고 선을 표시하여 격자형의 조사 지역을 표 시하고는 이틀 동안의 공정으로 얻은 자료를 가지고 돌아갔다.

돌아가는 길에 왕진인 부관장은 양징 교수에게 향후 뤼순 감옥의 공 공묘지 지하 형태를 설명 연구 복원하기 위하여 자료를 요청했다. 당시 양징 교수는 흔쾌히 자료를 주마고 동의했다. 그러나 시간이 지나도 연락이 없자 왕진인 부관장이 재차 자료 요청을 하자 양징 교수는 2010년 여름에 재발굴을 한다는 것이었다. 그러나 여름의 뤼순 감옥 공공묘지는 수목이 우거져 조사를 다음해 겨울로 미루더니 재조사는 흐지부지되었다.

그후 왕진인 부관장은 양징에게 전화로 자료조사 CD를 협조 요청하자 양징 교수는 난색을 표했다. 그후 시간이 흘렀다. 2015년 3월 나는 중국의 지인을 통하여 양징 교수를 찾았다. 처음에는 연락이 없다가 그 다음 달 연락이 왔다. 나는 직접 만나지 않고 지인을 통하여 내용을 찾은 목적을 설명하였다. 2010년 미국 해군들의 지표 투과 레이더 자료를 요청했다. 그러자 양징 교수는 자료는 자기 손에 있지만 민감한 사항이라 공개하거나 보여줄 수 없다는 입장을 전해 왔다.

그후 나의 지인은 직접 양징을 만나 보라고 하였다. 나는 양징의 확고한 태도에는 반드시 사연이 있을 것이라고 보고 당분간은 거리를 두고 시간이 지나면 다시 접촉하려고 한다.

■ 2015년 3월 21일

박삼중 스님, 안중근 의사 유해를 찾아 뤼순에

안중근 의사 105주년에 인접하여 3월 12일 한국에서 사형수의 대부로 활동하고 계신 박삼중 스님이 오셨다. 이삼 일에 한 번씩 혈액투석을 해야 하는 힘든 몸인데도 뤼순을 찾아오셨다. 2000년대 초반, 뤼순 감옥에 32그루의 무궁화를 심었고, 안중근 의사 유해를 찾기 위한 주변 탐문조사와 좌담회도 개최했었다.

이번에는 판마종 선생과 함께 공항에 가서 직접 영접하였다. 이번 방문의 목적은 안중근 의사의 유묵인 〈경천(敬天)〉의 영인본을 뤼순 감옥과 관동도독부 법원박물관에 기증하고 뤼순 감옥 공공묘지를 돌아

박삼중 스님이 뤼순 감옥 안에 세운 안중근 의사 비석

보셨다.

　박삼중 스님은 과거를 회상하면서 안중근 의사에 대하여 가끔 눈시울을 붉히며 안 의사의 견해를 들려주었다. 건강 때문에 이틀에 불과한 기간을 모실 기회밖에 없었지만, 박삼중 스님은 안중근 의사 유해 발굴을 위한 응원군인지라 나는 가감 없이 진솔하게 설명을 드렸다. 그때 판모종 선생과 취재했던 《중앙일보》의 기사를 첨부한다.

안 의사 유해 발굴 위해선 …… 한·중 연합기구 가동돼야
[중앙일보] 입력 2015.03.21 00:25 / 수정 2015.03.21 00:53

　김월배(왼쪽) 다롄외국어대 교수와 판마오중 뤼순 감옥 전 연구진열부 주임. 마치 형제 같았다. 지난 3년간 책상을 마주하며 시간을 함께해 왔다. 한국과 중국이란 국적을 뛰어넘었다. 안중근 의사의 유해를 찾고자 하는 간절한 마음에서였다. 다롄외국어대 김월배(48) 교수와 판마오중(潘茂忠·61) 전 뤼순 감옥박물관 연구진열부 주임이다. 둘은 지난해 초 중국에서 『안중근은 애국, 역사는 흐른다』를 한·중 2개 국어로 함께 내기도 했다.

둘은 이른바 '안중근에 빠진' 연구자다. 김 교수는 2005년 하얼빈을 시작으로 지난 10년간 중국에서 생활해 왔고, 1975년 뤼순 감옥에 입사한 판마오중은 지난해 정년퇴임하기까지 39년 동안 안 의사 관련 자료를 수집·정리해 왔다. 김 교수는 지난해 한국에서 『안중근 의사의 유해를 찾아라!』(공저)를 냈고, 판마오중도 안 의사 순국 100주년 기념자료집 『백년의 얼 충혼 안중근』(공저·2010)을 발간했다.

—안 의사와 인연을 맺게 된 계기가 있다면.

김월배 2005년 하얼빈에 안중근 동상 건립 준비 작업을 하면서부터였다. 동상은 이듬해 1월 건립, 11일 만에 철거됐다. 당시 한·중·일 3국의 정세가 복잡했다. 현재 부천 안중근 공원에 있는 그 동상이다. 이때부터 안 의사 연구에 매달리기로 결심했다. 하얼빈 공대 중·한연구소 등에서 7년간 있었고, 안 의사 유해 발굴에 전념하기 위해 뤼순으로 건너왔다.

판마오중 어렸을 때부터 안 의사 얘기를 듣고 자랐다. 할아버지께서 "이름을 모르는 조선인이 일본인 큰 관료(이토 히로부미)를 죽였다"고 말씀하신 게 기억난다. 스물한 살에 뤼순 감옥에 들어오면서 안 의사를 구체적으로 알게 됐다. 79년 관련 논문을 처음 썼다. 안 의사는 국적을 넘어 민족적 자부심을 심어주었다.

—안 의사 유해 발굴은 가능성이 희박한데……

김 지금도 낮은 편이다. 그간 한국·북한·중국 등에서 여러 차례 시도했지만 아직 뚜렷한 성과가 없었다. 그렇다고 그만둘 일은 아니다. 다행히 올해 한국 국가보훈처에서도 적극적인 모습을 보이고 있다. 연초 유해 매장 추정 지역에 대한 지하 탐지 조사를 벌이기로 발표했다. 기대감이 높아진 시점이다. 무엇보다 한·중 연합기구가 가동돼야 한다.

판 한국의 단독 작업으로는 이뤄질 수 없는 일이다. 양국의 학자·기관들이 뜻을 모아 중국 중앙정부의 발굴 허가를 받아야 한다. 쉽지 않은 일이다. 2008년 조사 때 성과가 없어 또다시 승인을 받기는 매우 힘겨울 것이다. 안 의사 고향이 황해도 해주다. 북한과도 협의해야 한다. 시간을 갖고 꾸준히 추진해야 한다.

—안 의사 유해를 어떻게 확인할 수 있나.

김 원통형 관에 매장됐던 일반 죄수와 달리 안 의사는 일자형 소나무 관에 묻혔다는 기록이 남아 있다. 지표 투과 레이더 조사를 하면 그런 관을 구분할 수 있을 것이다. 손자 안웅호, 증손자 안도용(토니 안), 조카 안춘생 등의 DNA가 있기에 유전자 비교도 가능하다. 또 관에서 안 의사의 이름이 적힌 약병이나 안 의사가 사용했던 십자가가 나오면 결정적 단서가 될 수 있다.

판 앞으로도 찾아야 할 관련 자료가 많다. 중국·러시아·일본 등에 흩어져 있다. 예컨대 일본은 패망 직후 뤼순 감옥 문서를 모두 불태웠는데, 그 잔해가 다롄당안관(문서보관서)에 보관돼 있다. 당시 발간된 신문 중 아직 공개되지 않은 것도 있다. 모든 학술적·외교적 노력을 병행해야 한다.

■ 2015년 3월 26일

안중근 의사 유해는 동산퍼가 유력

2015년 3월 26일 안중근 의사 뤼순 순국 105주년을 맞이하여 분주한 하루였다. 한국의 참배객들과 정부 차원의 행사도 있었다. 정부의 안중근 의사 유해발굴을 총괄하는 분을 모시고 뤼순 감옥 공공묘지와 2008년의 발굴 장소를 안내하고 상황을 설명 드렸다. 많은 언론 방송에서도, 안중근 의사 유해에 대하여 많은 관심을 가지고 있었다.

다음은 당일 날《문화일보》기사이다.

> "안중근 의사 직계 가족 유해 발굴도 안 의사 유해 발굴 작업과 병행해야 합니다. 특히 안 의사 모친인 조마리아 여사, 부인 김아려 여사, 정근·공근 두 동생 등 직계가족 유해는 아직도 이국만리를 헤매고 있습니다. 이에 대한 기록을 위해 중국 상하이(上海)와 충칭(重慶), 홍콩 등지에 흩어져 있는 자료들을 시급히 발굴해야 합니다."

지난 2013년 3월부터 만 2년간 중국 랴오닝(遼寧)성 다롄(大連)시 뤼순(旅順) 감옥박물관 초빙연구원으로 활동해 온 〈안중근 유해찾기사업회〉 중국지회장

김월배(48·사진) 다롄외국어대 교수는 "안 의사 가문은 가족 40여 명이 독립 운동을 위해 헌신한 위대한 가문인데도 후손들은 일부가 한국에 있을 뿐 미국, 독일, 중국, 파나마에 뿔뿔이 흩어져 살고 있어 안타깝다"며 이같이 제안했다.

26일 오전 안 의사 순국 105주기를 맞아 순국 후 처음으로 뤼순 감옥 안중근 의사 사형터에서 열린 추모식 현장에 참석한 김 교수는 문화일보와 전화통화에서 "안 의사 유해 발굴을 위한 한·중·일 상설기구 설립이 필요하다"며 "지금이라도 온 국민이 안 의사 유해발굴의 신(新)의병이 되자"고 제의했다.

"국권이 회복된 지 70주년이 됐지만 안 의사 유언을 105년이 지나도록 실현시키지 못해 대단히 죄송합니다. 유해를 모시기 위해 한국과 중국 일본에 상설기구를 만들 것을 제안합니다. 한·중·일 학자들이 한데 모여 유해발굴을 위한 세미나를 개최한 적이 없습니다. 사료 발굴도 하고 서로 자료 교환을 하다보면 공감대와 유대감이 형성될 것입니다."

이날 추모식에는 한·중 친선협회 이사장인 서청원 새누리당 최고위원과 이경근 보훈처 보훈선양국장, 교민과 현지 주민 200여 명이 참석했다.

국가보훈처가 2차 유해발굴지로 선정한 뤼순 감옥 동쪽 언덕인 둥산포(東山坡) 지역 발굴에 앞서 기초조사작업으로 '지하 레이더 투과' 방식을 제안한 김 교수는 "저우샹링(周祥令) 초대 뤼순 감옥박물관장과 이 감옥 최후의 의사였던 일본인 고가 하츠이치(古賀初一), 안 의사를 흠모했던 일본 헌병 치바 도시치(千葉十七)의 '내 마음 속의 안중근' 기록, 독립운동가 이회영 선생의 손자 이국성 선생 증언 등을 종합하면 둥산포가 안 의사 묘소로 가장 유력하다"고 강조했다. 김 교수의 꿈은 광복 70주년인 올해 안 의사 유해를 가묘가 있는 효창공원에 모시는 것이다.

북경의 한국모 중앙방송국에서 전화 취재

4월 2일 북경의 한국모 중앙방송국에서 전화 취재가 있었다. 중앙 언론이 이제는 적극적으로 관심을 가져 주니 나의 손을 떠난 듯하다. 광복 70주년 기념사업으로 국가가 적극적으로 나서 주길 바란다. 뤼순에 봄이 오고 있다. 지하에 계신 안중근 의사에게도 이제 따뜻한 햇살이 비칠 날이 얼만 남지 않은 듯하다.

■ 2015년 4월 5일

청명절에 뤼순 감옥 공공묘지를 찾다

오늘 뤼순의 날씨는 쾌청하다. 청명절 3일 연휴를 맞이하여 뤼순 곳곳에도 관광객이 즐비하다. 물론 뤼순 감옥에도 한국 유학생을 비롯하여 관광객의 발길이 끊이지 않는다. 감옥에서 1.2킬로미터 떨어진 뤼순 감옥 공공묘지에도 청명절을 느낄 수 있다.

중국인 가족이 공공묘지에서 가족의 명복을 기원하고 있었다. 그렇지만 공공묘지에 매장되신 가족은 아닌 듯하다.

청명절은 한국의 한식 날. 조상의 묘를 둘러보며 봄내 묘지의 훼손을 점검하면서 차가운 음식으로 조상의 음덕을 기리는 날이다.

'1910년 3월 26일 오전 1시 관동도독부 감옥서 공공묘지 매장'이라는 조선통감부 소노끼 보고서는 안중근 의사의 묘지를 지명하고 있다. 현재의 뤼순 공공묘지는 2001년에 다롄시 문물관리위원회에서 지정하였다.

안중근 의사가 여기에 계신 것을 사료상 확인할 수 없지만, 뤼순의 모처에서 광복 70주년을 맞이한 조국을 기뻐하고 계실 것이다.

청명절을 맞이한 오늘, 여전히 뤼순은 봄을 맞이하였지만 언제쯤 안중근 의사의 유해는 봄 햇살을 느끼실까? 예수는 오늘 부활을 하셨건만 안중근 의사는 언제쯤 거룩하게 부활하실까?

■ **2015년 4월 26일**

〈안중근 아카데미〉의 방문

안중근 의사 기념관은 안중근 의사 숭모회와 함께 한국에서 안중근 의사 선양사업을 하고 있다. 매년 2차례 안중근 의사 아카데미가 하얼빈을 거쳐 뤼순으로 온다.

모두 안중근 의사에 대한 진지한 학습과 사랑은 현장에 있는 나를 오히려 감동시키기에 충분하다. 이제는 나이가 지긋하신 사회지도층 인사들과 여론을 주도하시는 분들이 안중근 의사 홍보대사를 하기 위하여 매주 화요일마다 안중근 의사에 대하여 16주간 수업을 하고, 토의를 하고, 또 현장에서 안중근 의사의 숨결을 느끼러 오는 것이다. 백발이 지긋한 연세에도 섬세하고 꼼꼼하게 메모하며 예리하게 던지는 질문은 현장에 있는 나로 하여금 가끔은 더욱 채찍질을 당기는 계기가

안중근숭모회가 뤼순 감옥묘지 조사차 방문

하얼빈에서 뤼순을 찾아 오신 반가운 안중근 아카데미 8기회원들

된다. 2014년에는 안중근 의사 숭모회 이사장님이 직접 오셔서 뤼순 감옥 공공묘지를 방문하셔서 안중근 의사 유해발굴에 대한 대책과 의견을 교류하셨다.

올해는 안중근 의사 기념관장이 안중근 아카데미의 일원이 되어 하얼빈에서부터 뤼순에 참여하여 안중근 의사의 현장을 돌아봄은 현장을 안내하는 내 입장에서는 대단히 기뻤던 일이고 보람이었다.

■ 2015년 4월 29일

뤼순 감옥 직원들 한국을 방문하다

한국에서 열린 윤봉길 의사 상해 의거 83주년 행사에 참석차 중국, 일본, 몽골, 카자흐스탄과 같이한 동북아 평화축제 장에 올해로 7년째 참석하고 있다. 7년 전부터 꾸준히 해오던 한중 교류, 윤봉길 의사 중국 교류사업 및 선양사업 때문이다. 어쩌면 내가 안중근 의사 유해발굴 자료를 꾸준히 확보할 수 있었던 것은 뚝심있게 뤼순 감옥 직원들을 초청해 준 매헌 윤봉길 월진회 강희춘 부회장의 전폭적인 지지와 관심 때문인지도 모른다. 대표적인 일로 하얼빈 안중근 의사 기념관과 윤봉길 의사 월진회와의 자매결연이다. 기념식수한 나무가 자란 것처럼, 두 분의 한국 민족 영웅이 세계의 영웅으로 우뚝 서리라 믿어 의심치 않는다. 꿈은 실현된다. 아울러 3년 전부터 뤼순으로 와서는 뤼순 감옥의 전 관장, 진열부 주임, 뤼순 감옥의 부관장, 그리고 직원들을 한국으로 초청했다. 특히 올해 2015년 4월 29일에는 현 뤼순 감옥 관장을 모시고 가서 더욱 뜻이 깊다. 윤봉길 의사를 알리는 것 못지않게, 전술한 모든 분들이 독립기념관, 한국 안중근기념관, 서대문 형무소 박물관을 방문 견학을 하였다. 올해는 한국에서 안중근 의사 유해발굴의 중심 역할을 하는 곳에 가서 의견을 교류를 해보았다. 한국의 정을 듬뿍 느낀 여정이었다.

■2015년 7월 14일
안중근 대학생 탐방단 방문

안중근 대학생 탐방단이 안중근 의사의 의거지 현장을 체험하기 위해 러시아에서 수분하, 하얼빈을 경유하여 뤼순으로 온다.

매년 여름방학이 되면 대학생 탐방단 수십 명이 뤼순 감옥에 좁은 공간 어디고 앉아서 안내자의 말을 꼼꼼히 적고 궁금하면 바로 질문하고, 현장에서 즉석 토론을 한다. 역사를 알고자 하는 한국의 젊은 대학생들의 열의가 느껴진다. 가끔 중국 관광객이 왜 한국 사람들은 안중근 의사를 배우는 열기가 사뭇 진지한가 하고 물어 보기도 하고 부러움과 놀라움을 표현하기도 한다. 안중근 의사 숭모회와 안중근 의사 기념관의 뤼순 감옥 방문은 이제 뤼순 감옥의 중요한 자랑거리가 되고 있다. 금년 7월 14일에도 안중근 의사 기념관 이혜균 차장을 부단장으로 하여 35명의 방문단이 방문하였다.

■ 2015년 7월 17일 ~ 8월 15일

2015년 7월 16일부터 8월 19일까지 현재 〈하얼빈 침화죄증 731부대 기념관〉은 세계문화유산 등재를 앞두고 재개관 공사를 하고 있다. 정보자료실에는 1875년부터 1945년까지의 일본 육군성 방위자료가 있다. 현재 공사 중인데도 창고를 뒤져서 354페이지에 달하는 목차만 일일이 분석하여 자료를 찾고 있다. 이외에도 일본 외교 사료관 자료도 일부가 있다. 일본에 가서 찾으려면 많은 비용과 시간이 필요한데 731부대 관장님께 감사한 일이다.

안중근 의사의 일본 측 자료는 다음과 같다.

안중근 의사 유해 자료

1. 일본 외교부 외교사료관 자료
2. 일본 국회도서관 헌정자료실
3. 일본 방위연구소 자료
4. 해군성 자료실에서 다량 발굴되었다.

한국을 사랑한 중국인 판종례(潘宗礼)

판종례(1866~1905), 호 자인(子寅), 청나라 통주(通州) 사람이다. 그는 지식이 높고 품성이 바르다. 통주의 우수한 학생이었는데 번마다 과거시험에 탈락되어 명리를 놓고 시대에 따라 유럽의 자연과학과 사회정치학을 연구했다. 그는 국내외 실시에 대해 관심이 많은바 천하를 구하려고 마음을 먹었다. 광서 30년(1904) 때, 통주의 학생들을 위해 학당을 차리고 힘이 들어도 교육을 부흥하는 것을 자기의 사명으로 하였다.

광서 31년(1905) 때, 그는 일본으로 유학을 갔다. 일본에 도착한 후 학습과 방문 외에 교원을 부탁해 음악과 체조를 공부했다. 기간에 중국의 약함과 빈곤에 관한 말을 듣자마자 마음이 아파 슬퍼했다. 11월 일본 정부 교육성에서 유학생 규칙을 철폐하는 문안을 발표하면서 중국 유학생의 애국운동을 제한하였다. 유학생들은 이에 반대했다. 그는 중국에 돌아와 구국운동에 몸을 바치려고 마음을 먹었다. 그는 한국 인천을 지날 때, 한국 사람의 비참한 상태를 보고, 한국 애국 대신 민영환(閔泳煥)이 침략자들에게 죽음으로 맞선 일 및 그의 유서를 보고 나서 슬픔과 분노하면서 "일본 놈들은 언제나 중한 영토를 보호한다 했는데 오늘날 한국 국정을 보면서 이후의 중국도 보아낼 수 있겠다. 중국이 지금 엄청 위험하다. 현재의 잃어버리는 것을 괜찮다고 생각한다면 나중에 우리가 안심하냐?"고 말을 하였다. 12월 9일, 극도로 슬퍼하면서 그는 바다에 뛰어들었다. 나이 39세의 그는 죽음으로 조국 국민을 깨어나게 하려는 자기의 의지를 표현했다.

판종례는 《일기》, 《조전》 등 책을 남겼다. 《조전》에서 국가 번영 등을 의미심장하게 표현했다. 책 마지막에 그는 "사람마다 자기의 의무를 다해야만 국가의 권리를 보전할 수 있다. 종례는 전국 국민들에게 걱정해서 국가의 의무를 위해서라면 자기의 이익은 필요가 없다"고 하였다. 그는 그의 죽음으로 국민들의 마음을 격려하여 국가를 진흥시키는 것을 바랐다. 12월 20일 청정부에서 통주 관원 주유황(周如璜)에게 500냥 금을 가지고 판종례의 집에 가서 애도하라고 하였다. 주인(州人)은 소식을 듣고 다음해 1월 10일 대, 중학당에서 애도회를 진행하였다. 따라서 북경(北京) 천진(天津) 등 지역에서도 애도회를 개최했다. 천진 《문회보》 등 국내 주요 신문에서 연이어 그의 애국 행동과 결심을 보도했다.

■ 제70주년 광복절을 앞두고

任重道遠, 아! 2015년 올해로 안중근 의사와 관련된 일을 시작한 지 10년.

나는 2012년 3월부터 뤼순감옥구지박물관의 다롄시 근대사연구소 객좌연구원을 역임하면서 뤼순 감옥의 다양한 형태와 내부를 이해할 수 있었다. 최소 일주일에 두 번 이상 연구소에 나가며 한국에서 관람객이나 방문객이 오면 항상 뤼순 감옥 직원과 대동하여 통역과 안내를 맡고 있다.

나는 뤼순 감옥 초대 관장인 주상령 관장, 현임관장인 장치성 관장, 전임부관장 왕진인, 현 진열부 주임 주애민, 그리고 쉐즈강 직원을 한

국의 매헌 윤봉길 월진회가 주관하는 매헌 문화제에 함께 방문하여 안
내를 해왔다.

이분들에게 안중근 기념관, 서대문 형무소, 독립기념관도 함께 안내
했다.

나는 뤼순 현지에서도 뤼순을 찾아 한국에서 온 서대문 형무소, 안
중근기념관, 국가보훈처 관계자들에게 뤼순 감옥의 대외 교류 창구 역
할도 도맡아 하였다. 이 일을 하면서 예산에 위치한 매헌 윤봉길 의사
를 기념하는 월진회의 강희춘 부회장을 뤼순 감옥에 초청해서 많은 자
료를 접할 수 있게 해주었다.

2011년 5월 24일 한국의 독립기념관과 우호자매관계를 수립하여,
매년 한국 독립기념관 주관의 중국 내 항일 유적지 관리자 모임에 일
년에 한 번씩 참가하고 있으며, 해외 유적지 안내 해설사 교육에 한족
을 파견하여 한국어 교육을 받게 하고 있다.

또한 2014년에는 뤼순 감옥에서 중국 내 한국의 임시정부 관련 전

안중근 의사의 가묘를 찾은 저자 김월배 교수

시회를 개최하기도 하였다. 이외에도 서대문 형무소 박물관과 안중근 의사 기념관, 매헌 윤봉길 월진회와 계속적인 대외 교류를 활발히 하고 있다.

　나는 뤼순에 살면서 오늘도 내일도 항상 마음속으로 안중근 의사의 유해를 찾아 대한민국으로 모시는 날만 손꼽아 기다리고 있다. 나의 이런 바람이 광복 70주년에 이루어지길 고대했지만 올해도 나의 꿈, 아니 우리 대한민국 국민의 꿈은 이루지 못할 것 같아 안타깝다. 그러나 중단할 수는 없다. 언젠가는 내 꿈이 꼭 이루어질 것이라 믿고 항상 마음속에 안중근 의사님을 모국에 모시지 못한 죄송스러움을 안은 채 살고 있다. 죄스러운 마음으로 이 간양록을 안중근 의사님 영전에 바치고자 한다.

제9장

나는 왜 안중근 의사를 존경하는가?

김종서

1. 어릴 때 내가 살았던 하얼빈과 뤼순

나는 올해 열한 살로 초등학교 4학년이다. 나는 대전에서 태어나 한 살부터 네 살까지 3년 동안 하얼빈에서 살았다. 바로 나의 아빠가 하얼빈공업대학에 계셨기 때문이다. 하얼빈에서 세 살까지 사는 동안 나는 너무 어려서 기억에는 없지만 아빠와 엄마는 나를 안중근 의사가 이토 히로부미를 처단한 하얼빈 역과 하얼빈 역 근처에 있는 조린공원에 데리고 다니면서 안중근 의사에 대한 추억을 많이 만들어 주셨다.

나는 두 살 때부터 하얼빈에서 유치원에 다녔는데 하얼빈 공업대학 부속유치원이었다. 그때 나를 아주 예뻐해 주시던 분이 계셨는데 바로 안중근 의사의 조카며느리이신 안노길 할머니였다. 중국어로 차누시 라고 불렀는데 할머니는 항상 집에 안중근 의사의 초상화와 사진을 걸어 놓고 내게 안중근 이야기를 많이 해 주었다. 안노길 할머니는 자식이 없어서 나를 아주 귀여워하셨다고 한다.

안노길 할머니는 안중근 의사의 사촌동생인 안홍근의 셋째 아들 안

무생의 부인이라고 했다. 안홍근은 안중근 의사의 사촌동생인 안명근의 친동생이다.

나는 엄마와 함께 안노길 할머니의 집에 자주 놀러 다녔는데, 할머니는 항상 군복을 즐겨 입었고, 별이 달린 모자를 쓰고 있었다.

나는 다시 한국에 나와 살다가 일곱 살이 되던 해 아빠가 안중근 의사의 유해를 찾기 위한 연구로 다롄외국어대학으로 옮겨서 엄마와 함께 아빠가 계신 다롄으로 갔다.

나는 일곱 살에 다롄동북재경대학교에서 어학연수를 6개월 동안 받았는데 그때 개근상으로 중국 돈 500원을 받았다. 그 돈은 한국의 〈안중근 의사 뼈대 찾기〉에 안중근 유해 찾기 성금으로 냈다.

그 후 여덟 살 때 다롄 소프트웨어 밸리 복수언어 소학교에 입학했다. 아빠는 다롄외국어대학 교수로 학생들을 가르쳤는데 뤼순 감옥에

하얼빈에서 항일운동 역사를 체험하며 자란 김종서

서 아빠에게 연구실을 주어서 나는 아빠를 따라 뤼순 감옥에도 자주 놀러갔다. 2년 동안 뤼순에 살면서 아홉 살 때는 방학을 이용해 하얼빈 안중근기념관에서 자원봉사도 했다.

다롄에서 2년 동안 학교에 다니면서 나는 안중근 의사에 대해 아주 많은 것을 알게 되었다. 안중근 의사가 하얼빈에서 이토 히로부미를 처단했던 장소도 직접 가 보았고 안중근 의사가 갇혀 있던 뤼순 감옥도 여러 번 가서 실제로 돌아보면서 안

중근 의사를 존경하게 되었다.

또 방학이 되면 아빠와 함께 항일운동 역사의 현장인 동북삼성을 여행했다. 특히 백두산에도 두 번이나 갔는데, 한번은 백두산에서 아빠와 함께 밤을 새우기도 했다. 아홉 살 때는 안중근기념관에서 고등학생 형, 누나 들과 함께 자원봉사도 했고, 안중근 의사의 숨결이 서린 조린공원도 자주 가 보았다. 열 살 때는 조선민족예술관에서 자원봉사 활동을 하고 안중근 홍보대사로 위촉도 받았다. 아빠는 내가 가장 어린 안중근 홍보대사라며 기뻐했다.

아빠는 안중근 의사에 대해서 모르는 게 없었다. 아빠의 영향으로 중국에 사는 동안 나도 안중근 의사에 대해 많이 알게 되었다.

안중근 의사는 1879년 기묘년 7월 16일(양력 9월 2일)에 태어나셨다. 안중근 의사는 등에 북두칠성과 같은 7개의 점이 있어서 어릴 적 이름이 안응칠이었다. 안중근 의사는 성격이 워낙 가벼워서 안중근 의사의 할아버지께서 이름을 중근으로 바꾸었다고 한다.

안중근 의사는 사냥도 좋아하고 말 타기도 좋아했다. 어느 날 친구가 안중근 의사에게 "당신의 아버지는 학문으로써 세상에 이름을 떨쳤는데, 자네는 어째서 무식한 밑바닥 인생으로 살아가려는 것인가?"라며 공부를 하라고 했다.

안중근 의사는 그 말에 이렇게 대꾸했다. "옛날 초패왕 항우가 '글은 이름이나 적을 줄 알면 그만'이라고 말했다. 그래도 영웅 초패왕의 명예가 오히려 천 년이 지나도록 남아 전하지 않는가? 나는 학문으로 세상에 이름을 드러내고 싶지는 않네."

안중근 의사는 이처럼 말을 잘했다. 안중근 의사는 열여섯 살에 김씨에게 장가를 들었다. 김씨는 안중근 의사의 부인인 김아려 여사였다. 안중근 의사는 열일곱 살에 천주교에 입교하여 '도마'라는 세례명을 받았다. 28세에 삼흥학교와 돈의학교를 설립하여 인재 양성에 힘을 썼다. 29세에 연해주로 망명하여 의병활동에 참가했다. 31세에 동지 11명과 단지동맹을 하고 동지 우덕순을 만나 이토를 처단할 계획을 세웠다. 그리고 유동하, 조도선 등을 만나고 거사 전날 밤은 하얼빈에 있는 김성백의 집에서 잤다.

우덕순, 조도선은 채가구에서, 안중근 의사는 하얼빈에서 의거를 하기로 했다. 1909년 10월 26일 아침, 안중근 의사는 일찍 일어나 수수한 양복으로 갈아입고 권총을 지니고 바로 하얼빈 역으로 나갔다. 그때가 오전 일곱 시쯤이었다. 아홉 시쯤 이토 히로부미가 도착하였다. 안중근 의사는 늙은 도적 이토 히로부미로 보이는 사람에게 총을 세 발 쏘았다. 거사에 성공한 안중근 의사는 "대한민국 만세(코레아 우라)"를 외쳤다. 안중근 의사는 곧바로 러시아 헌병에게 붙잡혔다. 그때가 바로 1909년 음력 9월 13일, 양력 10월 26일 오전 9시 30분쯤이었다.

2. 이토 히로부미는 어떤 사람인가?

1841년 10월 16일 일본의 야마구치현 히가리시에서 이토 히로부미가 태어났다. 이토 히로부미는 농민계급의 가정에서 무사계급의 가정으로 양자로 들어갔다. 이토가 이사 온 하기시는 이토를 포함한 일본의 총리 다섯 명이 태어났던 곳이다. 이토는 요시다 쇼인의 제자가 되어 명치유신 같은 이론을 배웠다.

이토는 스무 살 때 영국에 유학을 다녀와서 초대 한국 통감이 되었다. 이토는 한국을 침략하기 위하여 많은 죄를 지었다.

①청일 전쟁을 일으킨 죄, ②뤼순에 있는 중국 사람 2만 명을 학살한 죄, ③러일전쟁을 일으킨 죄, ④명성왕후를 시해한 죄, ⑤고종황제를 폐위시킨 죄, ⑥5조약과 7조약을 강제로 체결한 죄, ⑦강제로 무고

일본 동경의 시나가와구의 이토 히로부미 무덤

이토 히로부미 무덤 비문에 씌어져 있는 조선의 독립운동가는 안중근 의사임

한 한국인을 학살한 죄, ⑧군대를 해산시킨 죄, ⑨교과서를 압수하여 불태워 버린 죄, ⑩한국인이 일본인의 보호를 받고자 한다는 거짓말을 세계에 퍼트린 죄 등등, 실로 한국인에게 많은 죄를 지은 이토 히로부미는 안중근 의사에 의해 처단될 수밖에 없었다.

그러나 요즘 일본 정치인들은 안중근 의사를 테러리스트, 살인자, 범죄자라고 한다. 중요한 것은 이토 히로부미 무덤에는 한국의 독립운동가에 의해서 살해되었다라고 써 있다. 그래서 나는 안중근 의사는 독립군 전쟁을 하는 중에 이토 히로부미를 처단한 장군이었기 때문에 무죄라고 생각한다.

3. 안중근 의사의 유묵 및『동양평화론』

안중근 의사께서는 뤼순 감옥에서 200여 개 유묵을 쓰셨다. 많은 유묵 중 대다수는 일본에 있다고 한다. 유묵이 일본에 있는 이유는 안중근 의사께서 뤼순 감옥 검찰관, 간수들에게 써 주었기 때문이다. 그 중에 내가 읽고 교훈으로 삼는 유명한 유묵들이 있다.

위국헌신 군인 본분(爲國獻身軍人本分): 나라를 위해 몸을 바치는 것은 군인의 본분이다.
일일불독서 구중생 형극(一日不讀書口中生荊棘): 하루라도 글일 읽지 않으면 입안에 가시가 돋는다.
견리사의 견위수명(見利思義見危授命): 이익을 보면 의리를 생각하고, 위태로움을 보면 목숨을 던진다.

안중근 의사가 쓰신 유묵은 200여 점 중에서 현재까지 확인된 것이

62점이라고 한다. 그중에서 국가 보물로 지정된 것이 26점이나 된다고 한다. 안중근 의사가 쓰신 유묵은 단지동맹을 한 손가락 도장이 있어서 쉽게 위조할 수가 없다고 한다.

안중근 의사는 감옥에서 『동양평화론』도 집필하였다. 『동양평화론』은 전부 다섯 장으로 나뉘어 있는데 그중 머리말과 일부분만 썼을 뿐이고 나머지는 완성하지 못했다. 그 이유는 안중근 의사가 『동양평화론』을 쓰기 시작한 지 10여 일 만에 사형을 당했기 때문이다. 『동양평화론 중에 이런 내용이 있다.

청년들을 훈련시켜 수많은 귀중한 생명이 날마다 희생당하는 일이 그치지 않고 일어나고 있다. 사람은 누구나 당연히 살기를 원하고 죽기를 싫어하는데 밝은 세상에 어찌 이런 일이 있단 말인가? 이런 생각을 하면 마음이 몹시 아프다.

나는 『동양평화론』이 완성되지 않아 아쉽고 슬프다. 안중근 의사가 원하시는 동양평화가 이루어지를 희망한다.

4. 아빠와 함께한 일본 여행

2015년 1월 18일 처음으로 아빠와 함께 일본 여행을 가게 되었다. 아빠가 계신 중국 뤼순은 자주 갔지만, 일본은 처음이었다. 아빠는 큐슈와 야마구치 지역을 돌아보고 일본의 기타큐슈대학에서 강연도 한다고 했다. 나는 아빠가 안중근 의사에 대해서는 그 누구도 못 따라갈 만큼 많은 것을 알고 계시다는 게 자랑스럽다.

첫날 아침 일찍 대전역을 출발하여 부산역으로 갔다. 부산역에서 점심을 먹고 김해공항으로 갔다. 나는 처음 가는 일본이 어떤 모습일까 무척 궁금했다. 그래서 생활 일본어 책도 사서 열심히 공부를 했다. 중국어와는 너무 달랐다. 부산역까지 가는 동안 일본어를 중얼거려서 그런지 금세 부산역에 도착했다. 부산에서 버스를 타고 김해공항으로 이동하였다. 김해공항은 생각보다 승객이 많지 않아 수속을 금방 끝내고 대기하였다. 드디어 후쿠오카로 가는 비행기에 올랐다.

김해공항을 이륙하여 불과 45분 만에 후쿠오카에 도착했다. 비행기에서 아빠가 대마도가 보인다고 했다. 대마도는 세종대왕 때 정벌해서 경상도로 편입되었던 우리 땅이라고 했다. 그런데 8·15광복 후 이승만 대통령이 대마도가 우리 땅이라고 요구했는데 미국이 들어주지 않았다고 했다.

임진왜란과 정유재란, 일제강점기에 일본인들이 대마도에 와서 살게 되었다고 했다. 나는 대마도를 내려다보면서 대마도가 우리 땅이었으면 좋겠다는 생각을 했다.

후쿠오카 공항은 중국, 일본, 홍콩, 세 지역에서 동시에 입국 신청을 하느라 사람들이 길게 줄을 서 있었다. 한 시간이 넘게 걸려서 수속을 끝내고 밖으로 나갔다.

나는 일본 땅을 빨리 밟고 싶어서 뛰어나갔다. 한국을 괴롭힌 일본이 도대체 어떻게 생겼는지 빨리 보고 싶어서였다. 그러나 사람들은 우리와 똑같아 보였다. 우리와 똑같이 생긴 사람들의 선조가 왜 우리 대한민국을 괴롭혔는지 이해할 수가 없었다.

기타큐슈 고쿠라 역으로 가는 버스를 타고 한 시간 반 동안 달렸다. 차창 밖으로 보이는 산도 강도 마을도 우리와 비슷했다. 다만 집들이 우리와 달랐고 글과 말이 우리와 다를 뿐이었다. 버스에서 내려 호텔에 투숙했다. 나는 쉬지 않고 아빠에게 질문을 퍼부었다. 사무라이들은 어디 있는지, 왜 안 보이는지 궁금했다.

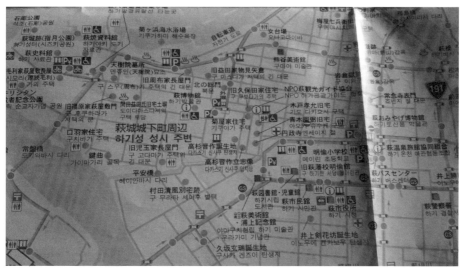

일본 야마구치현 하기시 한글 안내도

　아빠는 호텔에 도착해서 지도를 꺼내 자세히 살폈다. 다음 날 만날 교수들과 일본어로 약속을 잡았다. 나는 아빠처럼 일본어를 빨리 배우고 싶었다.

　거리에는 시장 선거를 앞두고 있어서 선거유세를 하느라 아주 많이 복잡했다. 일본의 대학 학력고사를 끝낸 고등학생도 간간히 보였다. 일본의 기타큐슈시립대학 부지는 원래 일본의 자위대 부대였다고 아빠가 말해 주었다. 8·15해방 후 미군에 의하여 군부대를 절반 정도 잘라 학교부지로 만들었다는데, 지금도 학교 바로 옆에는 헬기와 탱크가 보였다.

　아빠가 기타큐슈대학에서 강연을 할 때는 조금 지루하기도 했다. 그래도 아빠가 너무 자랑스럽게 느껴졌다. 아빠는 〈평화주의자 안중근과 뤼순〉에 대해서 강의를 했다. 대다수 학생들이 이토 히로부미를 알고 있었고, 안중근 의사에 대해서 이해를 하고 있는 것 같았다.

　기타큐슈에서 곧바로 30분간 가면 시모노세키이자 야마구치현이라고 했다. 학생 중 상당수는 뤼순의 다롄외국어대학에 교환학생으로 왔던 학생들이었다. 『동양평화론』에 대해 질문하는 학생도 있었다.

아빠의 강연이 끝나자마자 아빠와 함께 야마구치현으로 갔다. 칸몬 터널을 통과할 때 이 터널이 조선 사람들의 강제노동으로 만들어진 것이라고 아빠가 말해 주었다.

아빠는 시모노세키에서 1909년 9월 17일 이토 히로부미가 이곳에서 하룻밤을 자고 모지항에서 다롄항으로 갔다며 나에게 당시를 상상해 보라고 말했다.

약 3시간 정도 기차를 타고 일본 명치유신의 발상지인 야마구치 하기시에 도착했다. 하기시는 바닷가 마을이었다. 어촌마을인 하기시는 조용하고 한적했다. 아빠는 이곳이 요시다 쇼인이라는 아주 중요한 인물이 살았던 곳이며 이토를 비롯한 5명의 일본 총리가 이 고장에서 나온 아주 의미 깊은 곳이라고 말했다.

거리에는 2015년에 명치산업화 근대화 유산을 세계문화 유산으로 등록하려고 현수막들이 곳곳에 걸려 있었다.

일본 야마구치현 하기시에 있는 요시다 쇼인 사숙인 쇼카 숀카구 방문(일본 명치 유신의 태동지)

아빠는 우리나라 국모였던 명성황후를 시해한 미우라 공사와 리일 전쟁의 주역 노기마레스케도 이곳 출신이라고 했다. 지금 일본의 총리도 하기시에서 40분 떨어진 곳, 죠먼에서 출생하였다고 했다.

이토 히로부미는 요시다 쇼인의 제자였는데 요시다 쇼인이 제자들을 가르치던 곳을 쇼카 손주쿠라고 했다. 이토 히로부미도 이곳에서 요시다 쇼인에게 공부를 했다고 했다. 다음으로 찾은 곳은 이토 히로부미가 여덟 살 때부터 소년기를 보냈던 집터와 동경에서 옮겨온 별장이 옛날 모습 그대로 꾸며져 있는 곳이었다. 겉으로 보기엔 너무 평화로웠는데 이런 곳에서 교육을 받은 사람들이 나중에 전쟁을 일으켜 수많은 사람들이 희생되었다는 것이 상상이 되지 않았다.

안중근 의사의 유해를 하루라도 빨리 찾아서 안중근 의사의 무덤에 모셔야겠다는 생각이 들었다. 아빠는 일본 여행을 하는 동안에도 안중근 의사의 유해를 찾기 위해 항상 온 신경을 다 썼다. 나도 하루빨리 안중근 의사의 유해를 찾고 싶었다.

5. 내가 가 본 항일 유적지

나는 안중근 의사와 관련된 많은 곳을 가 보았다. 하얼빈 역, 채가구역, 731부대, 뤼순 감옥, 뤼순 감옥 공동묘지, 관동사령부, 관동도독부 지방법원까지 여러 번 간 곳도 있지만 일본은 이번이 처음이었다.

그중에 731부대가 가장 기억에 남는다. 731부대는 안중근 의사와 관련은 없지만 일본이 생체 실험을 한 곳이다. 이름이 731부대인 이유는 부대에 관한 서류에 이름이 731이었기 때문이라고 한다. 나는 그곳을 돌아보며 일본의 잔인성을 다시 깨닫게 됐다.

안중근 의사가 재판을 받았던 곳, 관동도독부 지방법원은 안중근 의사가 어이없이 사형을 선고받은 곳이다.

하얼빈 역은 안중근 의사가 의거를 했던 곳이다. 그곳에는 네모 표시와 세모 표시가 있다. 네모 표시는 이토가 서 있던 곳이고, 세모 표시는 안중근 의사가 총을 쏜 곳이다. 나는 그곳에서 안중근 의사가 의거를 했던 장면이 떠올랐다.

뤼순 감옥은 안중근 의사가 수감되었던 감옥이다. 난 안중근 의사가 수감된 감방이 제일 기억에 남는다. 그 이유는 일본 검찰관이 안중근 의사에게 특별히 일인용 감방을 주었기 때문이다.

뤼순 감옥 공동묘지는 현재 가장 유력한 안중근 의사 매장 추정 후보지이다. 난 그곳에서 과일과 술로 안중근 의사께 절을 올리면서 제사를 드렸다. 그때 나는 대한민국 사람이 다른 나라 땅인 중국 뤼순에서 안중근 의사에게 제사를 드려야 하나 하는 생각에 아주 싫었다. 나는 꼭 안중근 의사의 유해를 찾아서 안중근 의사의 유언을 꼭 이루어 드리고 싶다.

매헌 바로미 회원들과 함께 뤼순 감옥 묘지에서 제사 지내는 모습

나는 하얼빈 안중근 의사 기념관에서 자원봉사를 여러 번 할 때마다 내가 이만큼이라도 안중근 의사 일에 힘을 쓰게 되어 기뻤다. 그리고 일본이 나쁘다고 생각했다. 안중근 의사의 유해를 돌려주지 않아서였다. 물론 안중근 의사가 이토를 죽였을 때 일본은 슬펐을 것이다. 그렇지만 일본이 한국을 침략하지 않았으면 그런 일이 일어나지 않았을 테니까, 일본이 나쁘다고 생각한다. 그러므로 나는 일본이 동양평화를 깨트린 주범이라고 생각한다.

나는 우리나라 남산에 있는 안중근기념관에도 다녀왔다. 순국 105주년 기념 글짓기 대회에도 참가하여 장려상도 받았다. 나는 우리나라 위인들 중에서 안중근 의사를 가장 존경한다. 왜냐하면 나라를 위하여 목숨을 바쳤고 감옥에서도 동양의 평화를 위해 『동양평화론』을 쓰셨기 때문이다. 나는 세상이 항상 전쟁 없이 평화롭기를 바란다. 안중근 의사는 또 유묵으로 우리에게 많은 교훈을 남기셨다.

나는 아빠가 바라는 것처럼 하루빨리 안중근 의사의 유해를 찾아 우리나라로 모셔왔으면 좋겠다. 앞으로 아빠가 하는 일이 하루속히 이루어질 수 있도록 응원하려고 한다. 안중근 의사님, 사랑합니다.

1. 국내 저술 및 자료

국가보훈처 · 광복회, 『21세기와 동양 평화론』, 사인코리아, 1996.

국가보훈처, 『안중근의사 유해발굴 추진 상황보고』, 2010.10.25.

계봉우, 「만고의사 안중근전」, 윤병석 편역, 『안중근전기전집』.

김삼웅, 『안중근 평전』, 시대의창, 2009.

김삼웅, 『서대문 형무소 근현대사』 (일제시대편), 나남출판, 2000.

김월배, 「안중근의사 애국주의 경제관」, 안중근의사 102주년 하얼빈안중근기념
　　　관, 2011.

김월배 · 안태근, 『안중근의사 유해를 찾아라』, 차이나하우스, 2014.

김월배, 『안중근은 애국, 역사는 흐른다』, 한국문화사, 2013.

김영수 외, 『동북아시아의 갈등과 대립』, 동북아역사재단, 2008.

김호일, 『대한국인 안중근』, 눈빛출판사, 2011.

나카노 야스오(中野泰雄), 김영광 편역, 『죽은 자의 죄를 묻는다』, 경운출판사,
　　　2001.

독립기념관 편, 『안중근의사자료집』, 국학자료원, 2009.

대한민국역사박물관 외, 『광복 70주년─울림, 안중근을 만나다』. 눈빛출판사,
　　　2015.

박노연, 『안중근과 평화』, 을지출판공사, 2000.

박선주, 「안중근의사 유해 추정 매장지 연구」, 충북대, 2009.

박은식, 이동원 역, 『안중근전』, 한국일보사, 1994.

박은식, 「백암박은식선생약력」, 『박은식전서』 하, 단국대학교출판부, 1975.

사이토 다이켄저, 장영순 역, 『내마음속의 안중근』, 인지당, 1994.

신성국 역저, 『의사 안중근: 홍신부의 1910~1911년 연말보고』, 지평, 1999.

안중근 의사 기념사업회 편, 『안중근연구의 기초』, 경인문화사, 2009.

안중근 의사 기념관, 『안중근아카데미 강의 자료집』, 2013.

안중근, 『안중근의사자서전』, 범우사, 2012.

안중근 의사 기념관, 『안중근의사의 삶과 나라사랑 이야기』, 일곡문화재단,

2011.

안중근, 『안응칠 역사』.

안중근, 「동양평화론」, 〈안중근전기전집〉.

안중근 의사 기념관 편, 『대한국인 안중근 사진과 유묵』, 오성기획, 2001.

안중근 의사 한중유해발굴단 · 국가보훈처 · 충북대학교 · 한국지질자원연구원, 『안중근의사 유해발굴보고서』, 필코문화사, 2008.

오영섭, 「안중근가문의 독립운동」, 한국민족운동사학회, 2002.

신용하, 『안중근유고집』, 역민사, 1995.

오영섭, 『안중근의사의 부친과 동생』, 경인문화사, 2007.

독립기념관 편, 「우덕순선생의 회고담」, 『안중근의사자료집』, 국학자료원, 2009.

윤병석 편역, 『안중근 문집』, 한국독립기념관 독립운동사연구소, 2011.

이윤섭, 『세계속 한국 근대사 1 · 2』, 필맥, 2012.

「안응칠신문조서」, 『한국독립운동사자료』 6.

이강훈, 「안중근의사와 독립운동」, 『나라사랑』 제34집, 외솔회, 1979.

이기웅 편역, 『안중근 전쟁은 끝나지 않았다』, 열화당, 2000.

이종각, 『이토 히로부미』, 동아일보사, 2010.

이태진 외, 안중근하얼빈학회, 『영원히 타오르는 불꽃』, 지식산업사. 2011.

장석홍, 『안중근의 생애와 구국운동』, 독립기념관, 1992.

장석홍, 「백범과 안중근 집안의 인연과 독립운동」, 제2집, 백범학술원, 2004.

정인상, 「안중근의 신앙과 윤리」, 『교회사연구』 제16집, 2001.

〈청취서〉, 〈21세기와 동양평화론〉, 국가보훈처, 1996.

황재문, 『안중근 평전』, 한겨레출판, 2011.

한중일3국공동역사편찬위원회, 『한중일이 함께 쓴 동아시아근현대사 1 · 2』, ㈜ 휴머니스트 출판그룹, 2013.

2. 중국 측 저술 및 자료

素素, 旅順口往事, 北京作家出版社, 2012.

大连市档案馆, 大连市档案馆指南, 中国档案出版社, 2008.

郭富纯编, 旅顺日俄监狱实录, 吉林人民出版社, 2003.

郭富纯编, 血魂, 吉林人民出版社, 2002.

郭富纯编, 沧桑岁月, 吉林人民出版社, 2001.

华文贵编, 安重根研究, 辽宁人民出版社, 2007.

华文贵编, 片石滴水, 辽宁民族出版社, 2011.

姜晔, 旅顺日俄监狱揭秘, 大连出版社, 2003.

古贺初一, 旅顺监狱回顾, 1990. 10. 7.

旅顺日额监狱旧址博物馆, 旅顺日额监狱旧址百年变迁, 吉林人民出版社, 2003.

旅顺日额监狱旧址博物馆, 大连近代史研究2, 辽宁民族出版社, 2005

旅顺日额监狱旧址博物馆, 大连近代史研究3, 辽宁民族出版社, 2006

旅顺日额监狱旧址博物馆, 大连近代史研究8, 辽宁民族出版社, 2011

旅顺日额监狱旧址博物馆, 大连近代史研究9, 辽宁民族出版社, 2012

旅顺日额监狱旧址博物馆, 大连近代史研究10, 辽宁民族出版社, 2013

旅顺日额监狱旧址博物馆, 大连近代史研究11, 辽宁民族出版社, 2014

旅顺日额监狱旧址博物馆, 年鉴(1971~1996)(2006~2011)

刘秉虎编, 东北亚和平与安重根, 万卷出版公司, 2006.

서명훈·강월화·김월배 편저, 『안중근의사 지식문답』, 흑룡강조선민족출판사,
    2011.

서명훈 편, 中国人心目中的安重根, 黑龙江省人民出版社, 2009.

서명훈, 安重根在哈尔滨的11天, 黑龙江美术出版社, 2005.

일본감옥법, 중국인민문물보호법, 관동도독부 설치법.

郭铁椿 외, 일본의 대련 식민통지 40년사(1), 사회과학문헌출판사. 2012.

.

3. 신문방송잡지 자료

《만주일일신문》, 1910년 2월 5일, 3월 26일, 3월 27일, 3월 29일, 4월 1일, 4월
    21일

《만주신보》, 1910년 2월 10일, 3월 29일

Charles Morrimer, The Graphic, 1910년 4월 16일

《해조신문》, '긔서', 1908년 3월 21일

《오사카아사히신문》, 1910년 3월 27일
《오사카마이니치신문》, 1910년 3월 27일
《모지신보》, 1910년 3월 27일
《도쿄 일일신문》, 1910년 3월 28일
대련의 한국인잡지, 2013년, 2014년
《신한민보》, 1910년 3월 30일
EBS 역사채널 e, 〈네개의 단서〉
EBS 안태근, 〈안중근의사 유해를 찾아라〉

4. 인터넷 홈페이지

안중근의사 기념관 http://www.ahnjunggeun.or.kr/
뤼순일아감옥구지 박물관 http://www.lsprison.com/
안중근 뼈대 찾기 사업회 http://www .cafe.naver.com/ahnjunggeun
뤼순순국선열재단 http://www.yeosoonfoundation.or.kr/
다렌도서관 http://www.dl-library.net.cn/

조선통감부에 보고된 안중근 의사 관련 문헌 목록표

(5) [190 9年中 統監府 外務部에서 取扱한 事項 目錄]			統監府文書 2권
(5) [1909년 중 統監府와 外務部에서 취급한 사항 목록]			統監府文書 2권
(816) 集報 [韓國內社會團體 (一進會 大韓協會 國是遊說團 韓美興業會社) 등의 動靜 綜合報告]	1909-11-24	警視總監 若林賚藏...	統監府文書 6권
(818) [駐浦鹽 大鳥 總領事의 電報內容 (現地 韓國人의 動靜狀況) 通報 件]	1909-11-26	明石	統監府文書 6권
(834) [在浦鹽 大東共報社長 「미하일로프」 來韓用務 件]	1909-12-08		統監府文書 6권
(816) 集報 [한국 내 사회단체(一進會 · 大韓協會 · 國是遊說團 · 韓美興業會社) 등의 동정 종합보고]	1909-11-24	警視總監 若林賚藏	統監府文書 6권
(818) [블라디보스토크 주재 大鳥 總領事의 전보 내용 (현지 한국인의 동정 상황) 통보 件]	1909-11-26	明石	統監府文書 6권
(834) [블라디보스토크에 있는『大東共報』社長 미하일로프 來韓 용무의 件]	1909-12-08		統監府文書 6권
一. 安重根關聯一件書類 (哈爾賓事件書類 一~六, 伊藤公遭難事件書類 一~四, 安重根及合邦關係事類 一~三, 하얼빈事件憲兵隊報告一~三)			統監府文書 7권
(22) [伊藤 公 암살범 安應七(重根)에 대한 조사 보고]			統監府文書 7권
(104) 흉행자 安重根의 신원	1909-11-02	內部 警察局長 松井...	統監府文書 7권
(105) 흉행 혐의자 신원 조사 제1보	1909-11-02	內部 警部局長 松井...	統監府文書 7권
(106) [安多默이란 變名으로 보낸 安重根 書信 件]	1909-11-02	內部 警務局長 松井...	統監府文書 7권
(117) 安應七 및 그 同類에 관한 조사			統監府文書 7권
(121) [安重根에 대한 피고 심문 조서]			統監府文書 7권
(123) [伊藤 公 흉행자 安重根 및 그 측근에 대한 조사 보고 件]	1909-11-02	內部 警務局長 松井...	統監府文書 7권
(137) [安重根의 素行 및 범행 동기 등 조사 復命書 제출 件]]	1909-11-05	警視 境喜明	統監府文書 7권
(145) [安重根이 친동생 定根·恭根에게 보낸 書信 件]	1909-11-06	內部 警務局長 松井...	統監府文書 7권
(164) [伊藤 公 凶行者 및 체포된 연루자 명단 통보 件]	1909-11-09		統監府文書 7권

(167) [安應七・鄭大鎬鄭瑞雨에 관한 조사 보고]	1909-11-07	鎭南浦分遣所長 陸...	統監府文書 7권
(189) [安重根의 家系 조사 보고]	1909-11-12	內部警務局長 松井...	統監府文書 7권
(193) [安重根 사진 확인 통보]	1909-11-13	內部警務局長 松井...	統監府文書 7권
(194) [安重根 가족 조서 보고]	1909-11-13	內部警務局長 松井...	統監府文書 7권
(224) 兇行者 知友 조사의 件	1909-11-17	警視總監 若林 賚藏...	統監府文書 7권
(236) [安重根 및 음모 혐의자 신문 조사 件]	1909-11-18	臨時統監府總務 長官...	統監府文書 7권
(237) 平壤憲兵分隊長의 보고 搜査復命書	1909-11-02	鎭南浦憲兵分遣 所...	統監府文書 7권
(238) 平壤憲兵分隊長 보고 搜査復命書	1909-11-07	鎭南浦分遣所 陸軍...	統監府文書 7권
(242) [安重根과의 국내외 交友者 조사보고]	1909-11-19		統監府文書 7권
(246) [安重根의 壯擧에 刺戟된 火賊들의 블라디보스토크(浦塩) 이동 件]	1909-11-20		統監府文書 7권
(256) 자객의 渡日에 관한 풍문	1909-11-25		統監府文書 7권
(260) [旅順監獄에서의 禹連俊 진술내용]			統監府文書 7권
(263) [블라디보스토크 거류 한국인 安重根 擧事 의연금 모집의 件]	1909-11-26		統監府文書 7권
(266) [旅順監獄에서의 安重根 제2차 진술 내용]			統監府文書 7권
(267) [檢察官 신문에 대한 安重根의 진술]	1909-11-26		統監府文書 7권
(271) [旅順監獄에서의 安重根 진술내용]			統監府文書 7권
(272) [安重根 사건에 대한 閔氏 측 견해]	1909-11-29		統監府文書 7권
(287) [安應七 제5차 진술내용]			統監府文書 7권
(291) [旅順監獄에서의 安重根 제6차 진술내용]			統監府文書 7권
(293) [旅順監獄에서의 安重根 제7차 진술내용]			統監府文書 7권
(296) [同 安重根 제9차 진술내용]			統監府文書 7권
(298) [旅順監獄에서의 安重根 제10차 진술내용]			統監府文書 7권
(299) [旅順監獄에서의 安重根·柳江露의 대화 내용]			統監府文書 7권
(301) 渡日謝罪團의 件	1909-12-10	警視總監 若林 賚藏...	統監府文書 7권
(306) [旅順監獄에서의 安重根 제11차 진술내용]			統監府文書 7권

(307) [安重根 신문결과 및 배후 관계 조사상의 의견 진술 件]	1909-12-12	境 警視	統監府文書 7권
(319) [安重根의 訊問에 관한 件]	1909-12-25	境	統監府文書 7권
(320) [安重根의 두 동생 定根·恭根 訊問 결과 보고]			統監府文書 7권
(326) [安重根 흉행사건 내사 차 旅順 출장 간 杉山 中尉의 復命書 제출 件]	1909-12-28		統監府文書 7권
(328) [伊藤 조난 사건 조사보고 제2보]			統監府文書 7권
(330) [兇行者 및 혐의자 調査書]			統監府文書 7권
(331) [미하일로프 伊藤 公 암살 배후조종설의 件]	1910-01-07	內部 警務局長 松井...	統監府文書 7권
(332) [安秉瓚의 安重根 변호 차 旅順 向發 件]	1910-01-07	石塚	統監府文書 7권
(334) [安重根과 연루되어 있는 金基烈 신문조서 보고 件]	1910-01-08	統監府 司法廳 長官...	統監府文書 7권
(344) [安重根의 재판 상 문제점 통보 件]	1910-02-07	內部 警務局長 松井...	統監府文書 7권
(345) [安重根 공판 상황 보고]	1910-02-12	佐藤 長官代理	統監府文書 7권
(346) [安重根 등에 대한 판결 결과 보고 件]	1910-02-14	佐藤 長官代理	統監府文書 7권
(347) [安重根 言渡에 대한 보고]	1910-02-14	園木 通譯生	統監府文書 7권
(348) [伊藤 公爵 兇變에 관한 件 通牒]	1910-02-14	統監府 通信管理局...	統監府文書 7권
(349) [安重根 피고 공판에 대한 내외인의 평론]	1910-02-14	佐藤 長官代理	統監府文書 7권
(350) [安重根·禹德俊·曺道先·劉東夏 피고에 대한 판결문]			統監府文書 7권
(352) [安重根 공소권 포기 件]	1910-02-19	園木 通譯生	統監府文書 7권
(353) [安重根 공소 포기 통보]	1910-02-19	佐藤 長官代理	統監府文書 7권
(355) 러시아령 재류 배일 한국인의 동정에 관한 보고	1910-03-03	清津理事廳 理事官...	統監府文書 7권
(357) [安重根 洪 神父와의 면회 허가 件]	1910-03-07	園木 通譯生	統監府文書 7권
(358) [洪神父 安重根 면회 件]	1910-03-08	園木 通譯生	統監府文書 7권
(360) [安重根의 범행에 대한 洪 神父의 懺悔 유도 件]	1910-03-09	園木 通譯生	統監府文書 7권
(361) [安重根의 天主教式 領聖體 인도 의식 거행 件]	1910-03-10	園木 通譯生	統監府文書 7권
(362) [安重根의 참회 기도 件]	1910-03-10	佐藤 長官代理	統監府文書 7권
(363) [洪 神父의 安重根 접견 내용 보고 件]	1910-03-13	統監府 通譯生 園木...	統監府文書 7권
(364) [安重根 死刑 집행에 관한 件]	1910-03-22	長官	統監府文書 7권
(365) [安重根 死刑 집행 상황 보고 件]			統監府文書 7권

(366) 安重根 추도회에 관한 件	1910-04-27	外務次官 石井菊次...	統監府文書 7권
(367) [安重根의 동생들과의 마지막 접견 내용]		通譯囑託 統監府 通...	統監府文書 7권
(30) [安重根 사건에 관해 關東州에서의 외국인 변호사 허락 여부 조회 件]	1909-12-02	石塚	統監府文書 10권
(51) [安重根 사건에 대한 國民謝罪團 渡日 件]	1909-12-18	統監	統監府文書 10권
(59) [伊藤 公 가해자 安重根에 대한 조사 보고]	1909-11-05	小村 外務大臣	統監府文書 10권
(67) [李相高·鄭順萬의 牒報 활동에 관한 件]	1909-11-26	明石	統監府文書 10권
(73) [安重根의 供述 요령]	1909-11-28	明石	統監府文書 10권
(75) [安重根 재판에 대한 재판소 측과의 異見 조정에 관한 件]	1909-12-01	明石	統監府文書 10권
(91) [安重根의 供述 요지 중 일부 수정 件]	1909-12-10	明石	統監府文書 10권
(93) [安重根에 대한 境의 조사 집행]	1909-12-21	杉山	統監府文書 10권
(95) [安重根에 대한 검찰관과 境 檢事와의 訊問 절충에 관한 件]	1909-12-22	境	統監府文書 10권
(4) 若林 警視總監의 보고[總理大臣과 一進會長 기타 살해음모 사건에 관한 件]			統監府文書 10권

뤼순 감옥 수감자와 직원정원과 현원 현황(1936년 관동청 요람)

장소		본소		지소	
		방수	수용정원	방수	수용정원
지역장	잡거	124	673	6	36
	독거	50	50		
구치소	잡거			24	144
	독거	24	24	30	30
합계	잡거	124	673	30	180
	독거	74	74	30	30
보통병실	잡거	4	22	2	8
	독거	8	8	6	6
격리병실	잡거	2	6		
	독거	4	4		
여성구	잡거			5	40
	독거			6	6

종류	전옥	보건사	교회사	간수장	작업기술원	간수	총수	고용원	배약원	사형집행원	기술원	잡역부	소사	어수	차부	무술교사	합계
정원	1	1	1	4	1	99	1	4	1	2	4	1	3	1	1	2	127
현 일본인	1	21△	21△	4	1	97	1△	3	1	3	4	1	2		1	1△	125
원 중국인								1					2				4